Mein
HEXEN
HOROSKOP

Maggie

Mein HEXEN HOROSKOP

Astromagische Weissagungen und Rituale

Inhalt

Inhalt

Vorwort

Warum zeigen manche Rituale sehr schnell eine Wirkung, andere dagegen erst nach vielfachen Wiederholungen? Wieso läuft an einem Tag alles reibungslos, aber am nächsten gestaltet sich alles sehr schwierig? Spielt es wirklich so eine große Rolle, zu welchem Zeitpunkt eine magische Handlung begonnen wird?

»Jedes Ding unter dem Himmel kennt seine Stunde«, wusste bereits der weise König Salomon und wies mit diesem Ausspruch darauf hin, dass sich das Zusammenspiel der kosmischen Energien direkt auf uns Menschen auswirkt. Oder wer kennt nicht die Volksweisheit »Die Gunst der Stunde nutzen«? Diese Aussagen belegen, wie wichtig es den Menschen ist, ihre Vorhaben zum idealen Zeitpunkt zu starten.

Mit diesem Buch möchte ich meiner Leserschaft die Wichtigkeit des richtigen Zeitpunkts für eine magische Handlung vor Augen führen und dies anhand zahlreicher Beispiele verdeutlichen. Auch wenn Skeptiker immer gerne behaupten, dass die Sterne, besser gesagt die Planetenbewegungen, keinerlei Einfluss auf uns Erdenbewohner haben, widerlegt die Erfahrung eindeutig diese Zweifler. Unser Sonnensystem ist wie ein großes Ursache-Wirkung-Spiel zu verstehen, vergleichbar mit einem riesigen Uhrwerk, bei dem ein Zahnrad in ein anderes greift und dadurch die unglaublich exakten Energien und Impulse bewirkt werden.

Dass bestimmte astrologische Aspekte ähnliche Auswirkungen haben, beweist mir meine Arbeit als Hexe und Astrologin täglich aufs Neue. Unterschiedliche Menschen, die bei mir Rat suchen, machen offensichtlich bei identischen Planetenkonstellationen ganz ähnliche Erfahrungen.

Viele meiner Kundinnen klagen, dass die Astrologie viel zu kompliziert sei und sie sich deswegen nicht näher damit beschäftigen wollten. Aus diesem Grund und auf vielfachen Wunsch meiner hoch geschätzten Kundschaft biete ich nun die Möglichkeit, in die fantastische Welt der Sternendeutung reinzuschnuppern und somit die Ritualarbeit mit der Hilfe von kosmischen Einflüssen zu erleichtern, die magische Qualität bestimmter Zeitphasen zu erkennen. Die Astrologie bietet darüber hinaus auch die Möglichkeit, sich selbst und die eigenen Talente und Fähigkeiten besser kennenzulernen. Mein

Ziel ist es, mit diesem Buch die Astrologie für Sie nachvollziehbar zu machen und es Ihnen zu ermöglichen, Ihr Wissen in der Praxis anzuwenden. Das Buch richtet sich sowohl an Hexen, die astrologisch noch nicht versiert sind, als auch an Frauen, die astrologische Kenntnisse besitzen, aber wenig Erfahrung mit Ritualen haben.

In unserem gesamten Leben herrschen stets bestimmte Zeitqualitäten vor, in denen entsprechende Themen im Vordergrund stehen, sei es nun Liebe, Beruf, Gesundheit oder Persönlichkeitsentwicklung. Ich weiß aus eigener Erfahrung, dass man bessere Ergebnisse erzielt, wenn bei Ritualen nicht nur der Mondstand berücksichtigt wird, sondern auch der Einfluss anderer Planeten, jedoch ist es oftmals sehr zeitaufwendig, sich in Gestirnstabellen zu vertiefen, um den geeigneten Zeitpunkt herauszufinden. Eine entscheidende Frage bei der magischen Arbeit ist zudem, wann am besten mit einem Ritual begonnen werden soll.

Das Anliegen bei der Konzeption dieses Buchs war, nicht nur für mich, sondern auch für andere Hexen eine Art Astrokalender zu verfassen, um ohne langes Suchen und Rechnen auf einen Blick die entsprechende Zeitqualität für eine magische Handlung zu erkennen und zu nutzen. Damit hat man das ideale Hilfsmittel zur Hand, um mit der größtmöglichen Effektivität ein Ritual zu zelebrieren, denn die Zeitqualität spielt beim magischen Wirken eine ganz entscheidende Rolle. Ein gut gewählter Zeitpunkt ist mindestens die Hälfte des magischen Erfolgs.

Kurz zu meiner Person: Ich heiße Margit Böhmer und beschäftige mich seit vielen Jahren mit dem Thema Hexentum und insbesondere mit dem Ritualwesen. Ich verstehe mich als praktizierende Hexe und betreibe darüber hinaus ein magisches Atelier in Wien. Seit nunmehr gut 15 Jahren setze ich mich zusätzlich intensiv mit dem Thema Astrologie auseinander und kann behaupten, den kosmischen Zeitfaktor in mein eigenes Leben integriert zu haben – und das mit Erfolg!

Begeben Sie sich nun mit mir auf die Reise in die faszinierende Welt des astrologischen Zeitmanagements.

> *Jedes Ding unter dem Himmel*
> *kennt seine Stunde!* Salomon

Was ist Zeit?

Seit Albert Einstein wissen wir, dass Zeit relativ ist. Doch was bedeutet das? Grundsätzlich existiert Zeit erst bzw. ist messbar, wenn sich ein Ursprungszustand durch ein Ereignis verändert. Die Geschwindigkeit der Zeit ist vom jeweiligen Standpunkt des Betrachters abhängig. In diesem Sinne hat Zeit keinen einheitlichen Ablauf im Universum. Nach mathematischen Gesichtspunkten ist die Raumzeit derart dehnbar, dass Vergangenheit, Gegenwart und Zukunft nur noch eine Frage von $e = mc^2$ ist. Finden Sie das nicht auch total abstrakt? Völlig alltagsuntauglich! Ich persönlich halte mich an die Sterne, die schon seit Jahrtausenden die Menschen und deren Geschichte beeinflussen. Auf diese Weise bin ich in der Lage, Zeitqualitäten zu erkennen und ziel- und zweckgerichtet zu nutzen.

Zeit als Gabe der Götter

Zeit ist nicht nur relativ, sie ist ein Geschenk der Götter an uns Menschen. Dieses Geschenk besteht in der Gabe, Zeit wahrzunehmen. Der Begriff »Zeit« ist in der Alltagssprache allgegenwärtig: Zeit ist Geld, am Puls der Zeit, Zeiträuber, Zeitdruck, Zeitverschwendung, Zeit rinnt mir durch die Finger … Die meisten von uns jammern nur rum, wie schnell doch die Zeit vergeht. Dabei hätten sie doch noch so gerne dies und das erlebt oder erledigt. Und viel zu bald erkennen wir bei einem Blick in den Spiegel auch an uns selbst,

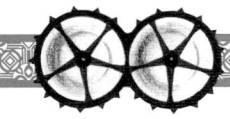

wie schnell doch die Zeit vergeht. »Ja, ja, der Zahn der Zeit nagt an mir«, höre ich noch heute meine Oma stöhnen.

Doch welche Möglichkeiten haben wir, diese Gabe, »Zeit zu erkennen«, entsprechend zu nutzen? Sicherlich kennen Sie das Gefühl, dass für bestimmte Themen der richtige Zeitpunkt gekommen ist, der keinerlei Aufschub mehr duldet: sei es in Liebesangelegenheiten, im Beruf, bei finanziellen Belangen oder bei Gesundheitsfragen. Die Fähigkeit, den richtigen Zeitpunkt zu erkennen und zu nutzen, liegt in uns allen. Doch viele von uns wagen es nicht, in schwierigen Entscheidungsphasen dem Zufall das erwünschte Ergebnis zu überlassen. In diesen Zeiten der inneren Zerrissenheit und Unsicherheit ist es oft schwer, sich der eigenen Intuition anzuvertrauen – teils aus Angst, zu schnell oder zu langsam die möglicherweise alles verändernde Entscheidung zu treffen und dadurch alles zu vermasseln.

Zeitdiagnostik

Ein wichtiges Hilfsmittel, um dieser Unsicherheit und Unentschlossenheit entgegenzuwirken, ist die Zeitdiagnostik. Die astrologische Zeitdiagnostik ermöglicht es Ihnen, genau den richtigen Zeitpunkt für eine magische Handlung zu bestimmen. Mit Hilfe dieses jahrtausendealten Wissens- und Erfahrungsschatzes können Sie den größtmöglichen Effekt und Erfolg erzielen. Denn, wie bereits im Vorwort erwähnt: Den Erfolg eines Rituals macht mindestens zur Hälfte die Wahl des richtigen Zeitpunkts aus. Deswegen bildet das bewusste Umgehen mit dieser göttlichen Gabe, »Zeit zu erkennen«, einen Grundbaustein der Magie.

Der Ursprung der Astrologie

Astronomie und Astrologie haben den gleichen Ursprung: die Beobachtung der Sterne. Die Astrologie beschäftigt sich mit der Deutung der Sterne. Der Begriff »Astrologie« leitet sich von den griechischen Wörtern »Astro« (Stern) und »logos« (Lehre) ab. Die Astrologie versteht sich als eine Entsprechungslehre: Die Vorgänge am Himmel (Gestirnskonstellationen) werden zu jenen auf der Erde in Beziehung gesetzt. »Wie da oben, so hier unten« lautet das magische Gesetz.

Sternbilder als Zeichen der Götter

Sternbilder wurden ursprünglich als Zeichen der Götter verstanden. Tauchten unerwartete oder unbekannte Phänomene am Himmel auf, wurde dies als Omen oder Schicksalswink gedeutet. Die Geschehnisse zu diesen besonderen Zeitpunkten wurden beobachtet und schriftlich festgehalten. Ursprünglich glaubte man, die Gestirne repräsentierten himmlische oder irdische Herrschergestalten.

In Mesopotamien, das als Wiege der Menschheit gilt, finden sich die frühesten Wurzeln der Astrologie. Es wurden für Sonne und Mond sowie für die Planeten Merkur, Mars, Venus, Jupiter und Saturn Tempel errichtet, in denen die Priester direkten Kontakt zu den Sternengöttern aufnahmen.

In Babylon wurden die ersten Horoskope von Priesterastrologen gestellt, zunächst ausschließlich für das Staats- und Gemeinwesen.

Vom Erntekalender zur modernen Astrologie

In Ägypten wurde die Astrologie auch für Wettervorhersagen genutzt. Mit dem Aufgang von Sirius, dem hellsten Fixstern am Nachthimmel, konnten ägyptische Sterndeuter bevorstehende Hochwasser im Nildelta vorhersagen. Aufgrund dieser exakten Himmelsbeobachtungen schufen die Ägypter die ersten Erntekalender. Auch die Einteilung in zwölf Tierkreiszeichen ent-

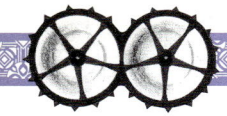

stammt den Beobachtungen der Ägypter. Sie erkannten darin bestimmte Entwicklungsstufen in der Natur. Dem Widder-Zeichen ordnete man die erste Phase des Kreislaufs, die Keimung der Saat, zu, die zweite Phase, Wachstum und Festigung, dem Stier usw.

Im Lauf der Zeit gingen die Astrologen – zuerst in Ägypten, später in Griechenland – dazu über, Horoskope für Menschen anzufertigen, wobei der Zeitpunkt der Geburt von entscheidender Bedeutung war. Das war die Geburtsstunde der populären Astrologie.

Ein Horoskop zeigt bestimmte charakterliche Aspekte, die sich aus der Konstellation bestimmter Himmelskörper zum Zeitpunkt der Geburt eines Menschen ergeben. Die Sonne beeinflusst dabei das Grundwesen eines Menschen, der Mond die Gefühlsebene und die Planeten bestimmte Charaktereigenschaften. Dazu kommen die zwölf Häuser, die einen bestimmten Lebensbereich, sozusagen als Ereignisfeld, darstellen, in dem sich die Planetenenergien manifestieren.

Die Astrologie hat sich seit nunmehr 3000 Jahren als brauchbare Methode zur Zeit- und Schicksalsdiagnose bewährt. Die moderne Hexe hat damit nicht nur ein zuverlässiges, sondern auch ein hocheffektives magisches Mittel an der Hand, das nicht ungenutzt bleiben sollte!

Hexentum und Astrologie

In jedem von uns schlummern magische Kräfte. Es gilt, diese zu wecken und sich dem magischen Wissen unserer Ahninnen, der Hexen, anzuvertrauen. Die weisen Frauen erkannten die Einflüsse der kosmischen Energien auf die magische Arbeit. Dabei vertrauten sie nicht auf Astrokalender oder ähnliche Hilfsmittel, sondern auf die Erfahrungswerte der Alten und eigene Beobachtungen.

Diese Zauberfrauen machten die Erfahrung, dass gerade der Mond einen sehr starken Einfluss auf Mensch und Natur hat, und nutzten die verschiedenen Energien des Erdtrabanten für die magische Arbeit. So berücksichtigten sie z. B. bei der Aussaat und Ernte von heilkräftigen Pflanzen das Steigen (zunehmender Mond) und Fallen (abnehmender Mond) der Säfte. Sie erkannten auch, dass die speziellen Energien der Mondphasen mit dem weiblichen Zyklus korrespondieren. Dieses Wissen konnten sie ganz gezielt in der Frauenmedizin und bei der Geburtenregelung einsetzen. Aufgrund seiner starken Energien verehrten einige dieser Frauen den Mond als göttliche Macht, der sie sämtliche weiblichen Eigenschaften zusprachen.

Sternenkraft und Hexenzauber

Dieses Wissen um den Einfluss des Mondes und die Wirkung der Planeten floss in die Hexenarbeit ein und wird seit Jahrhunderten angewendet. Die weisen Frauen erkannten, dass zu bestimmten Zeitpunkten die magischen Kräfte stärker ausgeprägt sind als zu anderen Zeiten. So zeigt während dieser speziellen kosmischen Phasen beispielsweise ein Heilritual oder eine bann- und schutzmagische Handlung deutlich mehr Wirkung als bei anderen Planeten- und Mondkonstellationen. Oder die Hexen konnten am Stand der Sterne feststellen, ob die nach Rat Suchenden von einer Verwünschung oder einem Fluch heimgesucht waren oder ob sie sich in einer astrologischen Prüfungsphase befanden, wie das z. B. bei einem kritischen Saturntransit der Fall ist, der erfahrungsgemäß eine Zeit der Prüfung und der Hindernisse mit sich bringt.

Aufgrund dieser Erkenntnisse bezogen die weisen Frauen zusätzlich den Faktor Zeit in die rituelle Arbeit mit ein, um dadurch die Erfolgschancen zu steigern und schneller und leichter das erwünschte Ziel zu erreichen.

Die Zeit als magischen Helfer nutzen

Zunächst begannen die Hexen damit, Jahreszeit und Mondphase für bestimmte magische Handlungen zu berücksichtigen. Bereits dieser Schritt verbesserte die Ergebnisse der rituellen Arbeit deutlich. Als dann auch noch Erkenntnisse über den Einfluss anderer Planeten einbezogen wurden, konnte die Wirkkraft der Rituale weiter verstärkt werden. So waren die weisen Frauen schließlich in der Lage, die vielen an sie herangetragenen Wünsche, wie bei-

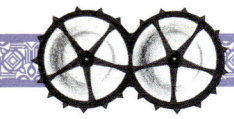

spielsweise nach Liebe, Geld, Schutz oder Heilung, leichter zu erfüllen. Aber auch auf die Wirkung von Flüchen, Verwünschungen oder Bannsprüchen konnte, unter Berücksichtigung der dafür optimalen Stellung der Gestirne, deutlich Einfluss genommen werden. Dieser bewusste und gezielte Umgang mit der astromagischen Energie brachte den Hexen den unsterblichen Ruf ein, schier Unglaubliches, eben wahrhaft Zauberhaftes, zuwege bringen zu können.

Die drei Göttinnen in jeder Frau

Diese Kraft, die den Zauberfrauen zu eigen war, basiert auf dem tiefen Glauben an die Macht der dreifachen Göttin, die sich im Lebenszyklus einer Frau manifestiert.

Artemis – die weiße Göttin des Neubeginns

Im Frühling des Lebens erscheint sie als weiße Göttin und zeigt sich in Gestalt der jungen Jägerin Artemis, die, von Wölfen begleitet, frei und ungezähmt durch die Wälder streift. Dieser Aspekt entspricht der feurigen, aktiven Widder-Energie, die für Neubeginn, Dynamik, Tatendrang, erwachende Sexualität und dem Hunger nach Leben überhaupt steht.

Freya – die rote Göttin der Mutterschaft

Steigt im Sommer die Sonne höher und gewinnt an Strahlkraft, so verändert sich die Göttin und wächst heran zur reifen Frau und Mutter. In der roten Göttin spiegelt sie sich wider als Freya, Diana oder Gaia, den großen Muttergöttinnen. Die erste Sturm- und Drangzeit ist vorüber, die hohen Wogen der Jugend mit ihren Wirrnissen legen sich langsam. Emotionale Krebs-Energie lenkt das Leben der Frau in ruhigere Gefilde. Stabilität, Geborgenheit, Familie und Mutterschaft gewinnen immer mehr an Gewicht. Dies ist eine Zeit, in der sich die Natur und das Leben von der wohl prächtigsten Seite zeigen, aber sich auch schon die ersten Zeichen der nahenden dunklen Zeit erahnen lassen.

Den Herbst, die Reifephase, prägen Balance, Ausgleich und Harmonie der Waage-Energie. Jetzt bereitet sich die rote Göttin auf ihre letzte Phase, den Winter, vor.

Hekate – die schwarze Göttin der Unterwelt

Schließlich im Winter, der Jahreszeit der Ruhe und Sammlung, in der die Welt mit einem weichen, weißen Schneemantel bedeckt ist, zeigt sie sich in ihrer dritten Form, als schwarze Göttin. Der Weg in die Unterwelt zu Hel, Hekate, der düsteren Todesgöttin, wird angetreten. Erdige Steinbock-Energie fordert zur Einkehr auf. Reflektion der Erfahrungen und innere Sammlung spiegeln die Zeit der weisen Frau wider. Der Zyklus des Lebens findet seine Vollendung. In dieser letzten Phase steht die weise Alte mit ihrem reichen Lebenserfahrungsschatz der jungen ungestümen Frau zur Seite.

Diese drei Lebensphasen bewusst zu leben und deren Zeitqualität entsprechend magisch zu nutzen ist ein Geschenk, das es zu schätzen und zu bewahren gilt. Das bewusste Umgehen mit der Göttergabe Zeit ist unsere Ehrerbietung und unser Dank an die Göttlichkeit. So sei es!

Jenseits des Nennbaren liegt der Anfang der Welt. Diesseits des Nennbaren liegt die Geburt der Geschöpfe. Laotse

Astrologie und Magie

In der astrologischen Entsprechungslehre, die immerhin seit 3000 Jahren bekannt ist, verkörpern die Sonne, der Mond und die Planeten elementare Lebens- und Energieprinzipien. Im Mittelalter waren es die Magier-Astrologen Agrippa von Nettesheim, Paracelsus und der berühmte Nostradamus, die die Wirkung und Kraft der Gestirne in ihren Werken genau beschrieben.

Wenn von Wirkung und Kraft die Rede ist, dann wird deutlich: Planeten sind keineswegs »tote Trümmer«, denen man willkürlich einen Effekt zugeschrieben hat, sondern sie verfügen nachweislich über eine Eigenschwingung, die aus der Rotation des Planeten, seiner Bahngeschwindigkeit um die Sonne und weiteren kosmischen Faktoren resultiert. Schwingungen lösen bekanntlich Resonanzen (Effekte!) aus – und diese sind beachtlich und vor allem messbar! So haben Astrophysiker festgestellt, dass es beispielsweise bei kritischen Aspekten zwischen Mond und Merkur zu auffälligen Störungen im Funkverkehr kommt. Das sind die Tage, an denen verstärkt Funklöcher, Systemabstürze und andere folgenreiche (technische) Störungen zu verzeichnen sind.

In den folgenden Kapiteln erfahren Sie im Einzelnen, was unsere Ahnen – Magier, Alchemisten und Hexen – über die Sonne, den Mond und die Planeten wussten: über deren spezielle Energie, die sie »aussenden«, deren Wirkung auf Körper und Seele des Menschen und natürlich deren Einfluss auf die magische Arbeit. Und Sie können lernen, wie Sie dieses Wissen erfolgreich in Ihrer eigenen magischen Praxis anwenden.

Die magische Qualität der Planeten

Seit jeher haben Magier und Hexen die Planetenaspekte des Tages und der Stunde beachtet. Sie konnten so genau ermessen, ob sich die damit verbundene Energiequalität für eine magische Handlung eignet oder ob es besser ist, damit zu warten. Tag für Tag liegen unterschiedliche »Energiemuster« in der Luft, abhängig von der jeweiligen Konstellation zwischen Sonne, Mond und den Planeten. Die Hexe von heute schaut in einen Mondkalender, in dem zumeist die wichtigsten Gestirnaspekte des Tages vermerkt sind. Auf diese Weise kann sie den besten Zeitpunkt für ihre magische Handlung exakt bestimmen – was bereits der halbe Weg zum Erfolg ist!

Im Folgenden sollen alle Planeten in Form von Astrosteckbriefen kurz vorgestellt werden – von der Sonne über den Mond (beide gelten in der Astrologie als Planeten) bis zu Pluto.

Sonne

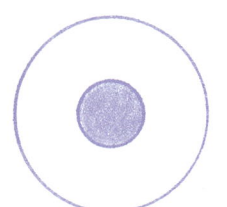

Das Zentralgestirn gilt als Symbol der Unsterblichkeit und als Gott der Heilkraft, der Künste und der Helligkeit.

Astronomische Daten

Die mittlere Entfernung der Sonne von der Erde beträgt 150 Millionen Kilometer. Vom Volumen her passt unsere Erde rund eine Million Mal in das Zentralgestirn! Die Umlaufzeit der Erde um die Sonne beträgt 365 Tage, was einem Jahr entspricht. Rund einen Monat verweilt die Sonne in einem Tierkreiszeichen.

Mythologie

Die Sonne als unsere Lebensspenderin wurde in allen Kulturen der Erde angebetet. In Ägypten gab es den Sonnenkult des Re-Atum, auch Ra genannt, die alten Griechen und Römer verehrten sie als Sonnengott Helios und Apollon. Die germanische Mythologie sieht in der Göttin Sol oder Sunna die Verkörperung der Sonnenkraft. Bei den Germanen wurde die Sonne – im Gegensatz zu anderen Kulturen – als weiblich angesehen und der Mond als männliche Energie. Die Göttin Sol fährt in nordischen Darstellungen in einem Wagen, der von Pferden gezogen wird, über den Horizont.

Besonderes über die Sonne

Auf der Sonne toben unvorstellbare Feuerstürme, finden gewaltige Explosionen statt. Diese entweichenden Gase beeinflussen das Magnetfeld der Sonne und zeigen sich uns als Korona und Sonnenwinde, die sogar das Klima auf der Erde beeinflussen! Die Menschen zelebrierten von jeher Rituale, um die »Gottheit Sonne« milde zu stimmen. In den Alpenländern wird bis in die heutige Zeit der Perchtenlauf durchgeführt, bei dem man die Dämonen der Kälte und des Winters auszutreiben versucht. Im Hexenwesen wird zu Lichtmess (am 2. Februar) zu Ehren von Brigit, der Göttin des nie verlöschenden Lichts und der Inspiration, ein Fest gefeiert.

Astrologisches Symbol

Das Symbol der Sonne ist ein Ring, in dessen Zentrum sich ein Punkt befindet. Der Kreis stellt den Geist dar, in dessen Mitte der göttliche Funke Zentrum allen Ursprungs ist.

Astrologische Entsprechung

Der Stand der Sonne in einem Tierkreiszeichen beschreibt die wesentlichen Charakterzüge des unter diesem Zeichen geborenen Menschen. Ihre Stellung im Geburtsbild zeigt die Lebensthematik an. In der Astrologie beherrscht die Sonne das Zeichen des Löwen, das Führungsanspruch und Großzügigkeit verkörpert, sowie im Horoskop das 5. Haus (Bühne des Lebens, Kinder, Flirt, Erotik).

Die Sonne steht für männlich-aktive Energie, Vitalität, Individualität, Ausstrahlung, Lebensfreude, Selbstbewusstsein, geistige Energien, schöpferische Fähigkeiten, Optimismus, Gesundheit und Selbstverwirklichung. Nicht zuletzt verkörpert sie Vaterfiguren.

In der negativen Entsprechung bringt das Hauptgestirn grenzenlose Selbstüberschätzung, Überheblichkeit und Arroganz zum Ausdruck, dazu massiven Egoismus bis hin zu despotischem und größenwahnsinnigem Verhalten.

Magische Bedeutung in der Hexenarbeit

Magische Rituale, die der Sonne unterstehen, dienen der Entwicklung der eigenen Persönlichkeit und Autorität sowie dem Lebensoptimismus, der Lebenskraft und der Stärkung des Selbstvertrauens. Ferner vermehren sie die schöpferischen Kräfte, verhelfen zu mehr Ausstrahlung und Dynamik, erhöhen die körperliche Vitalität und unterstützen Heilungsprozesse.

Körperliche Entsprechung für Heilrituale

Der Sonne entspricht die Herz-Kreislauf-Funktion, darüber hinaus nimmt sie Einfluss auf das Rückenmark, den Sauerstoffhaushalt, den Blutkreislauf und allgemein auf die Lebenskräfte.

Tiere und Pflanzen der Sonne

Als Sonnentiere gelten Löwe, Hahn, Schwan, Kranich, Hirsch, Habicht, Biene, Feuersalamander und Tagfalter.

In der Pflanzenkunde und Signaturlehre werden der Sonne alle gelben und roten Blüten und Blütensäfte zugeordnet. Diese Pflanzen haben sonnenförmige Blätter und Blüten, die sich stets mit Sonnenaufgang und den ersten Strahlen der Sonne öffnen und die man gerne an sonnigen und trockenen Stellen findet. Genannt seien hier Sonnenblume, Eisenkraut, Ingwer, Lorbeer, Zeder, Efeu, Rosmarin, Muskatnuss, Hopfen, Wacholder, Wein, Engelwurz und – nicht zu vergessen – Johanniskraut.

Räucherwerk für Sonnenrituale

Lorbeer, Sonnenblumenblüten, Zeder, Orangenblüten, Galgant, Weihrauch, Safran, Moschus, Fichtenharz, Mastix, Weihrauch und Copal.

Metalle und Steine der Sonne

In der Alchemie entspricht die Sonne dem Element Gold, dementsprechend wurde das kostbare Metall auch »Sonne der Erde« genannt.

Als Sonnensteine gelten Diamant, Bergkristall, Rubin, Bernstein, Pyrit, Topas, Chysolith und Hyazinth.

Farben, Tarot- und Runenkunde

Als Sonnenfarben gelten Gelb, Orangegelb, Goldgelb und natürlich Gold. In den Tarotkarten der großen Arkana wird die Sonne der Karte XIX, »Sonne«, zugeordnet. Diese besitzt eine positive Bedeutung und lässt durch Kraft und Dynamik auf gutes Gelingen hoffen.

In der Runenkunde steht die Sowelu (Sig-Rune) der Sonne nahe, wobei zwei überkreuzte Sig-Runen das Sonnenrad (rechtsdrehendes Hakenkreuz bzw. Swastika) ergeben, ein Symbol, das früher in nahezu allen Kulturen, heute aber hauptsächlich nur noch im asiatischen Raum verwendet wird. Das Sonnenrad verheißt für den Träger des Symbols Glück, Schutz und Lebenskraft.

Wetterkunde nach dem 100-jährigen Kalender

Sonnenjahre (2010, 2017, 2024 …) sind im Allgemeinen warme, trockene bis heiße Jahre, in denen es im Sommer zu extremer Hitze kommen kann.

Der Wochentag der Sonne

Der Tag der Sonne ist unschwer zu erraten – der Sonntag.

Mond

Der uns nächste Himmelskörper gilt als Erdtrabant und damit auch als symbolischer Wegbegleiter in unsere Seele.

Astronomische Daten

Unser Erdtrabant misst ca. 3500 Kilometer im Durchmesser, sein mittlerer Abstand zur Erde beträgt rund 380 000 Kilometer. Der Mond umkreist innerhalb von 29½ Tagen die Erde (und damit den Tierkreiszeichengürtel). Interessant ist, dass eine Mondphase ziemlich genau dem Menstruationszyklus der Frau entspricht. Der Mond wendet uns immer die gleiche Seite (»Mondgesicht«) zu, was daran liegt, dass er über keine Eigenrotation verfügt und damit im Rotationsfeld der Erde »gebannt« ist.

Mythologie

Sämtliche Mondgöttinnen wurden in den alten Kulturen als magisch unterstützende Kräfte angesehen und verehrt. So beispielsweise Luna und Diana in Rom, Selene und Artemis in Griechenland oder Morrigan und Cerridwen bei den Kelten. Einzig in der germanischen Mythologie wurde der Mond als männliches Prinzip, als Mani, verehrt.

In Griechenland, speziell auf Kreta, wo der Mondkult besonders stark ausgeprägt und verbreitet war, ist bis in die heutige Zeit die Doppelaxt mit zwei silberfarbenen mondförmig geschwungenen Sicheln ein beliebtes Schmuckmotiv. Diese Waffe sollen Amazonen getragen haben, als Zeichen ihrer Stärke. Traditionell werden im Hexentum neben den Jahreskreisfesten auch die Voll- und Neumonde entweder alleine oder in der Gruppe gefeiert. Die dreifache Göttin, Ausdruck der verschiedenen Lebensphasen der Frau, korrespondiert auch mit dem Mond – dem zunehmenden Mond entspricht die junge Frau, dem Vollmond die Mutter und dem abnehmenden Mond die Greisin.

Besonderes über den Mond

Neben der Sonne ist der Mond der wichtigste Himmelskörper für unser Leben, denn der Erdtrabant regelt den lebensnotwendigen Kreislauf der Natur. Am offensichtlichsten ist dies an Ebbe und Flut zu erkennen.
Nicht nur Hexen spüren die enorme Kraft des Vollmondes. Während dieser Zeit steigt nachweislich nicht nur die Unfall- und Kriminalitätsrate, sondern auch die Geburtenrate merklich an. Von Operationen ist bei Vollmond abzuraten, da die Gefahr von Komplikationen und Blutungen dann höher ist.

Astrologisches Symbol

Das astrologische Symbol ist eine Mondsichel. Sie symbolisiert das empfangende Prinzip sowie die Gefühlswelt.

Astrologische Entsprechung

Der Mond herrscht über das Sternzeichen Krebs mit den Aspekten Hilfsbereitschaft, Romantik und Führung durch die Traumwelt. Dazu regiert der Mond das 4. astrologische Haus (Gemüt, Heimat, familiäre Wurzeln, Seelentiefe).
Der Mond wirkt als eine Art Stimmungsbarometer, d. h., er zeigt das emotionale Klima an, mitsamt den daraus resultierenden Tendenzen des Verhaltens und Denkens. Ferner steht der Mond für das Gemüt, die Welt der Gefühle, Offenheit für seelische Impulse, Instinkt, Kindheit und Heimatempfinden sowie die Art zu wohnen.
Ebenfalls Mondthemen sind der Umgang mit Nähe und Distanz sowie der Beliebtheitsfaktor. Im Horoskop zeigt die Mondstellung das Verhältnis zur Mutter und die Anima (das Bild der idealen Frau) im Mann.

In der negativen Entsprechung verstärkt die Mondenergie die Neigung zu extremer Launenhaftigkeit, Reizbarkeit und Beleidigtsein sowie Faul- und Trägheit.

Magische Bedeutung in der Hexenarbeit

Der Mond versinnbildlicht durch die zu- und abnehmenden Phasen das ewige Kommen und Gehen, sprich die Wandlungsprozesse. Unsere gesamte Existenz ist einer beständigen Veränderung unterworfen. Deshalb sollte die jeweilige Mondqualität für solche Rituale genutzt werden, die Vermehrung und Zunahme oder Verringerung und Abnahme betreffen. Auch der jenseitige Bereich, das Verborgene, Mystische und Andersweltliche wird dem Mond zugeordnet. Das klassische Mondthema ist die uns nicht bewusste Seite der Seele, wozu auch Träume, Ängste, unterbewusste Wünsche und Sehnsüchte zählen. Der Mond fördert Intuition und Ahnungsvermögen (das »Bauchgefühl«) sowie die Kunst der Traumdeutung und die intensive Auseinandersetzung mit den eigenen verdrängten Schattenseiten der Seele. Strebt die magisch Wirkende seelische Reinigungsprozesse (abnehmender Mond) und die Verstärkung der eigenen Hexenkräfte (zunehmender Mond) an, wird die Mondenergie die seelische Zauberkraft verstärken. Tragen Sie bei Ritualen, die die Geister des Mondes locken sollen, silberfarbene oder weiße Kleidung.

Körperliche Entsprechung für Heilrituale

Die Psyche, der Menstruationszyklus, Psychosomatik, Fühlen, Magen, Lymphen, Brüste, Gebärmutter, vegetatives Nervensystem sowie der gesamte Flüssigkeitshaushalt.

Tiere und Pflanzen des Mondes

Die dem Mond zugeordneten Tiere sind Hunde, Chamäleons, Silberreiher, Schweine, Katzen, Krebse und Frösche.

Lunarische Pflanzen erkennt man an den kleinen weißen oder silbern schimmernden Blüten, die sich oft erst im Lichte des Mondes zeigen. Sie weisen meist eine schleimige oder wässrige Konsistenz auf und vergehen schnell. Sie wachsen gerne an feuchten Plätzen.

Einige Mondpflanzen, wie Mistel, Frauenmantel oder Silberkerze, sind fruchtbarkeitssteigernd. Gurken neutralisieren ein zu saures Scheidenklima und können so zu einer gewünschten Schwangerschaft führen, ebenso Ysop,

Mondraute, Bibernelle, Ehrenpreis, Holunder (die Pflanze, die unter dem speziellen Schutz der Göttin Holla steht) und Beifuß, der der Göttin Artemis geweiht ist. Traumindizierende Kräuter wie Baldrian oder Traumkraut können uns auf die Reise in unsere tiefsten innerseelisch verborgenen Gebiete führen. Nicht zuletzt seien hier Nachtschattengewächse erwähnt, wie z. B. Mohn und Tollkirsche. Träufelt man den Saft der Belladonna in die Augen, so sollen sich die Pupillen wie bei Nacht und bei Verliebtheit weiten.

Räucherwerk für Mondrituale

Sandelholz, Jasmin, Elemi, Lavendel, Mastix, Melisse, Beifuß, Myrrhe, Zimt, Dammar, Salbei, Hopfen, Mohn, Basilikum, Bilsenkraut, Damiana, Berufskraut, Frauenmantel, Hexenkraut, Mistel und Patchoulie.

Metalle und Steine

Das Metall des Mondes ist das Silber, in dem das schimmernde Licht des magischen Mondes eingefangen ist.

Unter den Steinen sind ihm der Mondstein, Beryll, alle weißen und grünen Steine, der silbrig wässrig schillernde Selenit sowie Perlen zugeordnet.

Farben, Tarot- und Runenkunde

In den Tarotkarten zeigt die Karte »Mond«, Nr. XVIII, Vorahnungen und Intuition an, aber auch die verdrängten Thematiken der Kindheit, intensives Traumerleben und gegebenenfalls auch das Finden von Lösungen über die Sprache der Träume. Ebenso verkörpert die Karte II, »Die Hohepriesterin«, die Mondenergie. Intuitives Erkennen von Zusammenhängen und eine starke Verbindung zur göttlichen Energie sind hier die Themen.

In der Runenkunde entspricht die Othila-Rune dem Mond; sie steht für Heimat, das Zuhause, das Erbe und den Besitz – nicht nur im materiellen, sondern auch im spirituellen Sinne.

Wetterkunde nach dem 100-jährigen Kalender

Mondjahre (2013, 2020, 2027 …) gelten nach dem 100-jährigen Kalender im Allgemeinen als recht unbeständig und wechselhaft.

Wochentag

Der Tag des Mondes ist der Montag.

Merkur

Merkurius, römischer Götterbote, mit dem Hermesstab (Caduceus) entspricht dem griechischen Gott Hermes.

Astronomische Daten

Merkur ist der am schnellsten laufende, kleinste und sonnennächste Planet. Er ist etwas größer als der Erdmond (4480 Kilometer Durchmesser). Für einen Sonnenumlauf benötigt Merkur rund 88 Tage, d. h., er hält sich ca. sieben Tage in einem Tierkreiszeichen auf.

Mythologie

In der Mythologie tritt Merkur als Vermittler zwischen Himmel und Erde auf. Zu erkennen ist er an dem Hermesstab, dem geflügelten Helm sowie den Flügelschuhen. In manchen Darstellungen trägt er außerdem einen Geldbeutel in der rechten Hand – er wird auch als Gott des Handels, des Gewerbes, der Reisen und der Ärzte sowie der Kommunikation verehrt. Zudem gilt Merkur als Führer der Seelen in die Unterwelt sowie als Traumbote, der dem Träumenden so manche Lösungsmöglichkeit ins Ohr flüstert.

Besonderes über den Merkur

Dieser Wandelstern ist mit bloßem Auge kaum zu beobachten, da er sich zum einen immer in der Nähe der Sonne befindet (nie weiter als 28 Grad am Fixsternhimmel) und sich sehr schnell bewegt und zum anderen, weil er in bestimmten Abständen eine exzentrische, scheinbare Rückwärtsbewegung vollzieht. Durch diese ambivalente Planetenenergie nimmt er die »Färbung« des jeweiligen Sternzeichens an, in dem er sich gerade befindet. Wenn Merkur beispielsweise in das Zeichen des Widders tritt, wird die Kommunikation eine aggressive Note erhalten. Im gleichen Maße ist die Gefahr von überstürzten, impulsiven Entscheidungen und Handlungen gegeben. Bei Merkur im Stier wiederum verdichtet und verlangsamt sich die Wahrnehmung, und vieles wird nach dem Lustprinzip bewertet.

Astrologisches Symbol

Das astrologische Symbol des Merkurs stellt einen Ring dar, der an der oberen Seite eine nach oben offene Halbmondsichel und an der Unterseite ein

Kreuz aufweist. Die liegende Mondsichel versinnbildlicht den Gefühlsbereich und das empfangende Prinzip. Das Kreuz im unteren Bereich weist auf die Materie hin, die durch den Ring in der Mitte, den Intellekt, verbunden wird. Es wird also das vermittelnde Prinzip symbolisiert.

Astrologische Entsprechung

Der Merkur regiert über zwei Sternzeichen: Als Morgenstern unterstehen ihm die Zwillinge, das Zeichen der Kommunikation und des Verstands, und das 3. Haus (kreative Qualität, Lernen und Neues entdecken), als Abendstern die Jungfrau (klare Analyse, planvolles Vorgehen) sowie das 6. Haus (Gesundheit, Analyse, Ordnung).

In der Astrologie entsprechen ihm Fähigkeiten wie Taktik, Redetalent, Verhandlungsgeschick, Reiselust und Anpassungsvermögen. Merkur ist ein Meister der Kommunikation und gern gesehener Gast auf der Bühne des Lebens. Ferner unterstützt er die Lernwilligen, z. B. bei Prüfungen, indem er ihnen einen klaren Kopf, eine geschliffene Ausdruckskraft und eine schnelle Auffassungsgabe verleiht. Bei Geschäftsverhandlungen ist er ein scharfsinniger und gewitzter Verhandlungspartner, dem nicht selten auch der zweifelhafte Ruf eines »Schlitzohrs« vorauseilt.

In seiner negativen Entsprechung äußert sich Merkur in einer Unbeständigkeit, Hektik und Zerrissenheit, aber auch in Lügenhaftigkeit und Opportunismus.

Magische Bedeutung in der Hexenarbeit

In der magischen Arbeit werden unter der Herrschaft des Merkurs Rituale für Erfolg bei sämtlichen geschäftlichen Angelegenheiten durchgeführt, des Weiteren zur Auflösung von Geldblockaden, zum Schutz bei Reisen jeglicher Art, speziell bei Geschäftsreisen, für Bewerbungen und Vorstellungsgespräche sowie für gutes Gelingen bei Prüfungen, zur Diagnose- und Analysefähigkeit, ferner für klares Urteilsvermögen und kluge Entscheidungen.

Gute Dienste leistet die Merkurenergie aber auch für die Orakeltätigkeit sowie für die Traumarbeit, die Kommunikation mit Geistwesen oder dem persönlichen Krafttier, für automatisches Schreiben, Channeling, Gesundheits- und Heilrituale sowie Astralreisen.

Um die Geister des Merkurs schneller anzuziehen, sollte man sich in Gelb und Blau kleiden.

Körperliche Entsprechung für Heilrituale

Die Merkurenergie korrespondiert mit den Armen, Händen und Schultern, den Atmungsorganen, dem Nervensystem und den Reflexen. Außerdem unterstehen Merkur die Lernfähigkeit, der Intellekt, der Verstand, das Sprachzentrum sowie die gesamte Informationsverarbeitung. Merkurale Erkrankungsbilder sind z.B. die sogenannten Zappelphilippe, das Stottern oder die Lungenschwäche.

Tiere und Pflanzen des Merkurs

Merkurs Begleittiere sind Affen, Füchse, Wiesel, Nachtigallen, Drosseln, Dohlen und – kaum verwunderlich – fliegende Fische.

In der Pflanzenwelt gelten als merkurische Gewächse die Haselstaude, der Majoran, das Lungenkraut, die Schafgarbe, der Spitzwegerich und das Springkraut. Man erkennt die Merkurianer unter den Pflanzen an ihrem schlanken und filigran-aufrechten Wuchs. Aber auch schnell wachsende und rankende Gewächse wie Efeu und Winden werden Merkur zugeordnet.

Räucherwerk für Merkurrituale

Berufskraut, Zitrone, Bergamotte, Fichte, Eisenkraut, Weihrauch, Kalmus, Elemi, Dammar, Lorbeer, Mastix, Lavendel, Nelke.

Metalle und Steine des Merkurs

Sein Metall ist das Quecksilber. Merkurische Steine sind Smaragd, Tigerauge, Achat, Opal und Chalzedon (als Stein der Redner), aber auch Glas.

Farben, Tarot- und Runenkunde

Merkurs Hauptfarbe ist Gelb, ferner irisierende, schimmernde Farben.

Im Tarot entspricht diesem Planeten die Karte I, der »Magier«, der für einen ausgezeichneten Intellekt steht, für hervorragende Kommunikationsgaben und die Kraft zum Neustart, ferner die Karte IX, »Der Eremit« (Entsprechung in der Jungfrau). Dieser zeigt die Notwendigkeit an, sich zurückzuziehen und zu sammeln und Ordnung in seinen Angelegenheiten zu schaffen.

Die Runenkunde verbindet mit Merkur die Anzuz-Rune, die mit Mund, Information oder Kommunikation übersetzt wird und dazu auffordert, genau hinzuhören, um die Botschaft und Sprache der Natur sowie der feinstofflichen Welt zu vernehmen.

Wetterkunde nach dem 100-jährigen Kalender

Die Jahre des Merkurs werden in der Regel als unbeständig und recht windig empfunden.

Wochentag

Der Tag des Merkurius ist der Mittwoch (französisch: mercredi).

Venus

Venus gilt als Gestirn der Harmonie und der Ästhetik. Bei den Römern wurde Venus als Göttin der Schönheit und Erotik verehrt. Von den Germanen wurde sie als Freya angerufen und im alten Griechenland war sie als Aphrodite bekannt.

Astronomische Daten

Mit einem Durchmesser von 12 100 Kilometern ist die Venus beinahe so groß wie die Erde, verfügt aber (genau wie Merkur) über keinen Mond. Der grünlich schimmernde Planet, der rund 38 Millionen Kilometer von der Erde entfernt ist, benötigt 225 Tage für einen Sonnenumlauf, verweilt also rund 19 Tage in einem Tierkreiszeichen.

Mythologie der Venus

In der Mythologie gilt Venus als die Schönste im Götterhimmel. In zahlreichen Darstellungen ist sie als die schaumgeborene Sirene zu sehen, die nackt in einer Venusmuschel dem Meer der Gefühle entsteigt. Sinnigerweise wurde sie als Göttin der Liebe und Erotik verehrt und als Göttin des Liebreizes, der sexuellen Begierde und des sinnlichen Genusses angebetet. Sie brachte neben Kunst und Ästhetik auch Verführung und Hurerei in den Götterhimmel.

Besonderes über die Venus

Dass der Planet Venus der Schönheit, Ästhetik, Liebe und Harmonie zugeordnet wurde, kommt nicht von ungefähr. Beobachtet man die Bewegung dieses Himmelskörpers genau, entdeckt man, dass die Venus innerhalb von acht Jahren die Bahn einer fünfblättrigen Lotusblume in den Fixsternhimmel zeichnet.

Die Art und Weise, wie unsere Liebe zum Ausdruck gebracht wird, hängt von der Venusstellung in den Zeichen ab. Befindet sich die Venus im Zeichen des Löwen, sind wir leicht geneigt, eine große Show um unsere Liebe zu zelebrieren, während die Venus in der Jungfrau eine deutlich nüchternere und schüchterne Note zeigt. Die Liebe im Zeichen der Jungfrau ist erfahrungsgemäß abwartend und kalkulierend.

Astrologisches Symbol

Sehen wir uns das astrologische Symbol der Venus an, so erkennen wir einen Kreis, an dessen Unterseite sich ein Kreuz befindet: Es symbolisiert die Verbundenheit von Geist und Materie.

Astrologische Entsprechung

Ebenso wie Merkur beherrscht die Venus zwei Sternzeichen. Als Morgenstern untersteht ihr das Zeichen Stier, der die körperlich-sinnliche und nach Sicherheit strebende Ebene darstellt sowie das 2. Haus (Talente, materieller Besitz). Als Abendstern zeigt sie sich im Zeichen der Waage, einem Zeichen, das für Schönheit, Harmonie und Begegnungsfreude steht und über das 7. Haus (Beziehungen und Ehe) regiert.

In der Astrologie steht die Venus für Liebe und Harmonie, die Fähigkeit, zu geben und zu nehmen, Beziehung in Freundschaft und Partnerschaft, Kunstverständnis und Schönheitssinn. Ferner fördert Venus die Sinnes- und Genussfähigkeit sowie den guten Geschmack.

Menschen, die unter dem Zeichen der Venus geboren sind, zeichnen sich meist durch ein ansprechendes Äußeres, kultivierte Umgangsformen, anmutige Bewegungen und Geschmackssicherheit in Kleidung und Stil aus.

Da die Venus aber auch den Aspekt des Übergenusses versinnbildlicht, verleitet sie leicht zu Gier, Verschwendungssucht sowie zu Eifersucht.

Im Horoskop eines Mannes steht neben dem Mond die Venus für das innere Bild seiner Anima – der Wunschpartnerin.

Magische Bedeutung in der Hexenarbeit

Die Venus gilt als *das* Symbol des Weiblichen, der Harmonie und der Liebe! In der magischen Arbeit unterstützt sie optimal alle Rituale rund um die Themen Liebe, Erotik, Anziehungskraft, Verführung, Hingabe, erotische Verschmelzung, Harmonie, Partnerschaft, Partnerrückführung, Freundschaft

und Versöhnung. Die Energie der Venus ist in der Lage, Schadenzauber aufzulösen und Streitigkeiten zu schlichten. Sie verstärkt aber auch Rituale zur Steigerung oder Entdeckung künstlerischer Fähigkeiten und Neigungen, ferner hilft sie in finanziellen Angelegenheiten oder bei Luxuswünschen.
Für Venusrituale empfehle ich rosarote oder grüne Kleidung.

Körperliche Entsprechung für Heilrituale

Als körperliche Entsprechungen der Venus gelten: erogene Zonen, die Lippen, weibliche Rundungen, das Gewicht, der Gleichgewichtssinn, Drüsen, Zellgewebe, Venen, Nieren und der Nacken. Die klassische Venuskrankheit ist das Übergewicht.

Tiere und Pflanzen der Venus

Venusische Tiere sind Turteltaube, Pfau, Schwan, Hase und Schwein.
In der Signaturenlehre der Pflanzen korrespondiert die Venus mit allen Gewächsen, die sich durch eine bunte und üppige Blütenpracht, sinnlich-betörenden Duft, aphrodisierende Wirkung oder weiche harmonische Formen auszeichnen. Als Beispiele seien hier Moschus, Damiana, Frauenhaar, Frauenmantel, Ylang-Ylang, Veilchen, Rose, Wein, Feigen sowie der Apfel und der Granatapfel angeführt. Schneidet man einen Apfel in der Mitte auseinander, erblickt man ein fünfseitiges Pentagramm!

Räuchermittel für Venusrituale

Rosen, Sandelholz, Patchoulie, Styrax, Apfel, Moschus, Ambra, Jasmin, Hanf, Eisenkraut, Iriswurzel, Tonkabohnen, Damiana.

Metall und Steine der Venus

Als venusisches Metall sei hier das Kupfer genannt. Die Steine der Venus sind Aquamarin, Malachit, hellrote Koralle, Karneol, Rosenquarz und Amethyst.

Farben, Tarot- und Runenkunde

Die Farben der Venus sind Rosa, Grün, Kupfer und Hellblau.
Im Tarot entspricht der Venus die Karte III, »Die Herrscherin«. Diese Karte symbolisiert Fruchtbarkeit, materiellen Wohlstand, Empfänglichkeit und weibliche Kreativität sowie Sinnlichkeit. Auch die Karte VIII, »Ausgleich, Balance«, wird der Venus zugeordnet. Sie repräsentiert Gericht, Schlichtun-

gen, Gerechtigkeit und Verträge, außerdem beinhaltet sie die Aufforderung, in innere und äußere Harmonie zu kommen. Nicht zuletzt steht diese Karte auch für Wiedergutmachungen.

In der Runenkunde wird die Planetenenergie der Venus zum einen in der Gebo-Rune widergespiegelt – sie versinnbildlicht das Geschenk oder die gemeinschaftliche Verbindung in Liebe und Harmonie –, zum anderen in der Inguz-Rune, die für Fruchtbarkeit im materiellen oder spirituellen Verständnis steht.

Wetterkunde nach dem 100-jährigen Kalender
Venusjahre (2011, 2018, 2025 …) sind laut Abt Mauritius Knauer eher warm und überwiegend feucht.

Wochentag
Freitag ist der Tag der germanischen Liebesgöttin Freya, die der römischen Venus entspricht.

Mars

Als römischer Gott des Kriegs und der Willenskraft gilt Mars, der dem griechischen Gott Ares, dem germanischen Schwertgott Ziu und dem nordischen Gott Tyr entspricht. Diese wilde Gottheit findet sich jedoch auch in der weiblichen Göttin Kali, der dunklen keltischen Göttin Morrigan und der irischen Kriegsgöttin Nemain wieder.

Astronomische Daten
Der rote Planet Mars ist etwa halb so groß wie unser blauer Planet Erde (6788 Kilometer Durchmesser) und befindet sich ca. 225 Millionen Kilometer davon entfernt. Mars umläuft die Sonne in rund zwei Jahren, hält sich also etwa zwei Monate in einem Sternzeichen auf.

Mars in der Mythologie
Mars als ungeliebter Spross von Hera und Zeus steht für Krieg, Kampf- und Streitlust. Er wurde als blutrünstiger und bis an die Zähne bewaffneter

Kriegsgott dargestellt. Seine Symbole sind Helm, Lanze, Speer und Schild. Verehrung fand Mars vor allem im Römischen Reich und bei den Germanen in der Gestalt von Ziu. Vor Schlachten, bei Streitigkeiten oder Kriegen wurde Mars als Gottheit angerufen.

Besonderes über Mars

In manchen klaren Nächten kann man den Planeten Mars mit bloßem Auge gut erkennen. Er ist ein rotorange schimmernder Planet, der eine schlingernde Bahn beschreibt, die von der Erde aus betrachtet rückläufig ist. Dies wird ihm wohl den Ruf eingebracht haben, eine Energie zu besitzen, die Verwirrung stiften sowie Katastrophen, Aggressivität und Gewalt verursachen kann. Menschen, die unter der Herrschaft dieses Planeten das Licht der Welt erblickten, schreibt man eine starke Impulsivität zu. Im Horoskop einer Frau verkörpert Mars das innere Bild des Wunschpartners – des Animus.

Astrologisches Symbol

Sein astrologisches Symbol bildet einen Kreis, aus dessen Oberseite ein Pfeil dringt, der nach rechts oben weist – was stark an einen erigierten Penis erinnert. Dieses Symbol verdeutlicht die zielgerichtete Durchsetzungskraft sowie einen unbändigen Trieb und Willen, der aus dem Geist schöpft.

Astrologische Entsprechung

In der Astrologie dominiert Mars über das Sternzeichen Widder, das Aufbruch, Willensbekundung und Tatkraft verkörpert, und entsprechend über das 1. Haus (Selbstausdruck, Auftreten). Als »Altherrscher« regiert Mars, neben Pluto, auch den Skorpion – das Zeichen der Leidenschaften mit Drang zum Geheimnisvollen und Verborgenen – sowie das 8. Haus (Stirb- und Werdeprozesse, okkulte Themen).
Mars schenkt Willensstärke, Durchsetzungsfähigkeit, Risikofreude und Konfliktbereitschaft. Er herrscht über den Trieb, die Leidenschaft und hat Einfluss darauf, wie man den Herausforderungen des Lebens entgegentritt. Zudem symbolisiert Mars die konzentrierte und zielgerichtete Entschlusskraft, gepaart mit enormem Antrieb und einer fast überschäumenden Energie, die wohldosiert sein möchte.
In seiner negativen Entsprechung macht Mars aufrührerisch, zerstörerisch, brutal und grausam.

Magische Bedeutung in der Hexenarbeit

Agrippa von Nettesheim beschreibt die Dämonen des Mars als jähzornig und hässlich, bewehrt mit Hörnern und langen gefährlichen Krallen, die bei Anrufung durch den Magier stets in Begleitung von Blitz und Donner in Erscheinung treten und als äußerst gefährlich und unberechenbar gelten. Wer schon einmal einen »Marsianer« in Menschengestalt in Rage erlebt hat, kann dieser Beschreibung nur zustimmen.

In der Hexentradition wird die Marskraft nicht für kriegerische Auseinandersetzungen missbraucht, sondern für Rituale zur Steigerung von Durchsetzungskraft, Willensstärke und dem Mut, eigene Wege zu beschreiten. Ebenso eignet sie sich für Sexualmagie sowie für Rituale, die Stärke und Schutz bei Übergriffen aber auch Couragiertheit fördern sollen. Die Marsenergie ist die Kraft, die man benötigt, wenn man sich hilflos, schwach oder ohnmächtig gegenüber anderen fühlt. Mars unterstützt den Neubeginn, fördert die Lebensenergie und die Entschlusskraft. Sein Element ist das Feuer und die ihm entsprechende Himmelsrichtung Süden.

Bei Marsritualen sollte idealerweise rote Kleidung getragen werden.

Körperliche Entsprechung für Heilrituale

Die körperlichen Entsprechungen von Mars sind Muskeln, Adern, Galle, Blut, die Gallenblase, der Wärmehaushalt im Körper sowie die männlichen Geschlechtsorgane.

Tiere und Pflanzen des Mars

Die Begleittiere dieser wilden Gottheit sind Wolf, Widder, Pferd, Floh und Mücke, die das Blut aus den warmen Körpern saugen, ferner Raubtiere, etwa der Tiger, und aus der Vogelwelt Geier, Specht und Rabe.

Folgende wehrhafte Pflanzen sind Ausdruck der Marsenergie: Brennnessel, Distel, aber auch die Zwiebel, Knoblauch oder Senf, die das Auge tränen lassen. Außerdem zählen zu den marsischen Pflanzen Gewächse, die mit Stacheln oder Dornen »bewaffnet« sind, wie der Hagedorn oder Kakteen.

Räuchermittel für Marsrituale

Drachenblut, Pfeffer, Galgant, Kalmus, Ingwer, Zimtrinde, Benzoe, Muskatnuss, Opoponax, Rotsandelholz, Tolubalsam, Eisenkraut, Knoblauch, Wacholder, Wermut, Bernstein, Rosmarin, Holunder und Thymian.

Metall und Steine

Das Metall des Mars ist das Eisen, aus dem das Schwert geschmiedet wird. Die Steinenergie des Mars ist u.a. in Rubin, Granat, rotem Turmalin, Pyrit, Blutstein und Karneol enthalten.

Farben, Tarot- und Runenkunde

Die Farbe des Mars ist Blutrot bzw. ein rötliches Schimmern, wie er es auch als Planet am Firmament zeigt.

Im Tarot entspricht dem Mars die Karte XVI, »Der Turm«. Sie bezeichnet einen massiven Konflikt, einen Umbruch, eine Tabula rasa, die radikale Veränderung alter Strukturen. Nach dem Gewitter jedoch ist die Luft gereinigt und der Himmel wieder klar.

Die Rune des Mars und des Kriegers ist Tiwaz/Tyr, Sinnbild für die Kraft, den Mut und die Stärke für neue Herausforderungen auf der alltäglichen, aber auch der spirituellen Ebene.

Wetterkunde nach dem 100-jährigen Kalender

Marsjahre (2009, 2016, 2023 …) sind laut dem Autor des 100-jährigen Kalenders, Abt Mauritius Knauer, mehr trocken als feucht, zuweilen auch recht heiß.

Wochentag

Der Tag dieses Kriegsgottes ist der Dienstag – Zius-Tag, englisch tuesday.

Jupiter

Jupiter, der kosmische Wohltäter, entspricht dem griechischen Zeus und dem germanischen Donar, der auch als Thor, Wotan, Odin oder Balder bekannt ist.

Astronomische Daten

Jupiter ist der größte Planet unseres Sonnensystems mit einem Durchmesser von 143 000 Kilometern. Seine Umlaufzeit beträgt etwa 12 Jahre (genau 11 Jahre und 315 Tage), damit hält er sich rund ein Jahr in einem Tierkreiszeichen auf.

Jupiter in der Mythologie

Jupiter respektive Zeus wurde als Herr des Himmels und als der große Wohltäter angesehen. Dargestellt wurde er häufig sitzend auf einem mächtigen Wolkenthron mit Zepter und Blitzebündel in der Hand. Zu seinen Füßen sitzt ein Adler, der die große Macht des Göttervaters verdeutlicht.

Jupiter, der als Don Juan des Götterhimmels bekannt war, genügte es nicht, mit seinesgleichen zu verkehren, sondern er nahm immer wieder eine andere Gestalt an, um in Kontakt mit schönen Erdentöchtern zu treten und diese zu verführen. So zeugte er zahlreiche Götter und Halbgötter.

Besonderes über Jupiter

Jupiter ist einer der hellsten Gestirne am Nachthimmel und mit bloßem Auge gut erkennbar. Die Planetenenergie dieses Giganten wirkt in unserem Sonnensystem durch seine dichte Masse wie ein riesiger kosmischer Staubsauger und bewahrt dadurch unsere Erde vor tödlichen Kometen- oder Meteoriteneinschlägen.

Steht Jupiter in Kontakt mit einem Planeten, so bekommt dieser dadurch einen expansiven Charakter, d. h., dessen Planetenenergie drückt sich positiv aus. Trifft Jupiter beispielsweise auf Saturn, kommen die positiven Saturnanalogien zum Ausdruck: Zielbewusstsein, Klarheit, Durchhaltevermögen und Konsequenz. Diese spezielle Planetenverbindung von Jupiter und Saturn wird übrigens »Königskonstellation« genannt, da sie auffällig häufig in Geburtshoroskopen von Regenten oder bedeutenden Führungskräften anzutreffen ist.

Astrologisches Symbol

Das Symbol des Jupiters besteht aus einem Kreuz, an dessen linker Seite eine zunehmende Mondsichel angrenzt. Das bedeutet, dass die materielle Welt über die seelische Ebene intuitiv erfahren wird.

Astrologische Entsprechung

In der Astrologie regiert Jupiter über den Schützen, der die Visionskraft sowie die Suche nach dem Sinn verkörpert, und das 9. Haus (höhere Bildung, Religion, Gerechtigkeitssinn, Philosophie). Außerdem gebietet er über das Zeichen Fische, die die Ebene der Spiritualität und der allumfassenden Liebe im 12. Haus (Mystik, Weltabgeschiedenheit, Auflösung) versinnbildlichen.

Die expandierende Jupiterenergie fördert die Entfaltung der Persönlichkeit, stärkt Zuversicht, Moral, Optimismus, Gerechtigkeits- und soziales Empfinden und hat auch auf den Wohlstand einen positiven Einfluss. Ferner hilft Jupiter dem Glück auf die Sprünge, stärkt das Vertrauen in das Leben selbst und hilft bei Gerichtsangelegenheiten.

Menschen, die unter Jupiter das Licht der Welt erblicken, gelten als Optimisten und freundliche Mitmenschen. Sie sind beflügelt von Lebensgeist, haben aber auch eine gefährliche Neigung zu Hochmut, Überheblichkeit, Rechthaberei bis hin zum Größenwahn.

Magische Bedeutung in der Hexenarbeit

Im magischen Wirken unterstützt Jupiter vor allem den erfolgreichen Ausgang von Berufs- und Erfolgsritualen, ferner Rituale, die die Themen Recht, Lebensfreude, Steigerung von Zuversicht, innerer Zufriedenheit und Glück sowie gutes Gelingen in kniffeligen Lagen zum Inhalt haben. Einen positiven Einfluss hat die expansive Energie des Jupiters auch auf den Wohlstand. Während starker Jupitereinflüsse sind außerdem Rituale besonders erfolgreich, die mit der Steigerung der Visionskraft, dem In-Kontakt-Treten mit dem Göttlichen und der Orakelarbeit zu tun haben, aber auch Heilrituale. Nicht zuletzt hilft Jupiter dabei, negativen Zauber umzukehren und Schutzmagie, speziell bei Reisen und Sympathiezauber, zu betreiben.

Jupiter ist von männlicher Natur und Herr über den Osten. Um die Geister des Jupiters anzuziehen, sollte sich die magisch Wirkende in den Farben Purpurrot, Blau oder Violett kleiden. Erfahrungsgemäß zeigen Jupiterrituale dann eine besonders starke Wirkung.

Körperliche Entsprechung für Heilrituale

Jupiter strahlt über die Stirn in unseren Körper und hilft die ordnenden Gedanken zu entwickeln, die uns die Welt in größeren Zusammenhängen erkennen lassen. Er herrscht über folgende körperliche Bereiche: Leber, Zellwachstum, Fettreserven. Die klassische Jupiterkrankheit zeigt sich in Wucherungen.

Tiere und Pflanzen des Jupiters

Genauso wie am Firmament zeigt sich Jupiter in der Fauna in Form von großen Tieren wie Stier, Elefant, Storch und Adler.

Die Pflanzen des Jupiters sind durch einen großen und majestätisch aufrechten Wuchs gekennzeichnet, wie z. B. die stolze Eiche oder die Rosskastanie. Weitere Jupiterpflanzen sind Lavendel, Dost, Wegwarte, Alant, Bilsenkraut und Löwenzahn. Letztere wird als wichtige Leberheilpflanze geschätzt! Zu guter Letzt werden ölhaltige Pflanzen wie verschiedene Getreidearten oder der Nussbaum Jupiter zugeordnet.

Räucherwerk für Jupiterrituale

Minze, Sandelholz, Dammar, Salbei, Copal, Angelikawurzel, Muskatnuss, Gewürznelken, Styrax, Zedernholz, Wacholderholz, Mastix und Moschuskraut.

Metall und Steine des Jupiters

Sein Metall ist das Zinn. Zu den Jupiter entsprechenden Mineralien zählen Jaspis, Saphir, Smaragd, Lapislazuli, Edelserpentin und Türkis.

Farben, Tarot- und Runenkunde

Die Farben des Jupiters sind Blau, Purpurrot und Grün.
Im Tarot steht für Jupiter die Karte X, »Das Rad des Schicksals«, das eine Schicksalswende im Leben des Fragenden anzeigt. Im Allgemeinen bedeutet diese Karte Glück und Verbesserung einer Lebenssituation. Des Weiteren entspricht der Jupiterenergie die Karte XIV, »Die Kunst – das Maß«. Hier besteht die Aufforderung darin, ein maßvolles Gleichgewicht zu finden und Gegensätze zu vereinen, um zu neuen Erkenntnissen zu gelangen.
In der Runenkunde entspricht Jupiter der Rune Wunjo (Wynn), die Freude, Glück, Erfolg und einen positiven Ausgang in schwierigen Situationen verspricht.

Wetterkunde nach dem 100-jährigen Kalender

Jupiterjahre (2008, 2015, 2022 …) werden nach dem 100-jährigen Kalender in der Regel als extrem empfunden, entweder durch lange Hitze-, Kälte- oder Regenperioden.

Wochentag

Der Wochentag Donnerstag ist nach dem germanischen Gott und Freund der einfachen Menschen, Donar (Thor), benannt.

Saturn

Der römische Gott Saturn, griechisch Chronos, der strenge Hüter der Schwelle zur Anderswelt, ist gleichzusetzen mit Hekate (der weisen Alten im dreifachen Aspekt der Göttin), Gaia, der Erde, Frau Holle und Hel, der alten Großmutter und Göttin der Unterwelt.

Astronomische Daten

Mit einem Durchmesser von 120 000 Kilometern ist Saturn etwas kleiner als Jupiter. Der Planet benötigt gut 29 Jahre für eine Sonnenumrundung und hält sich ca. zwei Jahre in einem Tierkreiszeichen auf.

Saturn in der Mythologie

Saturn, der Hüter der Zeit, ist der Schnitter, der die Ernte, das Alter und den Tod symbolisiert. Er wird als Greis mit Sichel oder Sense und Stelzfuß dargestellt. Saturn bewacht die Schwelle zum magischen und okkulten Bewusstsein. So wird er, wie Hekate, mit dem Winter, der Dunkelheit und sämtlichen Übergangsriten wie auch Totenkulten in Verbindung gebracht.

Besonderes über Saturn

Während der Saturn in der Astrologie als unheilbringend gilt, präsentiert sich dieser Gasriese am nächtlichen Himmel als schillernder Planet und beeindruckt mit seinem gewaltigen Ringsystem, das in dieser Form wohl in unserem Sonnensystem einzigartig ist. Saturn besitzt ca. 20 Monde, der bekannteste, Titan, ist knapp doppelt so groß wie unser Mond. Da Saturn sich sehr langsam bewegt, wird er mit den Attributen des Alters und der Geduld verbunden. Saturn zeigt die Thematiken an, die überwunden werden möchten. Steht Saturn im Zeichen des Schützen, prüft er durch strenge Moralansichten oder zwanghafte Glaubenshaltung. Befindet er sich in den Zwillingen, drückt er sich durch Zynismus, Zweifelsucht oder Besserwisserei aus.

Astrologisches Symbol

Symbol des Saturns ist das gestürzte Jupiterzeichen. Das Kreuz, das für die Materie steht, lastet auf dem rechts unten zunehmenden Halbmond. Das bedeutet: Die Bürde der Materie muss überwunden werden, um an die Gefühle, die Intuition zu gelangen.

Astrologische Entsprechung

Saturn regiert das Sternzeichen Steinbock, das für Konsequenz, Disziplin und Verantwortungsbereitschaft steht, sowie das 10. Haus (Beruf und Berufung, Wirken in der Öffentlichkeit, gesellschaftliche Position). Als Altherrscher dominiert Saturn aber auch den Wassermann sowie das 11. Haus (Freundeskreis, Gemeinschaftsgeist, Gruppen und Zeitgeist).

In der Astrologie steht Saturn für Klarheit, Konsequenz, Disziplin und Durchhaltevermögen. Dies ist die ideale Energie, um sich gegen mentale Angriffe, wie beispielsweise Mobbing, zu schützen. Ferner fördert Saturn die Konzentration und schenkt zur Umsetzung von Vorhaben die nötige Stärke und Beständigkeit.

Aber auch die negativen Seiten sollten nicht unerwähnt bleiben: Angst, Blockaden, Rückschläge, Pessimismus, Frustration und Boshaftigkeit.

Die Jahre, in denen sich Saturn in dem jeweiligen Sternzeichen aufhält, werden in der Regel als schwierig und schicksalhaft empfunden. Einschneidende Veränderungen oder Krankheiten können zu einer radikalen Kurskorrektur im Leben des Betroffenen führen. Entscheidend ist, in welchem Haus sich Saturn befindet, entsprechend kann die Thematik gedeutet werden. Weilt beispielsweise Saturn in Haus 7, dem Haus der Beziehungen, ist eine Trennung vom Lebenspartner leicht möglich. Befindet sich Saturn in Haus 2, wird der Betreffende möglicherweise mit finanziellen Problemen geprüft.

Magische Bedeutung in der Hexenarbeit

Saturn unterstützt Rituale, die die Themen Trauerarbeit, mentales Verarbeiten von Trennungen, Neustrukturierung einer Situation, Klarheit, Konsequenz, Durchhaltevermögen und Abgrenzung zum Inhalt haben. Ebenso fördert er magische Handlungen, die Wohnungsangelegenheiten, Konzentrationsstärkung und innere Sammlung betreffen. Saturn begünstigt außerdem Schutz-, Abwehr- und Bannzauber, Trennungsmagie, Verfluchungen, Kontakt zur dunkelmagischen Geisterwelt, Kraftmagie zum Schutz vor Energievampiren, magische Hausreinigungen und Umkehrzauber.

Körperliche Entsprechung für Heilrituale

Als klassische körperliche Entsprechungen des Saturns gelten: Knochenbau (Skelett), das gesamte Stütz- und Bindegewebe, das Gedächtnis, die Zähne, Haare, Haut, Milz und Ohren.

Tiere und Pflanzen des Saturns

Die Tiere des Saturns sind Geier, Rabe, Maulwurf, Kröte, Uhu und Fledermaus. Saturnpflanzen zeichnen sich durch besondere Langlebigkeit aus, sind robust und fähig, sich auch extremen Bedingungen, wie z. B. in kargen, hoch gelegenen und kalten Regionen, ideal anzupassen. In schamanischen Übergangsritualen dienen Saturnpflanzen, wie Fliegenpilz oder Peotyl, als Transformator zur Schau in verborgene mystische Welten. Da dem Saturn das Alter zugeordnet ist, zählen die immergrünen Pflanzen, wie Eibe, Kastanie, Immergrün und Efeu, zu den typischen Saturngewächsen, die bei Altersproblemen helfen können. Des Weiteren seien hier Mistel, Zypresse, Rose von Jericho, Beinwell und Schachtelhalm genannt.

Räucherwerk für Saturnrituale

Myrrhe, Angelikawurzel, Zypresse, Asa foetida, Salbei, Weihrauch, Myrte, Eukalyptus, Kampfer, Benzoe, Efeu, Alraune, Bilsenkraut, Diptam, Einbeere, Fliegenpilz, Hanf, Patchoulie, Stechapfel und Tabak, ebenso die Tollkirsche.

Metall und Steine des Saturns

Sein Metall ist das Blei. Dem Saturn zugeordnete Mineralien sind Onyx, violetter Saphir, dunkle Koralle, dunkler Amethyst und Gold (wegen seiner Schwere).

Farben, Tarot- und Runenkunde

Die saturnalen Farben sind Schwarz, Schwarzbraun und Nachtblau.
Im Tarot entspricht dem Saturn die Karte XXI, »Die Welt«, die die Vollendung, Erfüllung und das Ende eines persönlichen Zyklus oder Projekts anzeigt, ferner die Karte XV, »Der Teufel«, der das Verlangen und die Verstrickung in materielle Abhängigkeiten symbolisiert.
In der Runenkunde findet Saturn seine Entsprechung in der Isa-Rune, die mit Eis, Isolation, Konzentration und Stillstand gleichgesetzt wird. Zugleich wird mit Saturn jedoch auch eine Zeit des Neustrukturierens von Lebenssituationen oder -abschnitten eingeläutet.

Wetterkunde nach dem 100-jährigen Kalender

Saturnjahre (2007, 2014, 2021 …) gelten in der Regel als kalt und feucht, können aber auch lange Trockenperioden aufweisen.

Wochentag

Samstag ist der Tag des Herrn der Zeit und leitet sich vom englischen saturday (Saturntag) ab.

Die Sonderstellung der sonnenfernen Planeten

Die drei sonnenfernen Planeten Uranus, Neptun und Pluto weisen keinen
mittelbaren Bezug für die magische Arbeit auf. Allerdings sind diese Gestirne
durch die zahlreichen Aspekte, die sie mit Sonne, Mond und den Planeten
inklusive Saturn bilden, energetisch (als »Tagesklima«) sehr wohl spürbar.
Deshalb sollen sie im Folgenden kurz beschrieben werden.

So kann beispielsweise ein kritischer Mond-Uranus-Aspekt als Spannung,
die in der Luft liegt, gespürt werden – was für Rituale abträglich ist. Dagegen
potenziert eine harmonische Mond-Pluto-Verbindung die magische Kraft,
sie kann als regelrechter Verstärkereffekt für manche Zeremonien gesehen
werden. Denken Sie stets daran, vor einer magischen Handlung einen Blick
in einen astrologischen Kalender zu werfen!

Uranus – Exzentriker und Vater der Quantensprünge!

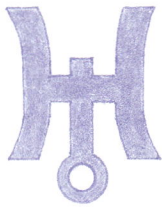

Astronomische Daten: Die Umlaufzeit des Uranus um die
Sonne beträgt 84 Jahre, ca. sieben Jahre verweilt er in einem
Tierkreiszeichen. Uranus wurde 1781 von Wilhelm Herschel entdeckt.

Mythologie: Uranus war als Gott des Himmels bekannt. Er war Vater des
Kronos, Saturns sowie Sohn und Geliebter der Erdengöttin Gaia.

Besonderes über Uranus: Der Planet ist in klaren Nächten mit einem Teleskop am Himmel zu erkennen. Er weist eine blaue Färbung auf. Das Besondere an Uranus ist, dass seine Achse zur Sonne hin »verkippt« zu sein
scheint.

Da Uranus ein Generationsplanet ist, fördert er beispielsweise im Zeichen
der Waage die Öffnung für eine freie Partnerschaft, ohne dass man jedoch
bindungsunfähig wird, und ein freies Umgehen mit Kunst. Befindet er sich

jedoch im Steinbock, fordert er auf, seine Pflichten und die Verantwortung frei zu wählen, ohne sich dabei über sämtliche Normen hinwegzusetzen.

Astrologisches Symbol: Es stellt eine Sonnensigille dar, aus deren Zentrum ein Pfeil senkrecht nach oben strebt. Übersetzt bedeutet das: Aus der Ordnung, Ruhe und Mitte – der Geschlossenheit des Geistes – dringt das neue, unerwartete und schöpferische Prinzip.

Astrologische Entsprechung: In der Astrologie steht Uranus für das Plötzliche und Unerwartete, ferner für Individualität, Unabhängigkeit und Spontaneität. Er wird dem Zeichen Wassermann, dem Rebellen und Humanisten des Tierkreises, zugeordnet. Darüber hinaus regiert Uranus über das 11. Haus (das für Gemeinschaften, übergeordnete Ziele, Reformen und Ideale steht). Vor allem versinnbildlicht Uranus Genialität und Erfindergeist, individuelle Entfaltung, Fortschrittsdenken, Lösung von festgefahrenen Strukturen, Freiheitsstreben, blitzartige Erkenntnisse, spontane Lösungen, Experimentierfreude, Menschenfreundlichkeit, überraschende Veränderungen, Befreiungskraft, ungewöhnliches Denken. Uranus ist eine höhere Oktave des Merkurs.

Magische Bedeutung in der Hexenarbeit: Im Zauberwirken wird die Energie des Uranus für Loslassrituale, Rituale für Neuanfänge, Stärkung der Intuition, Astrologie und Wahrsagen genutzt.

Körperliche Entsprechung bei Heilritualen: Knöchel, Sprunggelenk, Nervensystem, Ticks, Körperelektrizität, Rhythmusgefühl.

Tiere & Pflanzen des Uranus: Zitteraal, Glühwürmchen, Tiefseeangler (ein Fisch), Eisvogel, Kolibri, überhaupt ungewöhnliche Tiere. Uranuspflanzen sind z. B. Wahrsagesalbei, Venusfliegenfalle, Mimose, Akazie, Silberdistel, Kermesbeere (gibt bei Berührung einen elektrischen Stromstoß ab).

Räucherwerk: Mastix, Eisenkraut, Eichenrinde, Galbanum und Zitronenrinde.

Metall & Steine: Die Metalle des Uranus sind Zink, Platin und Uran. Seine Entsprechung in der Mineralwelt: Feueropal und Bernstein.

Neptun – der Gott der Meere

Astronomische Daten: Neptuns Umlaufzeit um die Sonne beträgt rund 165 Jahre. Damit hält er sich ca. 14 Jahre in einem Zeichen auf. Er ist der siebte Planet unseres Sonnensystems. Neptun wurde 1846 von Johann Gottfried Galle entdeckt.

Mythologie: Neptun gilt als Meeres- und Fruchtbarkeitsgott und wird dargestellt als bärtiger Mann mit einem Dreizack. Sein Gefährt ist eine Muschel, die von Seepferdchen gezogen wird. Mit dem Dreizack konnte er Erdbeben und Überschwemmungen hervorrufen, aber auch das Wasser versiegen lassen und so Dürre bringen.

Besonderes über Neptun: Der Mystiker und Prophet Jakob Lorber beschrieb Neptun als Miron, was übersetzt »Welt der Wunder« heißt. Neptun ist der viertgrößte Himmelskörper unseres Sonnensystems. Genauso wie Uranus ist Neptun ein Generationsplanet, der für Spirituelles sensibilisiert.

Astrologisches Symbol: Bei Neptun sieht das Symbol wie ein Dreizack aus, an dessen Unterseite sich ein Kreuz befindet. Dies bedeutet, dass sich die Intuition und Medialität der materiellen Ebene unterordnet.

Astrologische Zuordnung: Neptun als Entsprechung für Übersinnliches und Feinstoffliches regiert über das Sternzeichen Fische, das Medialität, spirituelle Erfahrungen und musisches Talent verkörpert. Dazu herrscht er über das 12. Haus (Mystik, Rückzug von der Welt, Auflösung der Grenzen). Seine Wesenskraft verleiht übersinnliche Wahrnehmungsfähigkeiten. Sie ist unser Zugang zu den transzendenten und mystischen Bereichen des Lebens. Neptun steht für visionäre Talente, für spirituelles Streben und für starke kosmische Antennen, um in unbekannte Welten zu schauen. Auch begünstigt diese Energie die Gabe, zukünftige Entwicklungen zu erahnen. Nicht zuletzt öffnet Neptun für musische Empfindungen.
Auf der anderen, negativen Seite entspricht Neptun Verwirrung, Chaos, dem Sich-Entziehen aus Pflichten, Drogenrausch und der Flucht in alle anderen Arten von Scheinwirklichkeiten. Gerade hier sind Täuschung und Selbsttäuschung, Illusion und trügerischer Schein schwer von der Wirklichkeit zu unterscheiden.

Magische Bedeutung in der Hexenarbeit: Neptun wird in der magischen Arbeit zur Steigerung der visionären Fähigkeiten und zur Förderung der Hellsicht genutzt. Er stellt die ideale planetarische Kraft für die Orakelarbeit wie Kartenlegen (Tarot), Wasserschau, Kristallkugel- oder Spiegelmagie sowie für Astralwanderungen dar, außerdem für die Vernebelungstaktik bei schwarzmagischen Angriffen, Sympathiezauber, Kontakt zur Geisterwelt, Astralmagie, Sexualmagie und für das magische Entziehen aus schwierigen Situationen.

Körperliche Entsprechung bei Heilritualen: Zirbeldrüse, Drogen und Gifte im Körper, unklare Symptome, Lähmungen, Neurosen, allgemeine Körperschwäche.

Tiere & Pflanzen des Neptuns: Da Neptun der Herrscher über die Wasserwelt ist, unterstehen ihm natürlich alle Meeres- oder Lagunenbewohner, z.B. Seepferdchen, Riesenkraken oder Schlammspringer sowie Tiere, die besondere Eigenschaften aufweisen, wie beispielsweise das Chamäleon. Neptunische Pflanzen sind Pilze, Mohn, Hanf, Wein, Schöllkraut, Hexenkraut, Koriander und Bilsenkraut.

Räucherwerk: Safran, Hanf, Beifuß, Johanniskraut, Weihrauch, Muskatnuss, Mastix, Hexenkraut, Raute, Salomonssiegel und Mohn.

Metall & Steine: Seine Metalle sind Titan und Aluminium. Neptunische Steine sind Perlmutt, Regenbogenobsidian, Opal, Diamant und Amethyst.

Pluto – der Gott der Unterwelt

Astronomische Daten: Umlaufzeit 251 Jahre, ca. 21 Jahre in einem Zeichen, wurde in den 30er Jahren des vergangenen Jahrhunderts von Percifal Lowell entdeckt.

Mythologie: Pluto ist auch als Herrscher der Dunkelheit, der Totenwelt bekannt. Sein Name bedeutet so viel wie »der Unsichtbare«, da diese geheimnisvolle Gottheit sich nur selten auf der Erdoberfläche aufhielt. Man findet ihn stets mit finsterer Miene, wildem Haar und einem Schlüssel für das Tor zur Unterwelt in seiner Hand abgebildet. In der weiblichen Entsprechung wird Pluto mit Hel und Hekate und den Göttinnen der Unterwelt gleichgesetzt.

Besonderes über Pluto: Seit August 2006 wird Pluto als Zwergplanet bezeichnet. Pluto ist nur mit starken Teleskopen zu beobachten und weist eine gelbliche Färbung auf. Seine exzentrische Umlaufbahn bringt ihn manchmal näher an die Sonne als seinen »großen Bruder« Neptun. Pluto, der ebenfalls zu den Generationsplaneten gehört, thematisiert z. B. in dem Zeichen Schütze die Sinnsuche oder Sinnfindung, aber auch grundlegende Wandlungen in religiösen oder moralischen Wertvorstellungen.

Astrologisches Symbol: Das Symbol zeigt einen Kreis, der in einer liegenden Halbmondsichel ruht, die Mondsichel ist verbunden mit einem Kreuz an der Unterseite. Das bedeutet: Der Geist ist eingebettet in Intuition und beherrscht die Materie.

Astrologische Entsprechung: Pluto steht für unsere verdrängten Teile der Persönlichkeit, Schattenbereiche und Tabuthemen. Er wird dem Zeichen des Skorpions, des Grenzgängers und faustischen Menschen im Tierkreis, sowie dem 8. Haus (Okkultismus, Transformation sowie Stirb- und Werdeprozesse) zugeordnet. Pluto bezeichnet unseren Umgang mit persönlichen und überpersönlichen Mächten, sei es, dass wir diesen Mächten ausgesetzt sind oder dass wir sie selbst ausüben. Diese Planetenenergie beschreibt unser Verhältnis zum Dämonischen und Magischen, unsere regenerativen Kräfte sowie unsere Fähigkeit zu radikaler Veränderung und Erneuerung – vergleichbar mit Phönix aus der Asche. Außerdem spricht Pluto die Themen Abhängigkeit, Hörigkeit, Macht und Ohnmacht an Er fördert hypnotische Fähigkeiten und starke Heilkräfte. Dieser Planet zeigt darüber hinaus sämtliche Verlustthemen sowie seelische Verstrickungen und das daraus oftmals resultierende Kontrollbedürfnis an, das in Zwanghaftigkeiten ausarten kann. Pluto ist gewissermaßen die höhere Oktave des Mars.

Magische Bedeutung in der Hexenarbeit: Pluto unterstützt in starken, teils lebensverändernden Transformationsphasen. Rituale für einen Neubeginn zeigen mit der Energie von Pluto einen besonders deutlichen Effekt. Mit Plutos Hilfe können auch die eigenen magischen Fähigkeiten verbessert werden.

Außerdem stärkt Pluto den Geist bei der Beschäftigung mit der dunkelmagischen Zauberkraft, bringt Hilfe bei Lösungsritualen oder hilft bei der Wiedererlangung der Lebenskraft.

Körperliche Entsprechung bei Heilritualen: Geschlechtsorgane, Regenerationsfähigkeit, chronische Krankheiten.

Tiere & Pflanzen des Pluto: Dem Pluto zugeordnete Tiere sind Maulwurf, Skarabäus und Grottenolm. Zu Plutos Pflanzen zählen Siegwurz, Wilde Alraune, Farnkraut und Blutwurz.

Räucherwerk: Thymian, Waldmeister, Kampfer, Iriswurzel, Galgant, Zimt, Palo Santo, Zitrone, Lavendel, Copal negro, Zedernholz, Eisenkraut, Myrrhe, Kalmus und Drachenblut.

Metall & Steine: Sein Metall ist das Plutonium. Seine Steine sind Onyx, Magnetit, schwarzer Turmalin und Basalt.

Die magische Wirkung der Wochentage

Astrologisch relevant für ein erfolgreiches Zauberwirken ist auch die Energie des Wochentags. Die klassische Einteilung der Woche in sieben Tage reicht bis in babylonische Zeiten vor ca. 4500 Jahren zurück. Die Woche in einen Siebenerrhythmus aufzuteilen bot sich an, da die Zahl 7 mit der Anzahl der klassischen Planeten korrespondiert. Auf diese Weise ist jeder Tag von einem bestimmten Planetenprinzip geprägt, das magisch-rituell genutzt werden kann! Aus eigener Erfahrung weiß ich, dass Zauberhandlungen, wenn sie an den entsprechenden Tagen durchgeführt werden, eine bessere Wirkung zeigen. Probieren Sie es selbst aus!

Montag

Dieser Tag ist seit Hexengedenken dem Mond (Göttin Luna = Laune) geweiht und besitzt eine passiv-verzögernde Qualität. Die Energien richten sich vornehmlich nach innen. Gespür und Ahnungen sind angesprochen, ebenso die gefühlsmäßige Wahrnehmung.

Der Montag bietet eine Gelegenheit, in sich zu gehen, seine Gefühle zu klären und bewusst intuitiven Regungen zu folgen. Da der Mond allgemein das bildhafte Vorstellungsvermögen fördert, sind Montage ideale Tage zum Zelebrieren von Imaginations- und Wunscherfüllungsritualen, für Kinderwunschthemen sowie zur Stärkung der Intuition und Traumkraft!

Dienstag

Der Kriegsgott Mars (römisch) oder Ares (griechisch) herrscht über diesen Tag. Aktivität und Zielgerichtetheit sind die Themen. Rituell kann und sollte der Dienstag für alle dem Mars entsprechenden Themen genützt werden, beispielsweise Steigerung des Selbstbewusstseins, Förderung von Mut, Antrieb, Kraft, Durchsetzung und Willensstärke, aber auch Sexualität, Leidenschaft und erotisches sexuelles Charisma. Wer unter mangelnder Initiativ- und Durchsetzungskraft leidet, sollte sich den Dienstag als seinen persönlichen »Energiezaubertag« reservieren.

Mittwoch

Astrologisch gesehen ist der Mittwoch Merkur, dem Götterboten und gewitzten Gott der Händler, geweiht. Ein idealer Tag für Zauber und Rituale, die sich auf Kommunikation, Alltagsangelegenheiten, Ausdruckskraft, Lernen, Bewerbungen und Vorstellungstermine, Prüfungen, Therapie, Geschäftsverhandlungen, aber auch auf kürzere Reisen beziehen.

Donnerstag

Die nordischen Hexenkulte kannten den »Thors-Tag«, »Donarstag«, den »Heldentag« des Wotans, der seine Entsprechung im römischen Jupiter bzw. dem griechischen Zeus findet.
Der Donnerstag eignet sich ideal für Zauber und Rituale, die sich um die Themen persönliche Sinnfindung und Glück, innerer und äußerer Reichtum, Glücksspiele, Luxus, Gerichtsverhandlungen, Fernreisen, höhere Erkenntniskraft, Inspiration und männliche Fruchtbarkeit drehen oder die Kontaktaufnahme mit der Göttlichkeit zum Ziel haben.

Freitag

Es klingt im Namen des Freitags bereits an, wer den Tag regiert: Es ist Freya – die Göttin des Ebenmaßes und der musischen Künste, der Liebe und des

Feinsinns sowie der Verführung! Ihre Entsprechungen findet Freya in Venus (bei den Römern), Aphrodite (bei den Griechen) sowie in zahlreichen Weiblichkeits- und Fruchtbarkeitsgöttinnen.

Dementsprechend eignet sich der Venustag ideal für magische Handlungen rund um die Liebe und um Romanzen, Verführung, Harmonie, Ehe und Zusammenleben, Partnerschaft auf beruflicher oder privater Ebene sowie Schönheit. Da Venus auch das liebe Geld regiert, sind Geldrituale, wie meine eigene Erfahrung gezeigt hat, an diesem Tag besonders wirksam.

Samstag

Im Englischen heißt der Samstag saturday – der Tagesregent ist also Saturn! Magisch gesehen stellt der Samstag den bestmöglichen Zeitpunkt dar, um Rituale für Klarheit und Durchhaltevermögen zu praktizieren. Er eignet sich aber auch, um Immobilienangelegenheiten zu regeln sowie zum Bannen und Abwehren negativer Energien, z. B. destruktiver Gefühle und Gedanken sowie Verwünschungen. Nicht zuletzt gilt der Samstag als bester magischer Tag für schwarze Magie, wie z. B. Schadenzauber, Trennungsrituale oder um Kontakt mit Geistern oder Verstorbenen herzustellen, beispielsweise mit Hilfe eines Hexenbretts.

Sonntag

Der Sonntag wird von der Sonne regiert und ist nicht umsonst als arbeitsfreier Tag zur Regeneration vorgesehen. Magisch eignet sich der Sonntag optimal zur Durchführung von Heilungsritualen wie Gesundheitszauber, Steigerung der Vitalkräfte und der Lebenslust, aber auch, um die Harmonie in Heim und Familie zu wahren oder wiederherzustellen. Ferner unterstützt dieser Sonnentag die Heilung des inneren Kindes.

Die Bedeutung der Rückläufigkeit von Planeten für die magische Praxis

Jeder Planet kommt zu bestimmten Zeiten in eine Phase der Rückläufigkeit. Dabei bewegen sich die Gestirne nicht tatsächlich rückwärts, vielmehr handelt es sich um eine scheinbare Rückwärtsbewegung, bedingt durch den optischen Effekt, der sich ergibt, wenn man von der Erde aus in den Weltraum blickt. Je nach Umlaufgeschwindigkeit des Planeten sind die Phasen der Rückläufigkeit unterschiedlich lang.

Für die astromagische Arbeit sind vor allem die Rückläufigkeiten von Merkur und Venus von Belang, da diese den deutlichsten Einfluss auf unser Leben haben. Merkur, als »Schnellläufer« unter den Planeten, wird im Laufe eines Jahres mehrmals rückläufig, Venus dagegen durchschnittlich einmal pro Jahr (genauere Angaben finden Sie auf den Seiten 51 und 52).

Gehen die persönlichen Planeten (Merkur und Venus) in die rückläufige Phase, was in den Astrokalendern oftmals extra mit einem »R« gekennzeichnet wird, ist Aufmerksamkeit empfohlen. An dieser Stelle möchte ich Ihnen »Maggies Hexenkalender« ans Herz legen, in dem Sie exakte Tageseinflüsse, Mondstand und astrologische Aspekte – selbstverständlich auch die Rückläufigkeit – finden, ferner spezielle Tipps, wie sie die Erfolgschancen der jeweiligen Rituale verbessern.

Wie sich die Rückläufigkeit von Merkur praktisch äußern kann

Merkur wird im Laufe eines Jahres bis zu viermal rückläufig, dies jeweils für rund vier Wochen. Die astrologische Erfahrung hat gezeigt, dass diese Phase häufig mit allgemeinen Blockaden und Verzögerungen einhergeht. Um unverhofften Problemen vorzubeugen, sollte man zu Zeiten, wenn der Merkur rückläufig ist, bei der Unterzeichnung von Verträgen, Geschäftseröffnungen, größeren Anschaffungen, wie Auto und anderen Transportmitteln, oder Investitionen Vorsicht walten lassen bzw. ganz darauf verzichten. Die Ausnahme, bei der der rückläufige Merkur sogar unterstützend wirkt, wäre eine Prolongation, also die Verlängerung eines bereits geschlossenen Vertrages oder einer bereits bestehenden Abmachung, wie z. B. die Verlängerung eines befristeten Arbeits- oder Mietvertrages oder eine Kreditfrist, die verlängert werden soll.

Wie sich die Rückläufigkeit von Merkur auf die magische Arbeit auswirkt

Natürlich sollte man darauf achten, dass besonders die Phasen, in denen Merkur rückläufig ist, beim magischen Wirken berücksichtigt werden. Werden dennoch Rituale zelebriert, muss man immer damit rechnen, dass die Resultate entweder auf sich warten lassen, ganz ausbleiben oder sich in eine ungewollte Richtung entwickeln.

Beispiele aus der Praxis

Einst klagte ein mir bekannter Geschäftsmann, als der Merkur gerade rückläufig war, über mangelnde Umsätze. Kunden blieben aus oder stornierten. Dafür kamen ein paar mehr Sorgenfalten auf seiner Stirn hinzu. Als Merkur wieder direktläufig wurde, lief alles wieder bestens.

Ein Freund meines Mannes mietete bei rückläufigem Merkur eine Wohnung. Anfangs schien sie ein richtiges Schnäppchen zu sein. Indessen begannen beim Einzug die Schwierigkeiten: Die WC-Spülung hing, ständig lief das Wasser. Fast täglich fanden sich Gerichtsbriefe und Zahlungsaufforderungen, die den Vormieter betrafen, im Briefkasten. Zwischenzeitlich wurde der Strom abgestellt, da der Vormieter schon seit geraumer Zeit keinerlei Zahlungen mehr geleistet hatte. Zu guter Letzt gab's auch noch Probleme mit der Hausverwaltung, die in Konkurs ging, sodass der Freund um seine Kaution bangen musste. Beinahe täglich klagte der Gebeutelte über neuerliche Probleme, die unverhofft auftauchten. Kurzum, er konnte keine richtige Entspannung in dieser Wohnung finden, was dazu führte, dass er nach einem halben Jahr schon wieder auszog.

Es war bei rückläufigem Merkur, als wir eine neue Selbstbauküche planten. Da die Zeit drängte, unterschrieb ich den diesbezüglichen Vertrag während der Rückläufigkeitsphase wider besseres Wissen! Insgeheim hoffte ich: Ach, so schlimm wird es schon nicht werden. So weit, so gut. Die Küche war termingerecht abholbereit. Alle Teile waren komplett, so schien alles vorerst in bester Ordnung. Ich sollte mich jedoch gewaltig täuschen: Nach dem ersten Tag des Transports in die Wohnung sprang der hilfsbereite Freund mit Rückenschmerzen ab. Leider sind wir beide keine Heimwerker, und so mühten wir uns vergeblich einige Tage mit der Selbstmontage ab. Als ein anderer Bekannter uns seine Hilfe anbot, schien wieder Land in Sicht. Doch wiederum weit gefehlt. Unerwartet zwang ein Krankenhausaufenthalt den Freund, die Hilfe zur Montage um weitere Wochen zu verschieben. Nach zwei Monaten war die Küche dann endlich beinahe fertig. Beim Geräteeinbau stieß uns der Vertragsabschluss bei rückläufigem Merkur wiederum sauer auf: Zwei Elektrogeräte entpuppten sich als defekt, und wir warteten endlos auf ein Ersatzteil, da die Firma uns zweimal das falsche Teil lieferte. Ja, so musste ich am eigenen Leib erfahren, wie es ist, Merkur herauszufordern. Ich wollte es eben wissen und bekam postwendend den Beweis, dass die Astrologie doch Recht behält …

Rückläufigkeit von Merkur bis 2012

2008: Vom 28. Januar bis 19. Februar, vom 26. Mai bis 19. Juni und vom 24. September bis 15. Oktober.

2009: Vom 11. Januar bis 1. Februar, vom 7. bis 31. Mai, vom 7. bis 29. September und vom 26. bis 31. Dezember.

2010: Vom 1. bis 15. Januar, vom 18. April bis 11. Mai, vom 20. August bis 12. September und vom 10. bis 30. Dezember.

2011: Vom 30. März bis 23. April, vom 3. bis 26. August und vom 24. November bis 14. Dezember.

2012: Vom 12. März bis 4. April, vom 15. Juli bis 8. August und vom 6. bis 26. November.

Wie sich die Rückläufigkeit von Venus praktisch äußern kann

Venus wird in einem Turnus von anderthalb Jahren einmal rückläufig – bis zu sechs Wochen lang. Eine rückläufige Venus kann erfahrungsgemäß jede Menge unverhoffte Komplikationen und Hemmnisse in die Partnerschaft bringen. In bestehenden Liebesbeziehungen kann die rückläufige Venus entfremdende Gefühle verursachen. Der Göttin sei Dank wird dieser Planet höchstens einmal im Jahr rückläufig.

Auswirkung der rückläufigen Venus auf die magische Arbeit

Während der Zeit, in der Venus rückläufig ist, empfiehlt es sich, möglichst auf Liebesrituale zu verzichten – besonders wenn man einen neuen Partner sucht. Tragen Sie allerdings den Wunsch in sich, eine Partnerrückführung vorzunehmen, bietet eine rückläufige Venus beste Voraussetzungen. Jetzt ist die beste Zeit, um Aussöhnungen und Wiederannäherungen herbeizuführen oder familiäre Harmonieblockaden wirksam zu überwinden.

Beispiele aus der Praxis

Ein guter Bekannter lernte während einer rückläufigen Venusphase eine Frau kennen und verliebte sich auch in sie. Bedauerlicherweise fing gleich zu Beginn das Unglück an: Die Frau verspürte keine Liebe, sondern spielte ihm etwas vor. Der Grund war klar, er ist sehr vermögend, und eben darauf war

die Frau eigentlich scharf. Blind vor Liebe, fiel mein rosabebrillter Freund auf dieses Scheinglück herein, und die beiden waren eine Zeit lang ein Paar. Dann, gut ein Jahr später – Venus wurde wieder rückläufig – zerbrach die Beziehung. Die Frau verließ ihn über Nacht. Doch zuvor hatte sie noch einige seiner Kreditkarten leer »geshoppt« …

Vor einiger Zeit suchte mich eine Kundin auf, deren Partnerschaft kurz zuvor zerbrochen war. Sie war am Boden zerstört und wollte ihren Ehemann zurückgewinnen, der sich in eine andere Frau verliebt hatte und kurzerhand aus der gemeinsamen Wohnung ausgezogen war. Auffällig im Horoskop war, dass sich genau zum Zeitpunkt der Trennung Venus in der Rückläufigkeit befand. Ein Blick in die Tarotkarten sowie ins Horoskop zeigte mir, dass durchaus noch Chancen bestanden. Ich war zuversichtlich, was eine Wieder-annäherung betraf, allerdings musste die Frau sich dazu in Geduld üben. So hielt sie eisern an ihrer Liebe fest und wendete immer wieder Liebesrituale an. Es verging ca. ein Jahr, und Venus wurde wieder rückläufig. Das lang Erhoffte und Ersehnte geschah – genau in dieser Phase kehrte der Eheflücht-ling reuig wieder zurück.

Rückläufigkeit von Venus bis 2012

2008: Keine Rückläufigkeit!
2009: Vom 6. März bis 17. April
2010: Vom 8. Oktober bis 18. November
2011: Keine Rückläufigkeit!
2012: Vom 15. Mai bis 27. Juni

Die Wirkung der restlichen rückläufigen Planeten

Die Wandelsterne von Mars bis Pluto, die ebenfalls Rückläufigkeitsphasen aufweisen, zeigen erfahrungsgemäß keinen so unmittelbaren Einfluss auf die magische Arbeit – im Gegensatz zu Merkur und Venus. Jedoch möchte ich sie dennoch der Vollständigkeit halber mit aufführen.

Rückläufiger Mars: Mars wird alle zwei Jahre für rund acht Wochen rück-läufig. Während dieser Zeit kann ein Streitthema oder ein schwelender Kon-flikt wieder aufflammen. Trägt sich jemand mit der Idee, ein Ritual zur Steige-rung seiner Kräfte durchzuführen, so sollte Mars nicht rückläufig sein, die Rückläufigkeit von Merkur und Venus kann man hingegen vernachlässigen.

Rückläufiger Jupiter: Jupiter wird während eines Jahres für etwa vier Monate (16 Wochen) rückläufig. Jupiter verleiht die Chance, von einer glücklichen Wendung profitieren zu können. Hat man allerdings während der Direktläufigkeit über die Stränge geschlagen, bringt einen seine rückläufige Phase wieder auf den Boden der Tatsachen zurück.

Rückläufiger Saturn: Saturn wird jedes Jahr für rund 20 Wochen (4–5 Monate) rückläufig. Entscheidungen sollten in diesem Zeitraum endgültig getroffen bzw. bekräftigt werden – das entsprechende Thema wird sozusagen einer Bewährungsprobe unterzogen.

Die erdfernsten Planeten Uranus, Neptun und Pluto werden jährlich jeweils für rund fünf Monate rückläufig.

Rückläufiger Uranus: Dieser Planet eröffnet überraschende Möglichkeiten, um einen bestehenden Veränderungswunsch endlich umzusetzen.

Rückläufiger Neptun: Das Gestirn bewirkt häufig ein verstärktes Erleben von Déjà-vu-Erlebnissen und hellsichtigen Zuständen. Ferner eröffnet er Chancen, karmisch bestimmte Partner anzuziehen, und nicht zuletzt fördert er die Entdeckung von verborgenen musischen Talenten. Er bringt jedoch auch die Gefahr von Rückfall in Süchte mit sich.

Rückläufiger Pluto: Wenn der äußerste Planet, der mittlerweile zum Zwergplanet degradiert wurde, rückläufig ist, steht eine nochmalige Konfrontation an, um grundsätzliche tiefe Wandlungsphasen abzuschließen.

> *Hebt man den Blick, so sieht man keine Grenzen.*   *Japanisches Sprichwort*

Astromagische Botschaften der Sternzeichen

Jedes der zwölf Sternzeichen verkörpert elementare Grundkräfte, die in der magischen Praxis eine wesentliche Rolle spielen. Um welche Kräfte es sich dabei handelt und für welche Hexenarbeit sie dienen, erfahren Sie nachfolgend im Einzelnen.

Kosmische Grundkräfte

Bereits die großen Alchemisten-Magier und Hexen unterschieden verschiedene kosmische Qualitäten, die einen ganz bestimmten Einfluss auf das magische Wirken haben.

Zunächst einmal wird zwischen dem männlichen und weiblichen Prinzip unterschieden. In der astrologischen Analogiesprache gelten die Zeichen Stier, Krebs, Jungfrau, Skorpion, Steinbock und Fische als weiblich. Das bedeutet, dass diese Zeichen über ein besonderes Maß an Einfühlungsvermögen, Anpassungsbereitschaft und Intuition verfügen. Das männliche (aktive) Prinzip wird durch die Zeichen Widder, Zwillinge, Löwe, Waage, Schütze und Wassermann verkörpert. Männlich bedeutet in der astromagischen Entsprechungslehre Aktivität, Extrovertiertheit, Bewegungsfreude, Beschleunigung und Initiativkraft.

Was bedeutet kardinal, fix und flexibel?

Den **kardinalen Zeichen** gehören Widder, Krebs, Waage und Steinbock an. Es sind die Zeichen, die die vier Wendepunkte der Jahreszeiten markieren: Frühling (Widder), Sommer (Krebs), Herbst (Waage) und Winter (Steinbock). Sie sind besonders befähigt, neue Impulse zu setzen und gelten als ausgesprochen zielorientiert. Sie sind tatkräftig und verfügen über genügend Energie und Willen, um eigene Ideen um- und durchsetzen zu können.

Die **fixen Zeichen** bilden Stier, Löwe, Skorpion und Wassermann. Wobei »fix« eine Qualität anzeigt, die konsequent und beharrend, ja buchstäblich fixierend ist. Fixe Zeichen stehen zu ihren Überzeugungen und verleihen ihnen Struktur. Des Weiteren verfügen sie über die Gabe, »am Ball bleiben« zu können, und besitzen das Rüstzeug zum Verwalter und Organisator.

Die **flexiblen Zeichen** Zwillinge, Jungfrau, Schütze und Fische besitzen das spezielle Talent, sich rasch an unterschiedlichste Situationen und Bedingungen anpassen zu können. Auch sind sie fähige Vermittler und Berater.

Die vier (astro)magischen Grundelemente

Hauptgrundsatz der Alchemisten und Hexen ist seit jeher: Alles Leben besteht aus den vier Grundelementen FEUER, WASSER, ERDE und LUFT sowie der geheimnisvollen Quintessenz, dem fünften Element, das den göttlichen Funken, den Geist symbolisiert, der alles steuert. In der Sprache der Astromagie unterscheidet man folgende vier Elementetypen:

Feuerzeichen

Zu den Feuerzeichen gehören Widder, Löwe und Schütze. Charakteristisch für diesen Elementetyp: verstärkte Willens-, Antriebs- und Gestaltungskraft, Begeisterungsfähigkeit, Motivation, Dynamik, Spontaneität, aber auch Hitzigkeit und Impulsivität. Choleriker, männlicher Grundimpuls.

Wasserzeichen

Wasserzeichen sind Krebs, Skorpion und Fische. Besondere Kennzeichen: ausgeprägte psychische Kräfte, gefühlsbetont, intuitiv und kreativ. Phlegmatiker, weiblicher Grundimpuls.

Erdzeichen

Zu den Erdzeichen zählen Stier, Jungfrau und Steinbock. Sie verfügen über eine besondere Neigung fürs Praktische und Machbare, haben einen ausgezeichneten Bezug zum Körperlichen und Sinnlichen, zeichnen sich außerdem durch Beharrlichkeit und Ehrgeiz aus. Melancholiker, weiblicher Grundimpuls.

Luftzeichen

Als Luftzeichen bezeichnet man Zwillinge, Waage und Wassermann. Hervorstechendste Merkmale: messerscharfer Intellekt, starke Bewegungsfreude. Verstandesmenschen, kreativ, sprunghaft, beweglich, neugierig. Sanguiniker, männlicher Grundimpuls.

Die magischen Qualitäten der Sternzeichen im Porträt

Widder

21. März bis 20. April, Mars, feurig, kardinal, männlich
Motto: »Ich will!«
Der stilisierte Widderkopf als astrologisches Symbol verrät sofort, dass es sich um das Zeichen des Aufbruchs und des Neubeginns handelt. Der Widder verkörpert eine männliche, spontane, zupackende und aktive Energie. Tatkraft und Engagement für seine Ziele verleihen ihm einen enormen Durchsetzungswillen. Er ist ein Initiator, der die Dinge angreift und, wenn möglich, sofort umsetzen will.

An was glaubt der Widder, wie handelt er?

Das zentrale Thema des Widders ist, seine eigene Persönlichkeit zu entfalten und die selbst gesteckten Ziele auch zu erreichen. Der Widder glaubt absolut an seine Ziele und muss stets seine eigenen Erfahrungen machen, da übernommene Erfahrungen für dieses Zeichen keinen großen Stellenwert haben. Diese feurige Persönlichkeit geht seine eigenen Wege und findet dabei meist ungewöhnliche und neue Lösungen. Der Widder bleibt bis ins hohe Alter aufgeschlossen, schwungvoll und draufgängerisch.

Wo liegen die Knackpunkte?

Mangelnde Geduld, Überaktivität und bisweilen wenig oder kein Durchhaltevermögen! Zeigen sich erste Schwierigkeiten auf dem Weg dieses Vorkämpfers, kann er sich entweder mit brachialer Gewalt oder mit raschen optionalen Änderungen seiner Ziele seinen weiteren Weg durch das Leben bahnen. Der Widder-Geborene verletzt oft mit seinem rücksichtslosen Verhalten andere Menschen, zumeist aus Gedankenlosigkeit. Sein cholerisches Grundnaturell entlädt sich oft in hitzigem, jähzornigem willkürlichem Verhalten. Mitunter zimmert er sich sein Weltbild nach eigenen Vorstellungen, ohne Rücksicht auf objektive Tatsachen. Die Welt ist so, wie er sie haben will!

Wie kann die feurige Energie des Marszeichens am besten genutzt werden?

In sämtlichen Bereichen, in denen besondere Tat- und Initiationskraft verlangt wird. Der Widder ist ein hervorragender Umsetzer von Ideen oder neuen Visionen. Seine Begeisterungsfähigkeit und mitreißende Art kann andere Menschen zu Höchstleistungen anspornen. Diese feurige Energie ist oft die Initialzündung zu großen Erfolgen. Durch ihre vitale Lebensfreude und Führungsqualität stellen sich diese Menschen gerne an vorderste Stelle, an der etwas bewegt und in Gang gesetzt werden soll. In sämtlichen Bereichen, wo Pionierarbeit oder Wagemut verlangt werden, abwechslungsreiche Tätigkeit oder Willenskraft im Vordergrund stehen, ist der Widder am rechten Platz.

Welche Art von Hexenarbeit fällt dem Widder besonders leicht?

Alle magischen Handlungen, die mit Neubeginn, Steigerung von sexueller Ausstrahlungskraft, Selbstbewusstsein und Willenskraft sowie der Umsetzung von Ideen zu tun haben. Die Fähigkeit, sich zu wehren, Kampfesmut und Risikobereitschaft werden ebenfalls von der Marsenergie gefördert. Kraft- und Stärkerituale verhelfen zu Schutz vor Übergriffen mentaler oder physischer Art, z. B. auch gegen Mobbing. Die feurige Energie des Mars unterstützt außerdem alle Zauberhandlungen, die sich um die Themen Leidenschaft, Sexualität und körperliche Energie drehen.

Ritualfalle! Worauf muss der Widder achten?

Die große Schwäche dieser hitzigen Marsnatur liegt in ihrer Ungeduld und den damit einhergehenden Frustrationen. Geht etwas nicht schnell genug, kann es zu plötzlichen brutalen und unkontrollierten (Wut-)Ausbrüchen kommen. Diese ungebändigte, destruktive Kraft richtet sich letztendlich auch gegen die eigene Person und kann dadurch großen Schaden anrichten.

Aufgabe ist, die eigenen Triebe und das oft unbeherrschte Wesen zu zügeln und in zielgerichtete Bahnen zu lenken.

Stier

21. April bis 20. Mai, Venus (Morgenstern), erdig, fix, weiblich
Motto: »Ich besitze und erhalte!«
Der Kreis mit dem Halbmond obenauf – Hörnern ähnlich – symbolisiert das nährende Prinzip. Das Symbol gleicht einem Kuhkopf, dem Bildnis der Mutterkuh, der Lebensspenderin. Das beständige Streben nach Sicherheit, vor allem in finanziellen Belangen, auf der einen und nach Genuss auf der anderen Seite prägt diese erdige Natur. In diesem venusischen Zeichen findet die Genuss- und Sinnesfreude ihre höchste Entfaltung. Beharrlichkeit und die Kunst, auf den rechten Moment zu warten, verhilft dem Stier, meist mehr zu erreichen als manches andere Sternzeichen. Seine weiblich abwartende Energie reagiert auf Impulse, die von außen auf ihn zukommen.

An was glaubt der Stier, wie handelt er?

Das Kernthema des Stiers besteht darin, Gewachsenes und Vertrautes zu erhalten und zu vermehren. Er schätzt und braucht das Gefühl der Sicherheit

und Stabilität. Seine Ideen setzt er bedächtig, aber entschlossen und beharrlich um. Selbst in schwierigen Situationen ist der Stier in der glücklichen Lage, mit dem nötigen Durchhaltevermögen bei der Stange zu bleiben, und er verliert nie den Überblick. Dieses Zeichen kommt zwar langsam auf (Hoch-)Touren, kann aber dann ungeheure Leistungen erbringen. Von seinen Mitmenschen wird er in stürmischen Zeiten oft als Fels in der Brandung wahrgenommen. Beharrlich, ausdauernd und stets nach »üppigen Weiden« Ausschau haltend, trottet der Stier, unterbrochen von sinnlichen Momenten, auf seinem Lebensweg dahin.

Wo liegen die Knackpunkte?

Schwerfällig, bis ins Phlegmatische gehend, beharrt der Stier auf seinen Ansichten. Er stellt sich nur langsam und ungern auf neue Situationen ein. Diese bodenständige Natur überbetont materielle Werte und kann sich in Unmäßigkeit verlieren. Dazu überschätzt er oft seine eigenen Kräfte und ist dadurch gefährdet, sich zu übernehmen, was sich z. B. in Form von Überschuldung äußern kann. Gezielt setzt der Stier seine Kräfte nur dort ein, wo er auch mit entsprechenden Resultaten rechnen kann. Da sein Weltbild sehr der Wirklichkeit verhaftet ist, kann er sich nur schwer mit abstrakten Dingen anfreunden. Gierig, stur und eifersüchtig, hütet und wacht er über seinen »Besitz«. Sieht er einmal rot, kann er äußerst jähzornig werden und wie ein Bulle alles plattwalzen!

Wie kann die erdige Energie des Venuszeichens am besten genutzt werden?

Die Venusenergie eignet sich hervorragend für das Wirken in der (Hexen-) Gemeinschaft, wie beispielsweise zur Verwaltung des Geldes oder als Stütze in heiklen Situationen. Aufgrund seiner weiblichen, weichen und dennoch beharrenden Energie strahlt der Stier eine unerschütterliche Zuversicht aus, an der sich schwächere Mitmenschen stärken und aufbauen können. Auf diese Weise festigt er den Zusammenhalt in der Familie oder Gruppe.

Welche Art von Hexenarbeit fällt dem Stier besonders leicht?

Rituale, die mit materiellen Themen oder der Förderung der eigenen Möglichkeiten zu tun haben. Ebenso sind sämtliche Geldrituale, aber auch Zeremonien zur Steigerung der eigenen Sinnlichkeit und erotischen Ausstrahlung begünstigt. Außerdem eignet sich die Stier-Energie zur Förderung der eigenen noch unerschlossenen künstlerisch-kreativen Fähigkeiten.

Ritualfalle! Worauf muss der Stier achten?

Der Stier verharrt oft zu lange in apathischer Schwerfälligkeit und kann sich nur schwer aufraffen, eine nervige Situation zu verändern. Zuweilen verrennt er sich in seinen Zielen und kann nicht loslassen. Durch Überbewertung des Äußeren und zu langes Abwarten verpasst er oft wertvolle Gelegenheiten.

Aufgabe ist, die eigene Bequemlichkeit (den »inneren Schweinehund«) in konsequentes Streben zu wandeln und mehr die spirituellen als die materiellen Werte zu betonen.

Zwilling

21. Mai bis 21. Juni, Merkur (Morgenstern),
luftig, flexibel, männlich
Motto: »Wo gibt's was Neues?«

Betrachtet man das astrologische Symbol dieses männlich geprägten Zeichens, so erkennt man die römische Zahl zwei, die die Dualität von Geist und Materie sowie von Gut und Böse erkennen lässt. Wissensdurst in vielfältiger Ausrichtung zeichnet diese bewegliche Merkurnatur aus. Neugierig und pfiffig in seiner Art, ist der Zwilling stets auf der Suche nach der aller-, aber wirklich allerletzten Wahrheit. Nur finden wird er sie wohl nie. Zu viele Möglichkeiten, zu viele Facetten der Wahrheit schillern und glitzern vor seiner Nase.

Er ist ein hervorragender Vermittler und Ratgeber, da er in der Lage ist, rasch sehr differenziert und präzise die Themen auf den Punkt zu bringen. Blitzschnelle Kombinationsfähigkeit und Schlagfertigkeit, gepaart mit einer guten Portion Wortwitz, lassen ihn zu einem idealen Kommunikator oder Vertreter von Ansichten und Ideen werden. Lebhaft und kontaktfreudig flattert dieser Jünger des Merkurs von Mensch zu Mensch, verbindet, vermittelt und unterhält mit charmanten und interessanten Gesprächen. So bringt er gerne frischen Wind in alte, verkrustete Denkstrukturen und eröffnet völlig neue Perspektiven.

An was glaubt der Zwilling, wie handelt er?

Der Zwilling glaubt an den Verstand und dessen Möglichkeit, stets in völlig neue Denkbereiche vorzustoßen. Durch Analysieren und Kombinieren finden Zwillinge selbst in vertrackten Situationen schnelle Lösungen. Dieses Luftzeichen ist ein Meister im Improvisieren und Entwickeln neuer Konzepte. Fairness ist ihm wichtig. Seine Antriebsfedern sind Neugier und Lerneifer.

Wo liegen die Knackpunkte?

Die Achillesferse dieses schillernden Zeichens ist die Rastlosigkeit, Zerrissenheit sowie die Ungeduld, Projekte zu Ende zu bringen. Außerdem ist der Zwilling der besonderen Gefahr ausgesetzt, an allem und jedem ständig Zweifel anzumelden. So ist er stets auf der Suche nach dem Neuen, hetzt von einer Sache zur nächsten, wohl ahnend, dass er niemals zur Ruhe kommen wird, da ihn schon wieder neue Herausforderungen locken. Er könnte ja etwas verpassen!

Wie kann die luftige Energie des Merkurzeichens am besten genutzt werden?

Geht es um das Thema Vermittlung oder Kommunikation, ist der Zwilling in seinem Element. Dieser Merkurianer besitzt das Talent, Situationen aus verschiedenen Perspektiven betrachten zu können, um deren alternative Möglichkeiten zu erkennen. Das Verknüpfen von Gegensätzen sowie die kühlemotionslose Betrachtung von Gut und Böse, Hell und Dunkel beherrscht dieses Zeichen meisterhaft.

Welche Art von Hexenarbeit fällt dem Zwilling besonders leicht?

Als mental orientierte Wesen verfügen Zwillinge über einen besonders guten Zugang zu jeder Form von Mentalmagie (Gedankenmagie, Autosuggestion, Spruchzauber). Außerdem besitzen Zwillinge eine ausgesprochene Affinität zu Ritualen rund um die Themen Kommunikation, insbesondere im Beruf, geschickte Geschäftsverhandlungen, Prüfungen, Partnerschaft (klärende Aussprachen) und Verbindung oder Vereinigung von Gegensätzen. Dazu zeigen Zwillinge eine Neigung zur Orakeltätigkeit, wie beispielsweise Astrologie oder Pendeln.

Ritualfalle! Worauf muss der Zwilling achten?

Die größten Gefahren sind Zerrissenheit und Ungeduld! So beginnt der Zwilling viel, denkt tausend Dinge an und beendet schlussendlich wenig. Funktioniert ein Ritual nicht umgehend, beginnt er zu zweifeln und verliert rasch das Interesse. Doch jeder Zweifel bricht das Werk, mahnte schon Paracelsus!

Aufgabe ist, an Zielen und Visionen festzuhalten und an die Wirksamkeit der eigenen Handlung felsenfest zu glauben.

Krebs

22. Juni bis 22. Juli, Mond, wässrig, kardinal, weiblich
Motto: »Ich fühle und ahne!«

Das astrologische Symbol zeigt zwei gegenläufige Spiralen – Krebsscheren ähnlich –, die die auf- und absteigende Sonnenbahn darstellen. Emotionale Stabilität und das Gefühl von Geborgenheit sind wichtige Voraussetzungen dafür, dass sich die mitfühlende, weiblich geprägte Mondnatur rundherum wohlfühlt. Krebse sind die Romantiker des Tierkreises. Dieses Zeichen verfügt über einen tiefen Zugang zu inneren Bildern der Seele sowie zu Träumen. Dank seiner ausgeprägten Sensibilität kann der Krebs die Wünsche und Bedürfnisse anderer Menschen regelrecht erspüren. Essenziell für das Seelenwohl des lunarischen Zeichens ist der Schutz, der Zusammenhalt und das Wohlergehen der Familie. Durch seinen enormen Ehrgeiz und die kardinale Qualität, die der Krebs besitzt, ist er in der Lage, seine Vorhaben mit großem Nachdruck und enormer Zähigkeit durchzusetzen. Dabei geht er nicht den direkten, geraden Weg, wie beispielsweise der Widder, sondern wählt oftmals scheinbar verschlungene Pfade, ohne dabei jemals das Ziel aus den Augen zu verlieren. Aus diesem Grund wird der Krebs gerne unterschätzt, aber schlussendlich ist er der Gewinner.

An was glaubt der Krebs, wie handelt er?

Diese Mondnaturen glauben an die Macht der Gefühle und eine höhere Führung. So wandeln sie fast traumtänzerisch auf ihren, für andere Zeichen

oft nicht nachvollziehbaren Wegen, um an ihr intuitiv gewähltes Ziel zu gelangen. Inspiration, kosmische Führung und die Bilder der Seele sind ihre Weggefährten. Der Krebs handelt stets instinktsicher, aus unbewussten Impulsen heraus. Seine Ziele verfolgt er mit Beharrlichkeit und stellt dabei seine Zähigkeit unter Beweis. Nicht zuletzt zeichnet er sich durch seine Fürsorglichkeit und Hilfsbereitschaft aus.

Wo liegen die Knackpunkte?

Aus einer großen Angst heraus, verlassen zu werden oder ungeliebt zu sein, lassen sich diese weiblich-weichen Naturen von stärkeren und egoistischeren Menschen leicht ausnutzen. Dadurch tendieren sie dazu, schnell besitzergreifend zu werden und beginnen zu klammern. Sie zeigen sich nicht selten hochgradig launisch und wankelmütig, dann neigen sie dazu, sich gehen zu lassen und in Trägheit zu verfallen. Bisweilen tyrannisieren sie ihre Mitmenschen mit ihren unberechenbaren Gefühlsschwankungen. Häufig wird der Krebs von einer Neigung zu Depressionen geplagt, die er beispielsweise durch übertriebenen Ehrgeiz oder extreme Fürsorge kompensiert. Um der harten Realität zu entfliehen, flüchtet er sich in schwierigen Zeiten manchmal gerne in eine Traumwelt.

Wie kann die wässrige Energie des Mondzeichens am besten genutzt werden?

Seinen idealen Wirkungsbereich findet der Krebs in sämtlichen Bereichen, in denen großes Einfühlungsvermögen, Verständnis und ein natürlicher Zugang zur Seele gefragt ist. Der Krebs besitzt die Fähigkeit, verstockte oder verhärtete Menschen wieder ihren eigenen Gefühlen näher zu bringen. Mit großem Feingefühl ausgestattet, kann er als guter Berater verzweifelten Menschen zur Seite stehen und intuitiv Lösungen oder neue Wege finden. Dadurch, dass sie in der Lage sind, Bilder der Seele zu deuten oder sich für andere, hilfsbedürftige Personen stark zu machen und einzusetzen, sind diese emotionalen Naturen oftmals in einem sozial geprägten Beruf zu finden.

Welche Art von Hexenarbeit fällt dem Krebs besonders leicht?

Aufgrund seiner Sensibilität besitzt der Krebs eine Affinität zu Ritualen, die die Förderung von Intuition, Traumleben und -analyse sowie Hellsicht zum Ziel haben. Astralreisen, Öffnung des dritten Auges, Rituale zur Steigerung der Visualisierungskraft sowie Wunschrituale liegen ihm ebenso wie Kartendeutung und andere Orakeltätigkeiten. Nicht zuletzt eignet sich der Krebs auch für Fruchtbarkeitsrituale oder Zeremonien zur Erweckung und Heilung des inneren Kindes.

Ritualfalle! Worauf muss der Krebs achten?

Die Krebsschere, die dieses lunarische Zeichen oft in die Zange nimmt, heißt Launenhaftigkeit und Wankelmut. Ist der Krebs in diesen Scheren gefangen, verfällt er leicht in eine Wehleidigkeit und wird dadurch für wertvolle Chancen blind, in depressiven Phasen bisweilen völlig phlegmatisch und schwarzmalerisch. In diesen düsteren Zeiten fühlt er sich schnell für alles schuldig und ist dann nicht bereit, Situationen aus eigener Kraft zu verändern.

Aufgabe ist, die Launen und Emotionen in den Griff zu bekommen und konsequent seinen Weg zu gehen.

Löwe

23. Juli bis 22. August, Sonne, feurig, fix, männlich
Motto: »Kommen, sehen, siegen!«

Das astrologische Symbol des Löwen zeigt die Schlange, als Zeichen der Sonne und des sich ewig erneuernden Prinzips. Wo der Löwe auftaucht, besser gesagt erscheint, geht – zumindest für seine Begriffe – die Sonne auf. Hier bin ich, seht mich an und bewundert meinen Auftritt und meine Ausstrahlung.
Die ganze Welt scheint eine Bühne für dieses Sonnenzeichen zu sein. Durch sein selbstbewusstes Auftreten und seine Großzügigkeit wirkt er auf andere Menschen motivierend und positiv. Schwächere steckt er mit seiner Lebensfreude an. Diese Sonnennatur plant und denkt stets im großen Stil, da ihr die »Politik der kleinen Schritte« nicht liegt. Der Löwe sieht sich selbst gerne als geborene Führungskraft. In der Tat verfügt er über ein gut entwickeltes Organisationstalent, kann sich bestens selbst präsentieren und besitzt nicht zuletzt ausgeprägte schöpferische Gestaltungskräfte. Unter diesen Zeichen finden sich viele künstlerische Talente, die auf den großen Bühnen der Welt zu bewundern sind.

An was glaubt der Löwe, wie handelt er?

Löwen glauben in erster Linie an sich selbst und fühlen in sich das natürliche Recht zu herrschen. Sie zeichnen sich durch ein entschlossenes und selbstbewusstes Handeln aus, sie sind überzeugt, dass alles, was sie beginnen, für sie positiv ausgehen wird. Mit dieser gewaltigen Portion Optimismus kann dem Löwen tatsächlich vieles gelingen.

Wo liegen die Knackpunkte?

Hochmut kommt vor dem Fall! Die große Problematik des Löwen liegt in seiner Arroganz und Ichbezogenheit. Das sich ständige Sonnen im eigenen Licht macht blind gegenüber den Schattenseiten und auch schnell überheblich anderen Menschen gegenüber, die dann oftmals zu Lakaien degradiert oder gar nicht mehr wahrgenommen werden. Für die lästigen Alltagssorgen und -nöte ist er sich zu schade, da sich der Löwe ausschließlich mit Großem zu beschäftigen weiß. Objektive Betrachtung und Kritik ist für ihn lästig, da dies an der schönen Oberfläche »unsaubere« Spuren hinterlässt. Dieses Sonnenzeichen nimmt sich selbst viel zu wichtig und zeigt sich äußerst anspruchsvoll und eifersüchtig.

Wie kann die feurige Energie des Sonnenzeichens am besten genutzt werden?

Der Löwe hat ideale Führungsqualitäten. Durch sein überzeugtes Auftreten kann er andere Menschen gut motivieren und durch die eigene Schöpferkraft schnell mitreißen. Der Löwe eignet sich hervorragend dafür, Ideen zu präsentieren oder eine Sache zu vertreten. Er kann gut als Sprachrohr für andere fungieren und die Meinung vieler kundtun. Diese Sonnennatur setzt sich aus Überzeugtheit der eigenen Stärke auch für Schwächere ein.

Welche Art von Hexenarbeit fällt dem Löwen besonders leicht?

Insbesondere Rituale, die der Steigerung der Ausstrahlung, auch der erotischen, des Charismas, der Couragiertheit und der Stärkung des Selbstbewusstseins dienen. Ebenso fallen dem Löwen Rituale, die mehr Durchsetzungsvermögen im Beruf und die Erlangung einer besseren Position mit mehr Verantwortung zum Ziel haben, leicht. Hier herrscht die ideale Energie zur Steigerung der Selbstdarstellungskunst, für ein starkes Auftreten gegenüber Kollegen sowie zur Stärkung der Führungsqualität.

Ritualfalle! Worauf muss der Löwe achten?

Die große Schwäche dieses Feuerzeichens ist seine Tendenz zu aufgeblähter Egozentrik bis hin zum Größenwahn. Der Löwe betrachtet sich selbst gerne als Mittelpunkt der Welt, um den sich alles andere drehen muss. Er fühlt sich selbst fast gottgleich und zu allem fähig. Grenzenlose Selbstüberschätzung und mangelnder Respekt vor anderen Menschen und deren Meinung, Selbstverliebtheit und narzisstisches Verhalten können den Löwen oftmals in Schwierigkeiten bringen.

Aufgabe ist, durch demütiges und objektives Agieren die eigene Kraft und den Optimismus zum Wohle aller einzusetzen. Ebenso gilt es anzuerkennen, dass uns eine höhere Macht lenkt und führt. Er sollte mehr Respekt und Demut der Göttlichkeit und seinen Mitmenschen gegenüber zeigen!

Jungfrau

**23. August bis 22. September, Merkur (Abendstern), erdig, flexibel, weiblich
Motto: »Das muss erst mal genau geprüft werden!«**

Das astrologische Symbol zeigt eine stilisierte Getreide-ähre – Sinnbild für Fleiß, Solidität und Planung. Jungfrau-Geborene gehen sehr methodisch an die Herausforderungen des Lebens heran. Dieses Erdzeichen hat ein großes Sicherheits-bedürfnis, ist realistisch und kann Aufgaben sehr gut umsetzen. Ist praktischer Hausverstand vonnöten, ist die Jungfrau als ordnendes, struktu-rierendes und analytisches Wesen am rechten Platz. Jedoch tief in ihrem Inneren bekämpft die Jungfrau ständig das sich vor ihr auftürmende Chaos, das sie immer wieder zu verschlingen droht.

Dieses Erdzeichen ist instinktsicher in seiner Unterscheidungsgabe zwischen nützlich und nicht nützlich. Detailplanung und das Wirken im Hintergrund liegen dieser Merkurnatur mehr als das Präsentieren in den vordersten Rei-hen. Scharfsinnig und anpassungsfähig, mit kühlem, aber meist sehr klugem Kopf gehen diese weiblich geprägten Zeichen durchs Leben. Die Liebe zum Detail steht bei ihnen im Vordergrund. Nicht zuletzt haben Jungfrauen einen natürlichen Bezug zu medizinischen und heilerischen Themen.

An was glaubt die Jungfrau, wie handelt sie?

Zuverlässig, pflichtbewusst und exakt, wie Jungfrauen sind, eignen sie sich hervorragend für Vertrauensposten. Der Jungfrau-Mensch glaubt an System und Ordnung, handelt überlegt und gründlich, stets im Sinne der Allgemeinheit. Als der ideale Mann/die ideale Frau im Hintergrund kümmert sich die Jungfrau in erster Linie um praktische Angelegenheiten sowie Fakten und Zahlen. Ihr methodisches Denken gibt ihr ein ausgezeichnetes Wertesystem für brauchbare und messbare Ergebnisse an die Hand.

Wo liegen die Knackpunkte?

Durch zu starke Anpassung an die Zweckmäßigkeit und Ordnung kann zwanghaftes Verhalten entstehen. Zaudern und übertriebenes Sicherheitsdenken, das Flexibilität und Spontaneität verhindert, vermögen die Energie der Jungfrau enorm zu bremsen. Dabei kritisiert und nörgelt diese Merkurnatur gerne und glaubt oft nur das, was beweisbar und wissenschaftlich erwiesen ist. Die zwei Gesichter der Jungfrau: manchmal pedantisch und ins Detail verliebt, dann wieder, in manchen Bereichen, extrem schlampig und unorganisiert, zudem weist sie deutlich hypochondrische Züge auf.

Wie kann die erdige Energie des Merkurzeichens am besten genutzt werden?

Für Arbeiten, die Detailgenauigkeit verlangen oder sich um Ernährungs- oder Gesundheitsfragen drehen. Jungfrauen können ihre Vorhaben sehr gut umsetzen. Sie sind ideale Analytiker, aufgrund ihres strukturierten und ökonomischen Denkens sind sie in der Lage, Probleme genau auf den Punkt zu bringen. Auch handwerkliches Geschick gehört zu den großen Stärken der Jungfrau. Dieses Erdzeichen findet man oft in Heilberufen.

Welche Art von Hexenarbeit fällt der Jungfrau besonders leicht?

Speziell Heil- und Gesundheitsrituale sowie Zauber zur Steigerung der Selbstheilkräfte liegen diesem Erdzeichen, ebenso Rituale zur Unterstützung bei Diäten oder allgemein zur Willensstärkung, um von einer Sucht loszukommen. Ihrer Natur entsprechend zeigen besonders Ordnungs- und Strukturrituale einen deutlichen Effekt. Jungfrauen sind in der Lage, Harmonie und Klarheit in schwierige Arbeitsverhältnisse zu bringen und Geldblockaden effizient zu lösen.

Ritualfalle! Worauf muss die Jungfrau achten?

Die große Gefahr der kühlen und sachlichen Jungfrau ist es, sich im Detail zu verlieren. Für erfolgreiches Zauberwirken können ihr übertriebener Perfektionismus und Ängstlichkeit im Wege stehen.

Aufgabe ist, loslassen zu können und die Dinge einfach nur geschehen zu lassen. Jungfrau-Geborene müssen lernen, in die höhere Führung zu vertrauen, die für uns sorgt und uns lenkt, und sich zu öffnen, um die starke Heilkraft in sich zu spüren und diese ungehindert von blockierenden Gedanken fließen zu lassen.

Waage

23. September bis 22. Oktober, Venus (Abendstern), luftig, kardinal, männlich Motto: »Ich gleiche aus!«

Das astrologische Symbol ist eindeutig: Es zeigt eine Waage – Sinnbild für Ausgleich, Harmonie und Gerechtigkeit. Entsprechend wichtig ist es für das Seelenleben des Waage-Menschen, mit allem in Harmonie zu leben, den Gleichklang herzustellen und zu erhalten, sei es im Arbeitsbereich oder im privaten Rahmen. Stehen sich zwei streitende Parteien feindselig gegenüber, bringt die Waage mit großer Wahrscheinlichkeit Friede und Ausgleich in die erhitzte Atmosphäre. Taktvolles, kontaktfreudiges und tolerantes Verhalten macht Waage-Geborene zu angenehmen Mitmenschen. Außerdem zeichnet sie ein hoch entwickeltes ästhetisches Empfinden aus, das seinen Ausdruck in künstlerischen Tätigkeiten findet. Alles ein wenig schöner und geschmackvoller zu gestalten, selbst wenn es der nüchterne Alltag ist, ist ein zentrales Anliegen dieses Schöngeistes. Steht ein wichtiges Date auf dem Terminplan, weiß eine Waage ganz sicher, welche Kleidung sich am besten dafür schickt. Denn in Geschmacksfragen ist das Waage-Zeichen höchst kompetent.

An was glaubt die Waage, wie handelt sie?

Diese Venusnatur glaubt in erster Linie an Schönheit und Ästhetik. Und danach richtet sie auch ihr gesamtes Dasein aus. Die Bestimmung der meis-

ten Waage-Geborenen ist es, Menschen zu verbinden und diplomatisch ihren Weg zu gehen. Stilvoll und stets auf Takt bedacht, weicht sie zumeist Streitereien aus. Die Waage handelt stets strategisch klug im Sinne des Friedens und der Harmonie. »Seid doch nett zueinander, das Leben ist so schön«: Dies ist die Maxime dieses Sternzeichens. Da hat die Waage wohl recht …

Wo liegen die Knackpunkte?

Die Schattenseite dieses harmoniebedürftigen Zeichens ist ihre Entscheidungsschwäche. Die beiden Waagschalen pendeln von einer Seite zur anderen, und genau das macht einen konkreten Entschluss sehr schwer. Die Tendenz, Konflikten auszuweichen, um ja auf alle sympathisch zu wirken und bei jedem beliebt zu sein, macht die Waage sehr unverbindlich und zu einem schwer greifbaren Zeitgenossen.

Wie kann die luftige Energie des Venuszeichens am besten genutzt werden?

Für alle Bereiche, in denen kluges, diplomatisches und stilsicheres Vorgehen verlangt wird. Die männlich geprägte, Impuls gebende, schöpferische Venusenergie ermöglicht es der Waage, vieles wieder in harmonische Bahnen zu lenken.

Welche Art von Hexenarbeit fällt der Waage besonders leicht?

Sämtliche Rituale, die mit partnerschaftlichen oder familiären Themen zu tun haben, wie z. B. Wiederannäherungen und schlichtende Aussprachen oder Partnerbindung. Waage-Geborene eignen sich außerdem für Rituale, die die künstlerischen oder kreativen Fähigkeiten fördern, ebenso für Rituale, die die eigene Schönheit unterstreichen und die seelische Balance wiederherstellen. Nicht zuletzt kann dieses Venuszeichen Rituale zelebrieren, um ihr diplomatisches Geschick zu steigern. Auf diese Weise ist die Waage in der Lage, sich oder andere aus schwierigen Situationen, ohne einen riesigen Scherbenhaufen zu hinterlassen, geschickt wieder hinauszumanövrieren.

Ritualfalle! Worauf muss die Waage achten?

Unentschlossenheit und Bequemlichkeit sind die größten Gefahren der Waage-Geborenen. Welches Ritual sollte als Erstes zelebriert werden? Sie kann sich nicht entscheiden. Deshalb: besser in einem unangenehmen

Zustand verharren, als gegen andere aufbegehren – überlegt sich die Waage in diesem Moment.

Aufgabe ist, sich nicht zu sehr von anderen beeinflussen und lenken zu lassen, zu seinen eigenen Handlungen und Entscheidungen zu stehen, selbst auf die Gefahr hin, den falschen Entschluss getroffen zu haben.

Skorpion

23. Oktober bis 21. November, Pluto, wässrig, fix, weiblich
Motto: »Ich erforsche und durchdringe!«

Das astrologische Symbol des Skorpions zeigt einen M-förmig gewundenen Pfeil, der – aus der Tiefe kommend – nach oben, in die Zukunft, weist: ein Symbol der Wiedergeburt und zugleich der (Ver-)Wandlungsfähigkeit dieses Zeichens! Enorme Seelen- und Willensstärke sowie der forschende Drang in die Tiefe zeichnen dieses Sternzeichen aus. Oberflächlichkeit und Mittelmaß interessieren den Skorpion nicht. Seine Welt ist das Geheimnisvolle, das Hinter- oder Abgründige. Diese Plutonaturen können ein spürbares psychisches »Kraftfeld« entwickeln und dies zum Wohl, aber auch zum Nachteil ihrer Mitmenschen einsetzen. Skorpion-Menschen zeigen sich selten kompromissbereit und sprechen das aus, was andere gerne verschweigen. So gehen sie konsequent ihren Weg – schonungslos offen und ohne faule Kompromisse. Was den Skorpion letztlich auszeichnet, ist seine ungewöhnliche Regenerationsfähigkeit. Aus Krisen kann er erstarkt hervorgehen.

An was glaubt der Skorpion, wie handelt er?

Der Skorpion glaubt an eine innere treibende Kraft. Wie er mit der Energie umgeht, liegt meist an seinem Charakter. Der Skorpion-Geborene hat es in der Hand, seine Suggestivkräfte zum Heil für andere einzusetzen. Er deckt verdrängte Themen und Geheimnisse auf und leitet Heilungsprozesse ein, indem er die Probleme direkt ausspricht. Diese plutonischen Zeichen handeln stets instinktsicher und zeigen sich ausdauernd in ihren Vorhaben. Sie können eine enorme Willenskraft zur Umsetzung von Ideen oder Zielen aufbringen und durch ihr Wirken zum Vorbild werden.

Wo liegen die Knackpunkte?

Besonders leicht läuft der Skorpion Gefahr, seine Seelenkräfte für rein egoistische Zwecke und zur Steigerung der eigenen Macht einzusetzen. Oft zeigt er sich rechthaberisch und manipuliert andere Menschen mit Gefühlen, um sein Ziel zu erreichen.

Wie kann die wässrige Energie des Plutozeichens am besten genutzt werden?

Überall dort, wo verborgene Dinge oder Heimlichkeiten aufgedeckt werden sollen, ist der Skorpion an seinem Platz. Dieses Tierkreiszeichen kann anderen oder sich selbst in Krisensituationen neuen Mut schenken oder dabei helfen, stark zu bleiben. Eine seiner Stärken ist es, trotz scheinbar übermächtiger Gegner oder Widerstände an seinem Glauben festzuhalten und mit eisernem Willen seine Ziele durchzusetzen. Es ist die plutonisch-marsianische Kraft, die ihm hilft, aus Niederlagen gestärkt hervorzugehen und weiterzumachen!

Welche Art von Hexenarbeit fällt dem Skorpion besonders leicht?

Die okkulte Welt und die Tiefen der Seele sind die »Spielwiese« des Plutoniers. Rituale zur Steigerung der eigenen magischen Kräfte, zur Krisenmeisterung sowie für alle Neuanfänge, aber auch Bann-, Abwehr-, Schutz- und Trennungszauber sowie Rituale für die Auflösung oder das Schaffen von Abhängigkeiten liegen dem Skorpion ganz besonders. Auch Rituale der Sexualmagie zeigen bei ihm eine sehr starke Wirkung. Außerdem besitzt der Skorpion eine besondere Fähigkeit zu schwarzmagischen Ritualen und zur Kontaktaufnahme mit der Geisterwelt.

Ritualfalle! Worauf muss der Skorpion achten?

Die große Herausforderung des Skorpions ist, mit den eigenen Kräften verantwortungsbewusst umzugehen. Leicht gerät dieses Zeichen in Versuchung, andere Menschen zu beherrschen, sie seelisch »auszusaugen« oder in Hörigkeiten zu drängen. Deshalb lässt sich der Skorpion manchmal mit gefährlichen Energien oder Geistern ein, um diese für eigennützige Zwecke dienstbar zu machen oder Schadenzauber auszuüben.

Aufgabe ist der rechte Umgang mit Macht- und Ohnmachtthemen.

Schütze

22. November bis 21. Dezember, Jupiter, feurig, flexibel, männlich
Motto: »Ich glaube!«

Das astrologische Schütze-Zeichen stellt einen Pfeil dar, der nach oben weist, was das Streben nach Höherem versinnbildlicht – ein wichtiger Charakterzug des Schützen. Er ist sehr anpassungsfähig, leicht zu begeistern, ferner zeichnet ihn ein starker Wille aus, seine Ziele zu verwirklichen. Idealistisch, auf der Suche nach neuen Horizonten und dem Sinn des Lebens, geht er durchs Leben. Deshalb ist er auch stark an Philosophie, weltanschaulichen und religiösen Themen interessiert. Seine Neigung, seinen Horizont zu erweitern, drückt sich auch in seiner Reiselust und der Freude an der Begegnung mit fremden Kulturen aus. Eine Partnerschaft ist für Schütze-Geborene sehr wichtig, und in der Regel behandeln sie ihre Mitmenschen äußerst fair. Sie haben ein sehr gewinnendes Auftreten, sie strahlen viel positive Energie und Optimismus aus. Allerdings zeigen sie nach außen nicht gerne, wie es in ihrem Inneren wirklich aussieht. Manchmal neigt dieser Jünger Jupiters auch deutlich zur Theatralik.

An was glaubt der Schütze, wie handelt er?

Der Schütze handelt meist nach moralischen Gesichtspunkten, da er von einem tiefen Gerechtigkeitsempfinden beseelt ist. Äußerst selbstbestimmt und begeistert von den eigenen Ideen, versucht dieses Zeichen, sein Leben nach seinen eigenen Glaubensvorstellungen auszurichten. Gleichwohl ist der Schütze-Geborene kein selbstbezogener Idealist, sondern ein weltoffener Visionär, der höhere Erkenntnisse anstrebt und auch für andere Positives bewirken will.

Wo liegen die Knackpunkte?

Die großen Gefahrenquellen dieses jovialen Sternzeichens sind die oft materielle Einstellung, die Neigung zur Hysterie sowie der Hang zu maßlosen Übertreibungen. Außerdem zeigen sich Schützen nicht selten auffallend egoistisch und selbstgerecht, wollen stets das letzte Wort haben und gestehen sich nur schwer eigene Fehler ein. Rechthaberisch und sehr bestimmend,

lässt dieses Sternzeichen häufig nur die eigene Überzeugung gelten. Im gleichen Maß bagatellisiert und diskreditiert er andere Meinungen. Diese Jupiternatur hat Angst davor, bloßgestellt und nur als ein ganz normaler Mensch angesehen zu werden. Deswegen flüchtet der Schütze gerne in eine Scheinwelt, in der alles ideal läuft. Mitunter neigt er zur Heuchelei.

Wie kann die feurige Energie des Jupiterzeichens am besten genutzt werden?

In diesem Sternzeichen lodert das Feuer der Begeisterung und Inspiration. Menschen, die unter der Herrschaft Jupiters das Licht der Welt erblickten, haben eine Verbindung zur Welt des Göttlichen und Mystischen und sind in der Lage, aufgrund ihres sozialen Empfindens etwas in der Welt zu bewegen. Sie lieben die Natur und setzen sich gerne für hehre Ziele ein, wie beispielsweise den Tierschutz, außerdem haben sie eine Neigung zum Therapieren und Heilen.

Welche Art von Hexenarbeit fällt dem Schützen besonders leicht?

Speziell Rituale, die mit den Themen Imagination, Visionssuche und Zukunftsschau (Tarot, Pendel oder Runen) zu tun haben. Ebenso eignen sie sich für magische Handlungen für Ziel- und Sinnfindung, Glücksrituale sowie die Öffnung des dritten Auges. In der Meditation kann der Schütze innere Welten erforschen.

Ritualfalle! Worauf muss der Schütze achten?

Hüten sollte sich der Schütze davor, zu viele Rituale gleichzeitig zu beginnen und diese parallel laufen zu lassen. Dies kann nur zum Chaos und schlussendlich zum Misserfolg führen. Weitere Gefahrenquellen bilden überstürztes Handeln und Maßlosigkeit. Darüber hinaus sollten Schützen sich hüten, in fremde Angelegenheiten einzugreifen, in der irrigen Annahme, anderen damit etwas Gutes zu tun. Unter Umständen kommt das Thema in verzauberter Form auf den Aussender zurück. Mangel an Ehrfurcht vor der Göttlichkeit und ein deutlicher Hang zur Selbstvergötterung können die Wirkung einer magischen Handlung zunichte machen.

Aufgabe ist, an der eigenen Reife zu arbeiten und die eigenen Grenzen sowie die der anderen anzuerkennen und zu respektieren.

Steinbock

**22. Dezember bis 20. Januar, Saturn, erdig,
kardinal, weiblich
Motto: »Ich trage die Verantwortung!«**
Das astrologische Zeichen symbolisiert die Sonne,
die nach der dunklen Zeit wieder an Kraft gewinnt
und aus der Tiefe nach oben steigt. Großes Verantwor-
tungs- und Pflichtbewusstsein zeichnet dieses Sternzeichen
aus. So beendet der Steinbock stets übernommene Aufgaben
oder Vorhaben mit Ausdauer und Konsequenz. Er lässt nicht
locker, bis die Ziele erreicht sind. Klar und strukturiert, wie diese Saturnnatur
ist, steht er zu dem, was er verspricht. Der Steinbock erweist sich stets als ver-
lässliche Persönlichkeit mit praktischem Verstand, der sich gegenüber anderen deutlich abgrenzen kann und dazu befähigt ist, Verantwortung im Leben
zu übernehmen, die z. B. darin bestehen mag, Entscheidungen für andere zu
treffen.

An was glaubt der Steinbock, wie handelt er?

Steinbock-Geborene können ohne große Schwierigkeiten Verantwortung
übernehmen. Ihre Stärke ist der klare Kopf und die kühle, rationale Einschät-
zung einer Situation. Der Steinbock handelt stets vernünftig und tiefgründig.
Zielorientiert und fleißig im Arbeiten, kann er sich regelrecht in eine Sache
verbeißen und nicht eher lockerlassen, bis die Aufgabe zu seiner vollen
Zufriedenheit erledigt ist. In allem, was er tut, will er perfekt sein, und treibt
sich selbst zu Höchstleistungen an.

Wo liegen die Knackpunkte?

Das zu starre Festhalten an bestehenden Strukturen oder Vorstellungen
macht dieses Sternzeichen gegenüber Neuerungen sehr skeptisch. So wirkt
der Steinbock manchmal steif und ergeht sich in lustloser Pflichterfüllung.
Durch den ständigen (selbst auferlegten) Leistungsdruck kommt dieses Erdzeichen kaum zur Ruhe. Darüber hinaus erscheint der Steinbock seinen Mitmenschen manchmal als geizig, zurückweisend und kühl. Eine depressive
Tendenz und die schwarzseherische, negative Einstellung kann diesem Sternzeichen das Leben erschweren.

Wie kann die erdige Energie des Saturnzeichens am besten genutzt werden?

Überall dort, wo Struktur, Konsequenz sowie Ausdauer und Verantwortung verlangt werden, ist der Steinbock am richtigen Platz. Er ist die ideale Person für klare Aussprachen und Entscheidungen. Durch seine Beharrlichkeit und Willensstärke bringt er seine Vorhaben zu einem guten Ende. Der Steinbock handelt stets gewissenhaft, mit einem guten Gespür für Recht und Ordnung. Er besitzt die Fähigkeit, andere motivieren zu können und sie bei der Stange zu halten. Dieses Sternzeichen verfügt über die Gabe, Möglichkeiten und Chancen richtig einzuschätzen, zu erkennen, was machbar ist, sodass er in der Lage ist, sich auch in schwierigen Situationen diszipliniert und zuverlässig zu verhalten. Der Steinbock eignet sich hervorragend für Arbeiten oder Aufgaben, bei denen er sich nicht in den Vordergrund drängen muss, sondern im »stillen Kämmerlein« nach Lösungsmöglichkeiten suchen kann. Außerdem zeichnet er sich durch Treue und Verlässlichkeit aus.

Welche Art von Hexenarbeit fällt dem Steinbock besonders leicht?

Der Steinbock-Geborene ist wie geschaffen für magische Arbeiten, die sich über einen längeren Zeitraum erstrecken und Konsequenz und Durchhaltevermögen erfordern, beispielsweise Rituale zur Beseitigung von finanziellen Blockaden, für alle Schutz- und Bannrituale, für Rituale zum Klären von verworrenen oder chaotischen Angelegenheiten oder für dunkelmagisches Wirken. Ebenso eignet er sich zum Exorzieren bei Besessenheit von Menschen und zum Reinigen negativer Energien an dunklen Orten. Zudem zeitigen Geldrituale, z. B. um die finanzielle Lage zu stabilisieren oder langfristige finanzielle Vorhaben, beispielsweise bei Immobiliengeschäften, zu einem guten Abschluss zu bringen, ausgezeichnete Ergebnisse.

Ritualfalle! Worauf muss der Steinbock achten?

Eine zu pessimistische und starre Einstellung lässt den Steinbock an das eigene Glück oftmals nicht glauben. In diesen Phasen hadert er mit sich selbst und neigt dazu, sich zu verkrampfen, was den Fluss der magischen Energie hemmt.

Aufgabe ist, sich dem göttlichen Wirken und dem Fluss des Lebens anzuvertrauen.

Wassermann

**21. Januar bis 19. Februar, Uranus, luftig,
fix, männlich**
Motto: »Freiheit, Gleichheit, Brüderlichkeit!«
Das astrologische Symbol zeigt zwei Wellenlinien
– ein Symbol für den bewegten Geist! Das Wasser-
mann-Zeichen wird von zwei Planeten beherrscht:
Saturn und Uranus. Auf der einen Seite bringt Saturn die
Struktur, und auf der anderen Seite löst Uranus diese wieder
auf. Durch diese Gegensätzlichkeit ist der Wassermann für viele
nicht wirklich zu begreifen. Oft zeichnen ihn eine beeindruckende geistige
Flexibilität, Idealismus und Zukunftsorientiertheit aus. Ziel dieses Luftzei-
chens ist es, sich aus Konventionen oder überholten Ansichten zu befreien.
Er vertritt ein extravagantes Weltbild und besitzt einen Hang zur Exzentrik,
was sich durch »Schrulligkeiten« im Verhalten oder einen »verrückten« Klei-
dungsstil äußern kann. Typisch für den Jünger des Uranus ist sein sehr soziales Verhalten, er wird als verlässlicher Partner und Freund geschätzt, der sich
stets für andere einsetzt. Er besitzt in der Regel technisch-logisches Verständnis und ein ausgezeichnetes räumliches Vorstellungsvermögen.

An was glaubt der Wassermann, wie handelt er?
Die männlich geprägte Energie des Wassermanns ist aktiv und klug strategisch. Dieses Sternzeichen liebt das Ungewöhnliche und zeigt sich meist jenseits der Norm. Alltägliches langweilt den Wassermann, denn er weiß, tief in
ihm schlummern besondere Gaben, wie beispielsweise Originalität, Kreativität, außergewöhnliche Intuition bis hin zu hellseherischen Fähigkeiten, Visionskraft und eine fast schon vibrierende Lebensenergie. Er handelt stets nach
humanistischen Gesichtspunkten und glaubt an gleiches Recht für alle.
Wenn der Wassermann mit okkulten Themen und magischen Erfahrungen
konfrontiert wird, offenbart er sich von seiner spirituellen Seite und verblüfft
seine Mitmenschen durch seine kreative ungewöhnliche Denkweise.

Wo liegen die Knackpunkte?
Anpassungsschwierigkeiten und extravagantes Auftreten lassen diesen luftigen Gesellen schnell zu einem Sonderling werden. Der Wassermann verliert

sich leicht in Luftschlössern, schwebt mit dem Kopf in den Wolken. Es ist diese »Abgehobenheit«, die ihn für andere nicht mehr erreichbar erscheinen lässt. Eine Schwäche des Wassermanns ist sein Gefühlsleben. Er liebt die Menschheit, findet aber selbst nur schwer Zugang zu seinen eigenen Emotionen. Durch mangelndes Einfühlungsvermögen und Ungeduld zieht er oftmals eine Spur emotionaler Verwüstung hinter sich her. Sein latentes Minderwertigkeitsgefühl kann zu extrem übersteigerter Selbstüberschätzung mutieren. Devise: Dagegen sein ist alles! So muss er sich gegen sämtliche Strukturen und Richtlinien fast zwanghaft auflehnen, um seine Besonderheit zu betonen.

Wie kann die luftige Energie des Uranuszeichens am besten genutzt werden?

Dieses Sternzeichen besitzt die Fähigkeit, in komplizierten Situationen auf ungewöhnliche, originelle oder sogar brillante Lösungen zu kommen. Wassermänner eignen sich hervorragend dazu, neue kreative Ideen oder Ziele zu erarbeiten oder um alte verkrustete Gefüge zu beseitigen oder hohle Rituale zu hinterfragen, um sie dann neu und lebendig zu gestalten. Überall dort, wo frischer Wind gebraucht wird, ist der Wassermann am rechten Platz.

Welche Art von Hexenarbeit fällt dem Wassermann besonders leicht?

Seine magischen Stärken sind vor allem Ideenentwicklung, Zielfindungsrituale und Visionsarbeit. Speziell für kreativ arbeitende Wassermänner eignen sich magische Handlungen zur Steigerung der eigenen Schöpferkraft und Originalität. Außerdem zeigt er eine besondere Begabung für Astrologie, Hellsicht, Orakelarbeit – hier hat er oft Blitzerkenntnisse –, Channeling, Astral- und Spiegelreisen sowie für sämtliche Loslass- und Neubeginnrituale.

Ritualfalle! Worauf muss der Wassermann achten?

Achtung: Nicht den Boden der Realität gänzlich verlassen! Die magische Schwäche des Zeichens ist es, sich in Chaos, Utopien und Vorstellungen zu verlieren. Rituelle Handlungen werden durch plötzliche Stimmungsschwankungen oder übertriebene Erwartungen vorschnell aufgegeben.

Aufgabe ist, vorbehaltlos in die eigene Gefühlswelt einzutauchen, feinfühliger gegenüber den Schwächen anderer zu werden und das Herz zu öffnen!

Fische

20. Februar bis 20. März, Neptun, wässrig, flexibel, weiblich

Motto: »Ich ahne!«

Das astrologische Bild zeigt zwei Fische, in entgegengesetzte Richtungen strebend, aber doch durch ein Band miteinander verbunden! Das Sinnbild ist klar: Fische tragen eine große Sehnsucht nach Verschmelzung und spirituellen Erfahrungen in sich! Sie besitzen ein außerordentliches Einfühlungsvermögen – die Kunst, Menschen zuzuhören und sie aufzubauen. Oftmals schlummert eine mediale Veranlagung in ihnen. Dieses Sternzeichen legt beim Erkennen oder Erahnen von Zusammenhängen eine beinahe hellsichtige Begabung an den Tag. Fische-Geborene neigen zur Schwärmerei und besitzen ein gutes Gespür für zukünftige Ereignisse. Es ist kaum verwunderlich, dass man unter diesem Zeichen viele Künstler findet, denn hier ist ein enormes Potenzial an Fantasie, Kreativität und Kunstsinn vorhanden.

An was glaubt der Fisch, wie handelt er?

Dieses Wasserzeichen glaubt an seine eigene innere Welt und an sein Gespür, die Gefühle oder Motive anderer Menschen instinktiv zu erahnen oder zu erfühlen. Eine große Sehnsucht nach der anderen Seite lebt in ihm, und manchmal wird ihm ein Blick dorthin gewährt. Fische-Geborene haben meist die Fähigkeit, auf fast magische Art und Weise Stimmungen oder zukünftige Tendenzen zu erspüren und richtig darauf zu reagieren.

Wo liegen die Knackpunkte?

Die große Gefahr dieses Sternzeichens ist es, durch mangelnde Abgrenzung zum Opfer stärkerer Menschen zu werden, sich zu sehr mit anderen zu identifizieren und dadurch keine eigene Persönlichkeit zu entwickeln. Auf der anderen Seite neigen Fische-Geborene dazu, selbst zum machthungrigen Täter zu werden. Das neptunisch geprägte Zeichen verliert sich häufig in Träumen oder der eigenen Fantasie. In diesen Phasen zeigen sie deutliche Suchttendenzen und laufen Gefahr, den spirituellen Geist mit dem durch Drogen erzeugten Geist zu verwechseln. Speziell in schwierigen Lebenssitua-

tionen entzieht sich der Fisch häufig durch den Griff zur Flasche oder sonstigen Drogen der harten Realität. Als hinderlich im Leben erweisen sich auch die Tendenz zur Schlampigkeit und die Neigung, sich im Chaos zu verlieren.

Wie kann die wässrige Energie des Neptunzeichens am besten genutzt werden?

Die große Begabung der Fische-Geborenen ist es, sich mit ihrem enormen Feingefühl in andere Menschen hineinzuversetzen und deren Problem zu erahnen. Zudem haben sie auch häufig starke Heilkräfte auf der psychischen Ebene. Deshalb ist es nicht verwunderlich, dass sie ihre magischen Kräfte bevorzugt im Dienste anderer anwenden. Dieses Sternzeichen trägt oft starke mediale Fähigkeiten in sich, z. B. Hellsichtigkeit, und besitzt die Fähigkeit, mit den Toten oder anderen Geisterebenen zu kommunizieren. Bei allem, was sie tun, werden Fische vom Vertrauen in eine höhere Führung geleitet.

Welche Art von Hexenarbeit fällt dem Fisch besonders leicht?

Förderung der Hellsichtigkeit und das Erkennen von zukünftigen Tendenzen. Ebenso liegt diesem Sternzeichen der Kontakt zur Anderswelt oder die Kommunikation mit Wesen anderer Sphären. Der Fische-Geborene spürt oftmals Heilkräfte in sich, aus diesem Grunde eignen sich Rituale zur Steigerung der Diagnosefähigkeit bei heilerischen Arbeiten. Zudem zeigen bei diesem Wasserzeichen auch Rituale zur Stärkung der Identität, Persönlichkeitsentwicklung und Wiederherstellung der Seelenbalance eine besondere Wirkkraft. Nicht zuletzt ist der Fisch für Meditation, Imagination, Orakelbefragung, Traumdeutung und Fantasiereisen prädestiniert.

Ritualfalle! Worauf muss der Fisch achten?

Die Gefahr dieses Sternzeichens besteht darin, sich in Träumen oder verschwommenen Vorstellungen zu verlieren. Darüber hinaus lässt sich diese neptunisch geprägte Natur leicht vom Ziel abbringen. Nicht zu unterschätzen ist eine weitere Schwachstelle dieses Zeichens, sich mit negativen Geistern oder Energien einzulassen. Vorsicht: Gefahr der Besessenheit! Die auffällige Neigung zu nachlässigem Arbeiten oder Unsicherheit während der magischen Handlung lässt ihn leicht zum Spielball der Geisterwelt werden. **Aufgabe ist,** klar, konzentriert und strukturiert an das Zauberwirken heranzugehen und bei der Stange zu bleiben.

Die Liebe in den Tierkreiszeichen

Die meisten magischen Handlungen drehen sich um die Themen Liebe und Partnerschaft. Kein Wunder, wo doch die Liebe selbst eine Art von Magie ist, wie es viele Dichter schon ausdrückten.

Da in jedem von uns der tiefe Wunsch nach Liebe und Partnerschaft liegt, stehen wir manchmal grübelnd vor der alles entscheidenden Frage: Warum ziehe ich immer den falschen Partner an? Wer passt denn jetzt wirklich zu mir? Und vor allem: Was kann ich tun, um einen bestimmten Menschen anzuziehen? Denn nicht jeder ist für die gleichen Reize empfänglich. Ein Widder-Partner will anders umworben sein als ein Stier- oder Zwillinge-Partner. Das gilt entsprechend für Partnerrituale! Um einen feurigen Löwen zu faszinieren, sind andere Mittel gefragt, als wenn es darum geht, auf magischem Weg einen Jungfrau-Partner an sich zu binden. Das Wissen um die Liebesgewohnheiten der zwölf Sternzeichen ist deshalb Grundvoraussetzung für ein Erfolg versprechendes magisches Handeln! Erfahren Sie nachfolgend alles Wichtige und magisch Relevante rund um die amourösen Gepflogenheiten von Widder bis Fische.

Die Liebe im Zeichen des Widders

Dieses Zeichen verwandelt die Liebe zu einer Passion! Widder brennen förmlich vor Begeisterung und impulsiver Leidenschaft, die sich zu jeder Zeit und selbst an den ungewöhnlichsten Orten äußern kann. Keine Frage: Das Marszeichen ist in seiner Art zu lieben erobernd. Auf lange Vorspiele sollten Sie nicht hoffen. Es geht ihm in erster Linie um »das Eine«. Stets ist der Widder offen und bereit für sexuelle Abenteuer und verzichtet auf langatmige Annäherungen. Liebe auf den ersten Blick ist für dieses feurig-impulsive Zeichen die Regel. Die erogene Zone beim Widder ist der gesamte Kopfbereich. Leidenschaftliche Küsse oder zärtlich-erotische Worte, die in sein Ohr geflüstert werden, bringen ihn sofort in Wallung. Widder-Geborene sind in ihrer Art zu

lieben stets ehrlich und geradeheraus. Jedoch Vorsicht: Fühlt sich der Widder in seinem Stolz verletzt, kann er sich zu einem rasenden Feuerball wandeln, der schlussendlich nur mehr »verbrannte Erde« hinterlässt.

Die Widder-Frau

Die feurige und herausfordernd-provozierende Art dieser Frau lässt keinen Zweifel darüber aufkommen, welches Feuer der Leidenschaft und Erotik sich dahinter verbirgt. Schwächlinge und Muttersöhnchen wirken auf dieses Temperamentsbündel regelrecht abstoßend. Um einer Widder-Frau zu imponieren, bedarf es einigen Engagements, schließlich ist diese zu selbstbewusst und selbstbestimmt, um sich mit »Sesselhängern« abzugeben. Diese Selbstbestimmtheit kann sogar so weit gehen, dass die Widder-Frau Anstalten macht, ihren Partner, sofern er ihr nicht gewachsen ist, zu dominieren und über ihn zu bestimmen.

Der Widder-Mann

Machos, Draufgänger und Pioniere findet man häufig bei diesem Zeichen. Sie sind der Inbegriff des Männlichen im herkömmlichen Sinn, der Krieger in Reinform, stets auf der Suche nach weiblicher Beute. Doch ist das Objekt der Begierde erlegt, erlischt auch rapide das lodernde Feuer der Leidenschaft. Sie brauchen stets neue Herausforderungen, um ihren Jagdtrieb zu stillen. Routine und langweiliger Alltag sind nichts für diese feurige Natur. Aktiv prescht der Widder-Mann durchs Leben. Ist er jedoch einer Frau verfallen, zeigt er sich von seiner ritterlichen Seite und stellt sich mit seinem Feuerschwert schützend vor sie, jegliche Unbill abwehrend. Alles in allem sucht der Widder-Mann den Helden in sich.

Wo ich den Widder treffe

Überall dort, wo etwas los und Action angesagt ist: auf Partys und anderen aktionsgeladenen Veranstaltungen. Überhaupt kann man davon ausgehen: Wo etwas geboten wird, tummelt sich mittendrin bestimmt ein Widder. Wie man sich vorstellen kann, lieben Widder auch Sport oder (Open-air-)Konzerte, ebenso bewegen sie sich gerne auf riskanten Pfaden, in der frischen Luft bei Alpentouren oder abenteuerlichen Unternehmungen. Schnell und wild muss es sein – und gefährlich. Die erste Verabredung sollte an einem Dienstag, am Tag des Mars, stattfinden.

So werde ich den Widder wieder los

Unaufrichtigkeit, Betrug, Hintergehungen und auch ganz sicher Bequemlichkeit schlagen den Widder schnell in die Flucht. Langsamkeit und Kompliziertheit können diesem heißblütigen Zeichen leicht den Geduldsfaden reißen lassen, ebenso Nachspionieren oder Vorhaltungen, Eifersuchtsszenen und permanenter Widerspruch. Sexuelle Verweigerung oder Routine im Bett, mit einer guten Prise Klammern, Jammern und Langweiligsein – und der Widder ist weg.

Der Widder und seine Partner

Widder und Widder: Diese Zeichen harmonieren grundsätzlich gut miteinander, obwohl es zunächst gilt, den Führungsanspruch zu regeln. Da sie recht hitzköpfig sind, ist diese Beziehung entsprechend turbulent. Ideal wäre es, wenn diese Marsnaturen ihre Aggressionen und ihr Temperament beim Sport und anderen gemeinsamen Unternehmungen ausleben. In erotischer Hinsicht darf man bei diesen Zeichen ein »brennendes« Bett erwarten.

Widder und Stier: Beide sind starke Persönlichkeiten, die sich anfangs sehr anziehend finden. Hier findet der Widder einen Ruhepol. Aber nach einiger Zeit können sich Differenzen auftun, da der Widder nach einer kurzen Ruhephase wieder Aktion sucht und sich bald zu langweilen beginnt. Allerdings haben die beiden dennoch große Chancen auf eine dauerhafte Bindung, da Sinnlichkeit und Sex einen starken Beziehungskitt darstellen.

Widder und Zwilling: Die feurige Widdernatur fühlt sich von dem luftigen Zwilling beinahe magisch angezogen, da sich hier die Kreativität des Zwillings mit der Tatkraft des Widders positiv vereint. Auch in erotischer Hinsicht schätzt der Widder diese kreative Verbindung. Deshalb zeigt er sich auch bereit, bei den Flirtereien des Zwillings mal ein Auge zuzudrücken, ohne Gleiches mit Gleichem zu vergelten. Die Versöhnung findet auf jeden Fall im Bett statt. Ein originelles und kraftvolles Paar.

Widder und Krebs: Im erotischen Bereich harmonieren diese Zeichen bestens, aber auf sämtlichen anderen Ebenen driften sie auseinander. Die vorpreschende Tatkraft und Abenteuerlust des konfrontationsbereiten Widders verschreckt den passiven, sicherheitsbedürftigen Krebs. Dessen emotionaler

Rückzug nervt den konfliktfreudigen Widder, und es drängt ihn raus in den Großstadtdschungel. Trotz allem besteht bei dieser Konstellation eine gute Chance auf eine gemeinsame Weiterentwicklung.

Widder und Löwe: Wenn bei dieser Verbindung Feuer auf Feuer trifft, entsteht daraus eine funkensprühende, lodernde Fackel der Leidenschaft. Der Bocksfuß an dieser Beziehung besteht im ständigen Kampf um den Führungsanspruch sowie in dramatischen Eifersuchtsszenen, die sich diese beiden heißblütigen Wesen liefern können. Obwohl es öfter mal ordentlich rumpelt in dieser Beziehungskiste, erweist sie sich trotz alledem als erstaunlich stabil.

Widder und Jungfrau: Dass sich gerade Gegensätze gerne anziehen, ist hinlänglich bekannt. Dass diese Gegensätze aber auch tatsächlich gut kombinierbar sind, beweist dieses Paar. Der Widder findet in der vorsichtigen Jungfrau zum einen die Gelegenheit, sich als Held zu präsentieren, zum anderen Sicherheit und Schutz vor allzu unüberlegten Hauruckaktionen.

Widder und Waage: Wenn der feurige Widder ins Leben der schöngeistigen Waage wirbelt, kann ein unglaubliches Potenzial freigesetzt werden. Jedoch kann insbesondere auf der erotischen Ebene das ungestüme Feuer des Widders die sensible Waage schnell in die Flucht schlagen. Zügelt der Widder sein Feuer und zeigt sich eher von seiner romantischen Seite, kann daraus privat oder beruflich ein unschlagbares Team werden.

Widder und Skorpion: Die hoch lodernde Leidenschaft des Widders trifft auf das kalte Feuer des Skorpions. Der Widder pocht auf seinen Führungsanspruch, jedoch stößt er hier an seine Grenzen. Die zu hitzige, unüberlegte Wildheit des Marsjüngers ist dem kühlen taktischen Geschick des Plutoniers nicht gewachsen. Eigentlich schade, da sich gerade auf sexueller Ebene für den Widder bei diesem Zeichen eine erotische Wundertüte öffnen könnte. Aber dennoch – eine schwierige Beziehung mit großen Herausforderungen und vielen Kompromissen.

Widder und Schütze: Ein großes Potenzial an Ideenreichtum und Tatkraft zeichnet diese feurige Verbindung aus. Der Widder kann im Schützen einen Seelenpartner finden und über dessen Ideen und Visionen seine eigenen

Ziele neu definieren oder optimieren. Dazu kann der Widder besonders im erotischen Bereich nach Herzenslust die körperlichen Freuden mit dem Schützen entdecken und ausleben. Die beiden brauchen Streit und Versöhnung, sie sind das Salz in der Beziehungssuppe.

Widder und Steinbock: Die überlegene und unnahbare Art des Steinbocks beeindruckt zunächst den schnellen, offenen und geradlinigen Widder. Zuerst sieht er über die Zögerlichkeit und Distanziertheit des Steinbocks hinweg, indem er versucht, diesen mit seinem Humor und Temperament aus der Reserve zu locken. Ist jedoch das erste Strohfeuer der erotischen Liebe erkaltet, sucht der Widder rasch wieder ein neues Jagdgebiet. Allerdings passen die beiden Hornträger hervorragend im Bett zueinander, da sie rasch zum Wesentlichen kommen.

Widder und Wassermann: Die Originalität und Experimentierfreude des Wassermanns bringt den Widder in ungeahnte Höhen, und es wird ihm dabei niemals langweilig. Beide sind in der Lage, sich genügend Freiraum zu erlauben, und auch im Bett harmoniert diese Verbindung durch tabulose, leidenschaftliche Erotik bestens. Kurzum, super Chancen für eine langfristige, aufregende und ungewöhnliche Partnerschaft.

Widder und Fisch: Der Widder wird durch die Andersartigkeit und scheinbare Formbarkeit des Fisches wie durch Zauberkraft angezogen, doch der Wasserbewohner bleibt ungreifbar für dieses feurige Temperament. So läuft der Widder mit seinem Ungestüm ins Leere, und auch als Beschützer verliert er bald die Ausdauer. Im erotischen Bereich allerdings bringen Fantasie und Hingabe des Fisches den Widder richtig in Fahrt, und dies hält die beiden auch zusammen – zumindest eine Zeit lang.

Die Liebe im Zeichen des Stiers

Die Maxime des Stiers in der Liebe ist: »Mit allen Sinnen ...« Trotzdem steht vor allem der Sicherheitsgedanke bei diesem Venuszeichen im Vordergrund. Der Stier strebt eine sinnliche, harmonische und dauerhafte Beziehung an. Neben Treue und Beständigkeit schätzt er auch den Genuss, angefangen mit

einem guten Essen über ein schönes Ambiente im Wohnbereich bis hin zu Parfum und Schmuck. Ist einmal die Leidenschaft in ihnen entfacht, verwandeln sich Stiere in heißblütige, sehr ausdauernde Liebhaber(innen). Allerdings kann dieses Sternzeichen sehr besitzergreifend werden und dabei zu sehr die materielle Seite betonen. Eigensinn bis hin zum Starrsinn sowie Eifersucht sind die großen Schwächen dieses Zeichens. Die erogenen Zonen dieses Erdzeichens sind Hals- und Nackenbereich sowie die Haut.

Die Stier-Frau

Eine sinnlich-erotische Ausstrahlung mit weiblichen Rundungen und die Neigung zum Luxus zeichnen diese Evastöchter aus. Sie sind die geborenen Verführerinnen, ohne besondere Schwierigkeit bringen sie ihr Objekt der Begierde in Schwung. Mit einem Hauch von Nichts, wie z. B. zarten Negligés, Strapsen oder Spitzenunterwäsche, vermögen sie Männer um den Verstand zu bringen. Die Haut und der animalisch männliche Geruch eines muskulösen, vielleicht sogar behaarten Männerkörpers bringen diese Vollblutfrauen in Fahrt. Die Stierfrau liebt Luxus und die dazu passenden mächtigen, einflussreichen Männer, die ihr Bedürfnis nach materieller Absicherung stillen.

Der Stier-Mann

Ist erst einmal die Liebe in ihm entfacht, kann der Stier ein Mann sein, der verwöhnt: ausdauernd, leidenschaftlich und sinnlich. Fast telepathisch scheint er die Bedürfnisse seiner Partnerin zu erahnen und verführt sie mit gutem Essen, gedämpftem Licht und leiser erotischer Musik. Der Stier-Mann liebt die weiblichen Rundungen einer Frau, und der Anblick eines griffigen Hinterteils lässt ihn so richtig in Fahrt kommen. In der Partnerschaft zeigt er sich als zuverlässiger, geduldiger und fürsorglicher Mann, der jedoch auch seine einengende, besitzergreifende und rasend eifersüchtige Seite zeigen kann. Trotz seiner Neigung zum Seitensprung wird diese Venusnatur niemals leichtfertig für eine Affäre seine Beziehung oder Ehe aufs Spiel setzen, dazu ist er viel zu materiell orientiert.

Wo ich den Stier treffe

Bei Weinverkostungen, am Bankschalter, in Juwelierläden, Restaurants oder am Tresen. Auf Partys finden Sie Stiere mit großer Wahrscheinlichkeit am Buffet. Gehen Sie auf Mineralienbörsen oder auf naturkundliche Exkursionen, denn Stiere besitzen einen starken Bezug zu Feld und Wald. Besuchen Sie Kunstausstellungen, Vernissagen oder einen Zoo. Haben Sie einen Stier erst mal an der Leine, regen Sie seine Fantasie in einem gepflegten Restaurant mit leiser Musik, femininer Kleidung und einem erotischen Parfum an. So bringen Sie Ihren Stier rasch auf Touren. Für Ihr erstes Date empfehle ich den Freitag, den Tag der Venus.

Wie ich den Stier wieder loswerde

Was der bodenständige und beharrliche Stier gar nicht leiden kann, ist ein sprunghaftes Verhalten. Ändern Sie also mehrmals stündlich Ihre Meinung. Werden Sie nachlässig in Ihrer Garderobe und gehen Sie allabendlich aus. Zeigen Sie sich verschwenderisch mit dem Geld Ihres Partners und verreisen Sie alleine, ohne ihm vorher Bescheid zu sagen. Das wirksamste Mittel, um einen Stier-Partner endgültig loszuwerden, ist, ihn eifersüchtig zu machen. Wutentbrannt und mit schnaubenden Nüstern zieht der beleidigte Stier auf Nimmerwiedersehen davon.

Der Stier und seine Partner

Stier und Widder: Hier treffen Beharrlichkeit und Aktivität, Sparsamkeit und Großzügigkeit aufeinander und können sich dabei erstaunlich gut ergänzen. Allerdings: Das große Sicherheitsbedürfnis des Stiers kann durch die Impulsivität und Unbeständigkeit des Widders unterhöhlt werden. Deutlich klaffen bei Streitereien im Alltag die Unterschiede auseinander. Die anfängliche Harmonie der Gegensätze kann trotz einer anfänglichen erotischen Leidenschaft zum unüberbrückbaren Hindernis werden.

Stier und Stier: Grundsätzlich eine gute Kombination, da man ja seinesgleichen kennt. Aber beide Stiere brauchen genug finanzielle Möglichkeiten für eigene Anschaffungen, d.h., es muss genug »Gras« auf der gemeinsamen Weide vorhanden sein. Zum Aufbau von Geschäften oder bei sonstigen materiellen Vorhaben ergänzen sich die beiden hervorragend und können sicherlich Großes erreichen. Stabile, friedliche und freundschaftliche, auf Materielles orientierte Beziehung.

Stier und Zwilling: Auch hier täuscht der erste Eindruck, dass der bodenständige Stier nicht zum luftigen Zwilling passen kann. Beide Zeichen sind

kommunikativ und lieben die Gesellschaft mit einem guten Glas Rotwein. Allerdings wird für den eifersüchtigen Stier der quirlige und immer zum Flirt aufgelegte Zwilling auf die Dauer recht anstrengend. Eine aufregende Affäre, aber eine schwierige Partnerschaft auf lange Zeit.

Stier und Krebs: Die Verbindung von Wasser und Erde in dieser Kombination ist beinahe ideal. Der sicherheitsorientierte und beständige Stier deckt optimal die Bedürfnisse des sensiblen Krebses ab. Im Krebs findet der Stier einen häuslichen, treuen und sinnlichen Partner – eine Verbindung, die oft zum Traualtar führt.

Stier und Löwe: Beide Sternzeichen lieben Status und Luxus. Der Stier häuft Materielles an, was wiederum Macht bedeutet, in der sich der Löwe sonnen kann. Dazu schmückt sich diese Venusnatur gerne mit Schönem, weshalb die Kombination zwischen den beiden recht vielversprechend erscheint. Durch ihren gemeinsamen Hang zur Romantik harmonieren die beiden auch auf der sexuellen Ebene prächtig.

Stier und Jungfrau: Der sinnliche Stier wird von der vorerst kühlen Distanziertheit der vorsichtigen Jungfrau angezogen. Erst wenn sie sich näher gekommen sind, wird sich daraus eine erfüllende und beständige Verbindung ergeben. Durch zärtlich geflüsterte Worte und viel Zeit für das Verwöhnen führt der Stier die Jungfrau zu ungewöhnlicher Hingabefähigkeit.

Stier und Waage: Der materielle Stier bietet der schöngeistigen und ästhetischen Waage genau den richtigen Rahmen für ihren Ausdruck von Geschmack und Stil. Bei Streitigkeiten wird die Versöhnung in erster Linie im Bett stattfinden. Diese beiden Venuszeichen verbinden Romantik, Harmonie und eine erfüllende Erotik.

Stier und Skorpion: Der fürsorgliche Stier kann den manchmal recht stacheligen und herrschsüchtigen Skorpion mit kleinen Geschenken oder Aufmerksamkeiten verwöhnen und kuschelweich stimmen. Leidenschaftliche Sexualität ist hier die Haupttriebfeder dieser beiden sinnesfreudigen Zeichen. Sicherlich kann sich diese Verbindung zu einer erfüllenden Partnerschaft entwickeln.

Stier und Schütze: Der Sammler begegnet dem Visionär. Jedoch beginnt der beständige und häusliche Stier bald den stets nach neuen Horizonten strebenden Schützen zu langweilen. Der Stier reagiert mit Besitzanspruch und Eifersucht und vertreibt so den Schützen. Auch auf der sexuellen Ebene driften die beiden auseinander: Der Schütze liebt freizügigen Sex in Wald und Flur, der Stier die Sicherheit und Beschaulichkeit des eigenen Heimes.

Stier und Steinbock: Hier treffen zwei bodenständige und materiell orientierte Zeichen aufeinander. Auf der beruflichen Ebene harmonieren diese Erdzeichen ideal, aber sexuell will das Feuer der Leidenschaft nicht so richtig brennen, da sich beide zu abwartend verhalten und sie zu unflexibel sind. Wenn sie sich allerdings aufraffen, ihre Behäbigkeit in den Griff zu bekommen, kann daraus eine kraftvolle, stabile Verbindung werden.

Stier und Wassermann: Luftschlösser und futuristische Zukunftsvisionen sind dem Stier eher fremd, deshalb findet er den exzentrischen Wassermann zu Beginn auch recht spannend. Allerdings muss der erdige Geselle bald erkennen, dass der Jünger des Uranus keinen Sinn für die alltäglichen Arbeiten zeigt. Eine schwierige Beziehung, da auch in der Sexualität beide unterschiedliche Neigungen verspüren. Der Stier braucht körperliche Erotik und Sinnlichkeit, die dem kopflastigen Wassermann eher fremd sind.

Stier und Fisch: Der Stier kann dem Fisch genau die starke Schulter und Geborgenheit bieten, die dieser sucht. Auf der sexuellen Ebene harmonieren die beiden ebenfalls hervorragend. Der hingebungsvolle Fisch kann sich in den sinnlichen starken Armen des Stiers fallen lassen. Eine gelungene Beziehung, die auch alltagstauglich ist.

Die Liebe im Zeichen des Zwillings

Wie der Name schon sagt, leben zwei »Seelen« in dieser Brust. Nach außen können sich Zwillinge beinahe als asexuelle Wesen zeigen, jedoch ist Sexualität ein unglaublich wichtiger Part in ihrem Leben. Wobei in erster Linie Neugierde und weniger die Leidenschaft im Vordergrund steht. Deshalb will der Zwilling beim Liebesakt etwas sehen, und zwar möglichst von allen Sei-

ten. Sein großes Problem ist es, sich auf nur eine Sache zu konzentrieren. Aufgrund seines quirligen Wesens ist der Zwilling nur bedingt beziehungsfähig. Die Interessen sind zerstreut und nicht fokussiert, er verspricht gerne zu viel und hält davon zu wenig. Erogene Zonen des Zwillings sind die Arme, Schultern, Rücken und Brust. Treu ist der Zwilling dann, wenn er innerhalb seiner Beziehung in seinen Bedürfnissen befriedigt wird.

Die Zwillinge-Frau

Diesen Frauentyp kennzeichnen häufig Unbeständigkeit und das Gefühl, etwas zu verpassen. Die Zwillinge-Frau liebt es, in verschiedene Rollen zu schlüpfen und dabei den Männern gehörig den Kopf zu verdrehen. Sie kann auf fast magische Weise die heimlichen Wünsche ihrer Liebhaber erfüllen, indem sie in die Rolle der Verführerin, der Schüchternen oder der Domina schlüpft. Sie ist eine Frau, die sagt, was sie will, und kriegt, was sie will. Jedoch eine Warnung sei hier ausgesprochen: Zwillinge-Frauen haben oftmals die fatale Neigung, sich auf ihrer Suche nach dem »richtigen Mann« auf verheiratete oder aus anderen Gründen nicht erreichbare Männer regelrecht zu fixieren.

Der Zwillinge-Mann

Anpassungsfähigkeit, Diplomatie sowie ein kommunikatives Talent mit einer großen Vorstellungskraft sind die Eigenschaften der Menschen, die im Zeichen Merkurs geboren wurden. Schon als Jugendliche flirten sie gerne und heftig und reden reihenweise Mädchen um deren Verstand. In seinem Inneren jedoch ist der Zwillinge-Mann distanziert und emotional unerreichbar. Dieser Jünger des Merkurs webt ein Mäntelchen aus Worten für seine Angebetete. Doch nur allzu schnell zerfasert das duftige Geflecht, und schon ist der merkurische Schmetterling wieder unterwegs zu einer anderen betörenden Blume. Nur einer einzigen Frau bleibt er sein ganzes Leben hindurch treu – seiner Mutter.

Wo ich den Zwilling treffe

Der Zwilling braucht geistige Anregung und gesellschaftlichen Kontakt. Die Piazza, der öffentliche Raum, das Event, das sind die Orte, die dieses Zeichen liebt. Hier findet er Abwechslung, gute Unterhaltung, Klatsch und Tratsch. Ferner trifft man den Zwilling im Fast-Food-Restaurant, in Warteterminals oder Universitäten, Zügen, Bibliotheken und beim Autohändler, da er technikinteressiert ist, ebenso in der Post in der Warteschlange, im Sprachkurs oder an anderen weiterbildenden Orten sowie bei Partys oder in Diskussionsrunden. Um einen Zwilling zu erobern, müssen sie ihn in ein Gespräch verwickeln. Rufen Sie ihn einfach an, der Zwilling telefoniert leidenschaftlich gerne, da ihn die Stimme, in sein Ohr gehaucht, stimuliert. Überraschen Sie ihn mit einem ungewöhnlichen Lokalvorschlag und geistreichen Gesprächen. Verabreden Sie sich zum ersten Mal an einem Mittwoch, dem Tag des Merkurs.

Wie ich den Zwilling wieder loswerde

Meine Empfehlung ist, möglichst langweilig und geistlos zu sein. Zeigen Sie sich humorlos und spröde, nicht empfänglich für Gespräche, oder reagieren Sie wenig oder gar nicht auf seine Annäherungen. Weitere Schreckensbilder für den Zwilling sind Unflexibilität, festgefahrene Routine, schematisches Handeln und – nicht zu vergessen – umständliche Gespräche mit langatmigem Inhalt. Machen Sie ihn lächerlich oder stellen Sie ihn vor vollendete Tatsachen. Das kommt für ihn einer seelischen Erpressung gleich, einem Einsperren – und genau das ist das Material, aus dem Beziehungssärge gezimmert sind.

Der Zwilling und seine Partner

Zwilling und Widder: Im feurigen Widder findet der Zwilling seinen optimalen Partner. Der Ideenreichtum des Zwillings stößt auf die Begeisterungsfähigkeit und Tatkraft des Widders, woraus eine prickelnde und aktive Partnerschaft entstehen kann. Beide haben eine äußerst anregende Wirkung aufeinander, sodass keine Langeweile aufkommen wird. Eine ideale Kombination, die sich in der Praxis als äußerst vielversprechend erwiesen hat.

Zwilling und Stier: Der charmante und lebenslustige Zwilling vermag jedes Lebewesen zu verzaubern, auch den sinnlichen Stier. Kurzzeitig lässt sich dieser Schmetterling vom bodenständigen Stier einfangen. Jedoch nach einiger Zeit verlangt den Zwilling wieder nach Neuem, und er beginnt auszubrechen. Auf Dauer wirkt der erdige Stier auf den luftigen Zwilling zu schwerfällig und unflexibel; so flattert der Zwilling weiter, nach neuen Partnern Ausschau haltend.

Zwilling und Zwilling: Gleich und Gleich gesellt sich gern. Hier haben diese stets nach geistigen Herausforderungen Suchenden endlich einen Partner gefunden, mit dem man sich prächtig unterhalten kann und es nicht langweilig wird. Dieser Verbindung können gute Chancen für eine dauerhafte Beziehung eingeräumt werden, da hier die dafür notwendige Abwechslung und Anregung geboten wird. Dagegen tritt der sexuelle Aspekt mehr in den Hintergrund, was die beiden aber nicht stört. Von mir ein kosmisches Okay für diese Verbindung.

Zwilling und Krebs: Auf der Gesprächsebene verstehen sich diese beiden vorzüglich, jedoch fehlt der erotische Kick in dieser Beziehung. Bei Streitigkeiten wird bis zur bitteren Neige diskutiert. Mit der Zeit entwickelt sich diese Verbindung zu einer platonischen Liebe, bei der die Sexualität zur Nebensache wird. Lässt sich der Zwilling nicht von den Launen des Krebses anstecken, sondern begegnet er ihm auf einer höheren Ebene, kann diese Verbindung sehr vielversprechend sein.

Zwilling und Löwe: Grundsätzlich stimmt die Chemie zwischen den beiden. Zusammen wird man sie oft und gerne im Mittelpunkt sehen. Oftmals schürt die Flatterhaftigkeit des Zwillings die Eifersucht des Löwen. Auch im Schlafzimmer fasziniert den Zwilling die Stärke des Löwen. Fazit: Zwilling und Löwe passen in der Regel sehr gut zusammen und haben große Chancen, miteinander alt zu werden.

Zwilling und Jungfrau: Dieser Doppelpack von Merkur sollte sich besser auf der beruflichen Ebene tummeln. Der Zwilling ist der bedächtigen, realistischen Jungfrau einfach zu oberflächlich und chaotisch, deswegen wird sich diese bald von dem quirligen Zeichen abwenden, und auch der Schmetterling schaukelt und gaukelt weiter.

Zwilling und Waage: Hier finden enorme Kreativität und Kommunikation zu einem luftig-schillernden Gespann zusammen. Hoch hinaus fliegen die Pläne der beiden, doch nur selten werden diese teils verschrobenen Ideen umgesetzt. Die sorglose Leichtigkeit des Zwillings verunsichert die Waage, und in der Erotik wird lieber gesprochen als zur Tat geschritten. Dennoch haben die beiden gute Chancen, eine luftig-lockere Verbindung zu führen.

Zwilling und Skorpion: Der geheimnisvolle Skorpion übt beim ersten Zusammentreffen eine geradezu magnetische Anziehungskraft auf den Zwilling aus, und seine intensive Erotik stachelt die Neugierde des Merkurianers an – einem leidenschaftlichen Tête-à-tête steht also zunächst nichts im Weg. Jedoch bauen sich bald schier unüberwindbare Hindernisse zwischen diesen Sternzeichen auf, sowohl auf kommunikativer als auf erotischer Ebene. Meine Bilanz: Über eine Liaison kommt diese Verbindung nicht wirklich hinaus.

Zwilling und Schütze: Der Ideenreichtum trifft auf das Feuer der Begeisterung. Neue Projekte werden angebahnt, aber genauso schnell wieder vernachlässigt. Und so driften die beiden langsam auseinander. Da beiden Zeichen eine freundschaftliche Basis wichtig ist und weniger die sexuelle und erotische Ebene, bleiben sie, auch wenn die Beziehung nicht mehr passt, oft Freunde.

Zwilling und Steinbock: Die uneinnehmbare Festung des Steinbocks reizt den Zwilling, und er wird alles tun, um die Mauern dieses Erdzeichens zu bezwingen. Im Bett wird er sexuelle Leidenschaft pur mimen, um damit die Reserviertheit des Steinbocks zu durchbrechen. Aber auf die Dauer wird der luftige Zwilling an der Seite des Steinbocks bald einsehen, dass er hier an seine Grenzen stößt. Eine mühsame Beziehung, die nicht selten schmerzlich endet.

Zwilling und Wassermann: Ein scheinbar ideales Paar, bei dem sich Inspiration, Kreativität und Lebenslust verbinden. Monumentale Luftschlösser werden gebaut, reihen sich aneinander – und platzen. Wenn der Zwilling auf der sexuellen Ebene dem Wassermann die Führung überlässt, kann dieser ihn in neue ungeahnte Höhen führen. Das ist der Stoff, der die beiden zusammenhalten kann.

Zwilling und Fisch: Durch den bezaubernden Fisch eröffnen sich für den Zwilling völlig neue Welten von Spiritualität und Mystik. Im Schlafzimmer sucht der Zwilling Abwechslung und Gespräche, der Fisch hingegen tiefgehende spirituelle Verbindung. Missverständnisse trüben die Beziehung und reißen emotionale Wunden, von denen sich beide nur schwer erholen. Schlechte Aussichten für eine dauerhafte Beziehung.

Die Liebe im Zeichen des Krebses

Diese mondgeprägten Menschen können ohne weiteres als die »Romantiker des Sternkreises« bezeichnet werden. Keinesfalls versteht sich der Krebs als wilder Draufgänger. Die wahren Stärken kommen am besten bei Kerzenschein, umschmeichelnder Musik und einem guten Glas Rotwein zum Vorschein. Plötzlich wandelt sich der schüchtern wirkende Krebs in einen leidenschaftlichen Verführungskünstler, der lange Vorspiele liebt und dabei seinen Liebespartner fast um den Verstand bringen kann. Da Launen dem Krebs öfter zu schaffen machen, sollte beim Partner eine gewisse Kompromissbereitschaft vorhanden sein. Bedenkt man jedoch die vielen positiven Eigenschaften, wie Fürsorglichkeit, Hilfsbereitschaft und Sensibilität, kann man mit diesem feinfühligen Wasserzeichen durchaus auf Dauer glücklich werden. Erogene Zonen sind beim Krebs die Brust und der Bauchbereich.

Die Krebs-Frau

Diese Wasserwesen gelten in ihrer Umwelt als warmherzig und hilfsbereit. Krebs-Frauen tragen durch ihre Liebe zu Kindern und Schwachen meist auch einen innigen Kinderwunsch im Herzen. One-Night-Stands sind nichts für diese empfindsamen Naturen. Sie streben stets eine verbindliche Beziehung an und brauchen das Gefühl, geliebt und umsorgt zu werden, um sich wohl und sicher zu fühlen. Das Liebesleben der Krebs-Frau ist oftmals hinter einem geheimnisvollen Nebel verborgen. Selten offenbart sie ihre Wünsche und Bedürfnisse in lautstarkem Ton. Im geschützten Rahmen können sich diese lunarischen Damen aber durchaus ausgiebig und fantasievoll ihrer Lust hingeben.

Der Krebs-Mann

Als ruhig bis schüchtern, sensibel und verträumt wird der Krebs-Mann oft beschrieben. Nicht leichtfertig offenbart der männliche Krebs seine Gefühlswelt. Hat er jedoch einmal Vertrauen gefasst, so öffnet er sein scheues Herz, und eine wunderbare Liebe kann erblühen. Dann legt er seiner Königin des Herzens die Welt zu Füßen und zeigt sich als absolut treu. Zuweilen können sich Krebs-Männer aber auch regelrecht als manipulierende Machos entpuppen, allerdings auf einer subtilen, emotionalen Ebene. Diese »Mondmänner« lieben Brüste, und es macht sie heiß, wenn die Frau beim Sex obenauf sitzt.

Wo ich den Krebs treffe

Garantiert einmal überall dort, wo Wasser plätschert: am Meer, an Flussufern oder im Schwimmbad. Da viele dieser Mondzeichen über eine tierliebe Ader verfügen, kann man sie ebenso im Zoo antreffen. Befindet sich ein schöner Park in ihrer Nähe, werden unter Garantie einige Krebse darin lustwandeln. Krebse schätzen den kulinarischen Genuss, deshalb essen sie auch gerne auswärts in einem gepflegten Restaurant und bevorzugen hierbei Meeresspezialitäten. Am liebsten jedoch hält sich der Krebs, ob männlich oder weiblich, in den eigenen vier Wänden auf. Sind Sie bei einem Krebs zu Gast, dürfen Sie sich auf ein ausgezeichnetes Essen, hervorragenden Wein und anheimelndes Ambiente freuen. Der beste Tag für das erste Rendezvous ist ein Montag.

Wie ich den Krebs wieder loswerde

Um dieses sensible Zeichen möglichst rasch wieder loszuwerden, gibt es mehrere Möglichkeiten. Zeigen Sie sich kalt, emotional unnahbar und barsch zurückweisend. Halten Sie sich nicht an Abmachungen und flirten Sie ungeniert heftig in seiner Gegenwart mit anderen Personen, oder machen Sie ihn vor seinen Freunden lächerlich und kritisieren Sie laufend an ihm herum. Schwärmen Sie dauernd von anderen Frauen bzw. Männern und kritisieren Sie den Sex als zu langweilig und spießig. Wenn Ihnen der Krebs seine Liebe beweisen möchte, zeigen Sie sich äußerst genervt und ermüdet. Auf diese Weise schüren Sie seine Ängste, und bald wird sich dieses Wasserwesen in die unergründlichen Tiefen seines aufgewühlten Gefühlsmeeres zurückziehen.

Der Krebs und seine Partner

Krebs und Widder: Feuer und Wasser – ob das gut geht? Auf den ersten Blick übt das feurige Temperament des Widders eine unwiderstehliche erotische Anziehungskraft auf den Krebs aus. Jedoch nach der anfänglichen Begeisterung kann sich ein Gefühl des gegenseitigen Unverstandenseins ausbreiten. Da der Krebs die Beständigkeit und Geborgenheit des häuslichen Bereichs bevorzugt, reagiert er vollkommen befremdet, sobald der Widder wieder die Herausforderung sucht.

Krebs und Stier: Da beide Zeichen »Nestbauer« sind und familiäre Bindungen anstreben, verspricht diese Kombination größtmöglichen Erfolg. Im Stier findet der sensible Krebs die starke Schulter, die ihm das Gefühl der Sicher-

heit und Beständigkeit vermittelt. Beide sind Familienmenschen, lieben gutes Essen und können auch die sinnlich-erotischen Freuden des Lebens in vollen Zügen genießen.

Krebs und Krebs: Gleich und Gleich gesellt sich zwar in der Regel gern, aber in dieser Verbindung besteht die große Gefahr, dass sich diese beiden launischen Naturen gegenseitig runterziehen. Das Problem dabei ist: Diese mondgeprägten Naturen ähneln einander zu sehr. Allerdings besitzen sie die Fähigkeit, einander fast ohne Worte zu verstehen und auf beinahe telepathische Weise in Verbindung zu stehen. Kurzum, eine doch recht launische Beziehung, die leicht instabil werden kann.

Krebs und Löwe: Der sensible Krebs kann den Beschützerinstinkt des Löwen wecken. Als verbindend erweist sich auch die Neigung zu Familie und einem schönen Heim. Beide tragen einen starken Hang zur Romantik in sich, und in den Armen des Löwen findet der Krebs die sexuelle Erfüllung, die er sucht. Vorsicht ist bei Meinungsverschiedenheiten geboten, da sich der Krebs zu schnell beleidigt in die schützende Schale zurückzieht. Trotz allem verspricht diese Beziehung eine harmonische und erotisch befriedigende Zukunft.

Krebs und Jungfrau: Grundsätzlich verstehen sich diese beiden Sternzeichen im Bereich Häuslichkeit und Zusammenarbeit sehr gut. Den Krebs kann allerdings auf die Dauer die passive Art der Jungfrau nerven, da sich diese zuweilen zu sehr hängen lässt und träge wird. Im Bett finden die beiden Naturen im anderen genau das, was sie all ihre Bedenken und ihre Reserviertheit über Bord werfen lässt und sich in einer schier unglaublichen Leidenschaft entladen kann. Mit etwas Beziehungsarbeit kann daraus durchaus eine langfristige Verbindung entstehen.

Krebs und Waage: Dem Krebs ist die Selbstverliebtheit der Waage zu oberflächlich, und nach einiger Zeit zieht er sich wieder in seine Gefühlstiefen zurück. In der Verbindung dieser beiden sehr unterschiedlichen Sternzeichen sind nur geringe Berührungspunkte vorhanden. Obwohl beim Sex jeder sicherlich auf seine Kosten kommen kann, wird es nur mit Mühe eine befriedigende Beziehung von Dauer.

Krebs und Skorpion: Auf den ersten Blick erscheint diese Verbindung äußerst erfolgversprechend. Sie verstehen sich auf der erotischen und emotionalen Ebene ohne große Worte. So entwickelt sich zwischen den beiden ein tiefes Band der Gefühle. Der Krebs muss allerdings lernen, sich gegen den Meister der Manipulation abzugrenzen, da er ansonsten in Hörigkeit verfallen kann. Im Schlafzimmer lassen es die zwei emotionalen Zeichen allerdings gehörig krachen.

Krebs und Schütze: In dieser Verbindung prallen Welten aufeinander. Der lunarische Krebs fühlt sich mit seinen Alltagsproblemen von dem Schützen, der in seiner Traumwelt lebt, im Stich gelassen. Auf der sexuellen Ebene prickelt es zwischen den beiden gewaltig, denn die feurige Energie des Schützen schürt die Leidenschaft des Krebses. Freundschaft ja – dauerhafte Beziehung nur mit Schwierigkeiten.

Krebs und Steinbock: Hier gilt der Spruch: »Gegensätze ziehen sich an.« Der Steinbock vermittelt dem Krebs die benötigte Sicherheit und der Krebs seinerseits Gefühlstiefe. Durch seine ausgezeichnete Intuition und Sensibilität kann der emotionale Krebs die Unnahbarkeit des Bergbewohners aufweichen. Im erotischen Bereich schätzt der Krebs die sexuelle Stärke des Steinbocks und erhält dadurch Zugang zu seiner eigenen Leidenschaft. Gute Zukunftschancen auf der Beziehungsskala.

Krebs und Wassermann: In dieser Kombination steckt der Reiz des Ungewöhnlichen. Im sexuellen Bereich übt die Exzentrik des Wassermanns auf den Krebs eine gewisse Faszination aus. Während er oftmals vergeblich auf Gefühlsregungen des luftigen Gesellen wartet, verharrt dieser in seiner kameradschaftlich neutralen Position. Auf einer Freundschaftsebene können die beiden allerdings über Jahre bestens miteinander auskommen.

Krebs und Fisch: Die beiden Wasserzeichen harmonieren anfangs richtig gut miteinander. Endlich ist da jemand, der sie versteht und die Tiefe ihrer Gefühlswelt zumindest erahnen kann. So wird das von beiden Seiten empfunden, bis zu dem Zeitpunkt, an dem der Fisch beginnt, die Toleranzgrenze des Krebses zu überschreiten. Dadurch wird der Krebs verunsichert und er ergreift die Flucht. Zurück bleibt der zerplatzte Traum vom Glück.

Die Liebe im Zeichen des Löwen

Da die Sonne dieses Feuerzeichen regiert, sieht sich der Löwe mit einem natürlichen Herrschaftsanspruch geboren. Um die Liebe eines Löwen zu gewinnen, umschmeicheln und locken Sie ihn mit Komplimenten. Wie in der freien Wildbahn muss erst das Vertrauen dieser Wildkatze gewonnen werden. Achten Sie dabei jedoch auf ein entsprechendes Ambiente und einen gepflegten, luxuriösen Rahmen. Auf lange Vorspiele kann man bedenkenlos verzichten, denn der Löwe-Geborene ist schnell zu erregen und in Fahrt. Speziell der Rückenbereich ist für Streicheln und Kraulen hochempfänglich. Flüstern Sie ihm oder ihr dabei noch charmante Komplimente ins Ohr, loben und bewundern Sie den herrlichen Körper, verwandeln sie sich in wilde, heiße Raubkatzen.

Die Löwe-Frau

Die sprichwörtliche Löwenmähne ist oftmals das Erkennungszeichen dieses Luxusgeschöpfes. Teure Autos, Schmuck und ausgewählte Lokalitäten sind das Mindeste, was die Löwe-Frau erwartet. Sie liebt es, wenn sie bewundert und hofiert wird, und sucht sich oft jüngere Partner, die ihrem Selbstwertgefühl schmeicheln. Ist das Herz dieser Königin einmal erobert, wandelt sie sich zu einer treusorgenden starken Partnerin, der mehr als alles andere das Wohl der Familie wichtig ist. Im Schlafzimmer liebt diese feurige Natur wilden und ungezügelten Sex.

Der Löwe-Mann

Wo er auftaucht, besser gesagt, erscheint, fällt er durch die stolze aufrechte Haltung auf. Der elegante Gang und der smarte Zug um seinen Mund verleihen dieser Sonnennatur etwas Imposantes. Sind sie erst einmal entflammt, zeigen sich diese Männer als stürmische Liebhaber, die ihre Partnerin voll und ganz besitzen und beherrschen wollen. Pikante Fesselspiele, bei denen ihnen die Partnerin völlig ausgeliefert ist, stacheln ihre Leidenschaft bis zur Ekstase an. Als Familienmensch liebt der Löwe-Mann Kinder und kümmert sich liebevoll um deren Wohlergehen. Er selbst sieht sich als absolutes Oberhaupt der Familie, der bestimmt, wo's langgeht. Mit der Treue nimmt es der Löwe nicht so genau – bei seiner Partnerin allerdings setzt er voraus, dass sie nur Augen für ihn hat.

Wo ich den Löwen treffe

Um einen waschechten Löwen anzutreffen, sollte man sich in den entsprechenden Schickimicki-Szenelokalen oder bei großen Partys mit Gästeliste aufhalten, in Ballsälen, auf erstklassigen Vernissagen – je stilvoller, desto besser. Dieser Jünger der Sonne liebt Prunk und Luxus. Der Löwe besucht gerne Haubenrestaurants, flaniert in Schlössern und liebt die mondäne Gesellschaft. Möchten Sie einen Löwen beeindrucken, präsentieren Sie ihm oder ihr eine Einladung zur Premierenfeier eines Theaterstücks, bei dem sämtliche Prominenz vertreten ist. Im Park spazieren Löwe-Geborene gerne mit einem Hund an der Leine, denn stets möchten sie die Zügel führen. Sollten Sie ein Date mit einem Löwen in Aussicht haben, wählen Sie dazu einen Sonntag.

Wie ich den Löwen wieder loswerde

Hier einige nützliche Tipps, um einen Löwen innerhalb kürzester Zeit zu vertreiben. Bekritteln Sie beständig seinen zu luxuriösen Lebensstil. Machen Sie ihn vor seinen Freunden lächerlich und schleppen Sie ihn in billige und üble Spelunken. Treffen Sie über seinen Kopf hinweg Entscheidungen und kanzeln Sie ihn als dumm ab. Kleiden Sie sich schlampig und vernachlässigen Sie Ihr Äußeres. Ignorieren Sie ihn und seine Geschenke, vergessen Sie wichtige Daten, wie beispielsweise Geburtstage, und schon haben Sie es geschafft. Der Löwe ist los!

Der Löwe und seine Partner

Löwe und Widder: Beide Feuerzeichen geben nicht gerne die Führungszügel aus der Hand. Einigen sich diese Feuernaturen jedoch und gehen unnötigen Streitereien aus dem Weg, liegt einer erfolgversprechenden Zweisamkeit nichts im Wege. Sie lieben schnörkellosen, direkten Sex und treten als dynamisches, extravagantes Pärchen auf. Eine recht attraktive Beziehung, mit viel Pomp und Show.

Löwe und Stier: Der sicherheitsorientierte Stier wird durch die feurige Begeisterung des Löwen angeregt. Dadurch funktioniert diese Kombination. Der Löwe liebt Glanz und Luxus, der Stier liebt Macht in Form von materiellen Reichtümern. Beide sind den sinnlichen Freuden zugeneigt. Der Löwe sollte jedoch sehr darauf achten, nicht das Geld des Stieres sinnlos aus dem Fenster zu schleudern, denn da sieht der Stier rot.

Löwe und Zwilling: Feuer und Luft ergänzen sich optimal, auch wenn sie zu Beginn der Liaison manchmal Startschwierigkeiten haben. Die Neigung des Löwen, sich gerne zu präsentieren, trifft auf die Kontaktfreude des Zwillings. Auch im Bett haben die beiden ihren Spaß miteinander, vor allem dann, wenn der Löwe die Regie übernehmen kann. Allerdings kann die Begegnungsfreudigkeit des Zwillings seine Eifersucht reizen. Dennoch liegt in dieser Verbindung das Potenzial einer langfristigen Partnerschaft.

Löwe und Krebs: Auch wenn es auf den ersten Blick nicht so aussieht, hat dieses Paar sehr gute Chancen auf eine liebevolle und langfristige Beziehung. Die Sensibilität und Anschmiegsamkeit des Krebses ist genau das, was dem Löwen vorschwebt. Auch im Bett harmonieren die beiden gut miteinander, da der Löwe gerne die Führung beim Sex übernimmt und der Krebs sich vollends hingeben kann. Gute Zukunftschancen für dieses Pärchen.

Löwe und Löwe: Da beide Egonaturen sind, beansprucht jeder den Königsthron für sich. So kann es in dieser Beziehung schon mal des Öfteren zu Machtproben und -kämpfen kommen. Auf sexueller Ebene verbindet die beiden ein starker Hang zu erotischen Spielen. Sind die Machtverhältnisse einmal geklärt, können sie getrost eine lebenslange Partnerschaft mit viel Liebe und Harmonie eingehen.

Löwe und Jungfrau: Der erotisch fordernde Löwe kann mit der spröden und abwartenden Jungfrau erst mal wenig anfangen. Hier trifft der ohnehin von sich aus perfekte Löwe auf die nach Perfektionismus strebende Jungfrau. Die Erfolgsaussichten dieser Verbindung sind sehr gemischt. Sind die Hüllen der Jungfrau gefallen, steht allerdings zumindest einer Liebesaffäre nichts im Wege. Ob sich daraus eine Partnerschaft entwickelt, steht in den Sternen.

Löwe und Waage: Selbstdarsteller trifft auf Schöngeist und Diplomat. Eine astrologische Grundharmonie und Sympathie ist bereits vorhanden, daraus kann leicht Liebe werden. Beide können sich begeistern, wobei der Löwe die Waage mitreißt, sollte sie sich wieder mal nicht entscheiden können. Die Waage wirkt wiederum harmonisierend auf die Sonnennatur ein. Auch im Bett funktioniert es bestens! Ingesamt sehr gute Aussichten für eine langfristige Partnerschaft.

Löwe und Skorpion: Dominanzstreben prallt auf Kontrollverlangen. Der natürliche Führungsanspruch des Löwen und der Drang, ständig im Mittelpunkt stehen zu wollen, laufen dem kontrollierenden und eifersüchtigen Skorpion stark zuwider. Für eine Affäre ist das Potenzial auf jeden Fall vorhanden, da Leidenschaft das verbindende Glied ist, jedoch sind die Aussichten für eine dauerhafte Partnerschaft eher schlecht, da beide ganz einfach zu unterschiedliche Wesen sind. Zu viel Feuer lässt das Wasser schnell wieder verdampfen.

Löwe und Schütze: Da beide Feuerzeichen begeisterungsfreudig, zukunftsorientiert und von sich selbst überzeugt sind, können sie sich zusammen nur noch steigern. Für eine Beziehung ist dies die optimale Voraussetzung. Gemeinsame Ziele und Visionen werden tatkräftig angepackt und umgesetzt. Die Harmonie der beiden reicht über das Alltagsleben hinaus bis in das Schlafzimmer hinein, denn auch im Bett wird sich dieses Paar zu erotischen Höhenflügen hochschaukeln. Fazit: Eine der vielversprechendsten Beziehungen im Tierkreis.

Löwe und Steinbock: Die materielle Ausrichtung des Steinbocks befriedigt den Geltungswunsch des Löwen. Hier kann er zufrieden auf die Früchte blicken, die der Steinbock einbringt. In dieser Beziehung verknüpft sich die kreative Sonnenenergie mit der bodenständigen Zielgerichtetheit der Erde. Im Schlafzimmer kommen beide auf ihre Kosten. Der Löwe lässt sich vom Steinbock verwöhnen und wird zum schnurrenden Kätzchen. Heiße Nächte garantiert!

Löwe und Wassermann: Da sich beide Zeichen im Horoskop gegenüberstehen, sind auch die Standpunkte auf Konfrontationskurs, obgleich eine sexuelle Anziehungskraft durchaus gegeben ist. Der Ideenreichtum des Wassermanns fällt beim Löwen auf fruchtbaren Boden. Jedoch sind die beiden auf die Dauer zu verschieden, um eine harmonische langfristige Beziehung einzugehen.

Löwe und Fisch: Der spirituelle Fisch kann den Strahlemann Löwe in seinen magischen Bann ziehen. Diese Anziehungskraft hält allerdings nicht lange, denn dem dominanten, sonnigen Wesen des Löwen ist der Fisch zu

chaotisch und zu undurchsichtig. Nach der anfänglichen erotischen Anziehungskraft kühlt die Leidenschaft des Löwen rasch ab, und er sucht nach passenderen Partnern. Es erfordert schon viel Kompromissbereitschaft, um auf Dauer gut miteinander auszukommen.

Die Liebe im Zeichen der Jungfrau

Besonders leidenschaftlich soll sie ja nicht sein, die Jungfrau. Das liest man zumindest in den meisten Astrobüchern. Aber haben sie auch recht? Um die Liebe und Leidenschaft einer Jungfrau zu erwecken, bedarf es schon einiger Ausdauer, da sie sehr vorsichtig ist. Die Art dieser Merkurnatur zu lieben ist zurückhaltend und freundschaftlich. Dies vermittelt dem Gegenüber das Gefühl, wirklich ernst genommen und respektiert zu werden. Kaum ein Zeichen ist stärker auf Hygiene und Vermeidung von Krankheiten bedacht als die Jungfrau. Mehr als alle anderen Zeichen lieben diese Merkurnaturen rituelle Abläufe, da diese vor möglichem drohendem Kontrollverlust schützen. Die erogene Zone der Jungfrau ist der Bauch, insbesondere die Gegend um den Bauchnabel. Ist die anfängliche Reserviertheit erst überwunden, haben Sie mit einer Jungfrau einen loyalen und zuverlässigen Partner an Ihrer Seite.

Die Jungfrau-Frau

Unter diesem Zeichen geborene Frauen wirken äußerlich wie ein scheues »Rühr mich nicht an«-Rehlein. Das vermittelt zumindest der erste Eindruck. Mitunter wirken Jungfrau-Frauen regelrecht provokant kühl. Jedoch ist diese nach außen gezeigte Distanz eine Art Schutzschild, die ihre seelische Verletzbarkeit und Sensibilität verbergen soll. Ist das Vertrauen der feinsinnigen Jungfrau gewonnen, dem Wunsch nach Sicherheit entsprochen, taut dieses reservierte Zeichen nach eingehender kritischer Prüfung auf und entpuppt sich als äußerst experimentierfreudig und neugierig auf sexuelles Neuland.

Der Jungfrau-Mann

Vielen Jungfrau-Männern haftet ein gewisses Flair von »weißer Weste« und Korrektheit an. Man kann davon ausgehen, dass Jungfrau-Männer stets kühlen Kopf bewahren, selbst wenn es schon beinahe zur Sache geht. Es wird ein Jungfrau-Mann sein, der Sie nach Ihrer Verhütungsmethode fragt oder der sich noch schnell vor dem Sex unter die Dusche begibt. Auf sexuellem Gebiet erweisen sich Jungfrau-Männer als optimale Lustdiener, die selten die Partnerin grob überrollen, sondern stets auf deren Lustgewinn achten. Allerdings kann der Jungfrau-Mann nicht auf visuelle Reize in Form von erotischen Bildern oder Pornos verzichten. Gelingt es Ihnen jedoch, das Vertrauen dieses vorsichtigen Zeichens zu gewinnen, dürfen Sie einen treuen, verlässlichen Partner an Ihrer Seite erwarten, der selbst in schwierigen Zeiten zu Ihnen steht.

Wo ich die Jungfrau treffe

Arbeit ist das halbe Leben, auf jeden Fall für die Jungfrau. Deshalb werden Sie fündig im Büro, beispielsweise im Controllingbereich oder der Buchhaltung. Häufig ist sie auch in der Heil- und Wellnessbranche oder der Gastronomie anzutreffen. Auch unter Internisten und Zahnärzten finden sich erstaunlich viele Jungfrauen wieder. Da die Jünger des Merkurs sehr genau auf ihre Gesundheit achten, trifft man sie oft in Apotheken. Beim Besuch von Vorträgen, Fach- und Fortbildungsveranstaltungen werden sich unter Garantie viele Jungfrauen tummeln. Aber auch in der digitalen Welt, in Chatrooms oder Partnerbörsen, sind diese Kalkulationsmenschen präsent. Planen Sie Ihr erstes Date möglichst an einem Mittwoch, dem Tag des Merkurs.

Wie ich die Jungfrau wieder loswerde

Die besten Mittel, um eine Jungfrau loszuwerden, sind, ständig viel zu spät zu kommen, Chaos im Wohnbereich anzurichten, lautstark zu toben, am besten vor ihren Freunden. Laden Sie dazu täglich Kollegen oder Bekannte in Scharen zu sich nach Hause ein. Werfen Sie das Geld, vorzugsweise das der Jungfrau, mit beiden Händen aus dem Fenster. Diese Methoden werden ihren Zweck nicht verfehlen, die Jungfrau sucht schleunigst das Weite.

Die Jungfrau und ihre Partner

Jungfrau und Widder: So verschieden diese Zeichen auch sein mögen, irgendetwas zieht beide magnetisch an. Die draufgängerische, risikofreudige Art des Widders fasziniert die spröde und vorsichtige Jungfrau. Auf sexueller Ebene knistert es gewaltig, jedoch darf die kühle Jungfrau nicht ihren heißblütigen Widder umerziehen, denn sonst endet das schöne Spiel mit einem lauten Knall.

Jungfrau und Stier: Trotz all der Gemütlichkeit und Bodenständigkeit kann diese Verbindung auf die Dauer etwas schwerfällig und zu materiell ausgerichtet werden. Im Bett allerdings harmonieren die beiden recht gut, da der sinnliche Stier die Jungfrau aus der Reserve zu locken vermag. Sind beide bereit, an sich zu arbeiten, kann sich durchaus eine Beziehung mit Potenzial entwickeln.

Jungfrau und Zwilling: Obwohl beide von Merkur regiert werden, sind sie doch ziemlich verschieden. Die analytische und bodenständige Jungfrau trifft auf den flatterhaften, neugierigen Zwilling. Nach einiger Zeit wird ihr die hektische Art des Planetenverwandten zu viel. Im Schlafzimmer will sich auch keine erotische Atmosphäre aufbauen, und so bleibt die sexuelle Entspannung auf der Strecke. Eine Verbindung, die außer der Lust am Wissen auf die Dauer nicht viel Gemeinsames bieten kann.

Jungfrau und Krebs: Im sensiblen Krebs findet die rationale Jungfrau den Partner, der ihre kühle Schutzmauer überwinden kann und sie für die Liebe öffnet. Auf sexuellem Gebiet regt der Krebs die Fantasie der Jungfrau an, und ihre Experimentierfreude lässt sie neue, manchmal sogar ungewöhnliche Wege beschreiten. Langsam wächst das sensible Pflänzchen der Liebe, bis es unter dem Schutz dieser Verbindung ein großer starker Baum wird, der selbst stürmischen Zeiten standhält.

Jungfrau und Löwe: Die Jungfrau bremst den Egotrip des Löwen auf ein vernünftiges Maß. Auf sexueller Ebene überlässt die Jungfrau besser dem Löwen die Führung und wird dafür in die höchsten Gefilde der Lust katapultiert. Wirft die vorsichtige Jungfrau ihre Bedenken und Befürchtungen über Bord und gibt sich dem Führungsanspruch des Löwen hin, steht ihr eine heiße Liebesbeziehung ins Haus.

Jungfrau und Jungfrau: In dieser Beziehung gilt tatsächlich der bekannte Spruch »Gleich und Gleich gesellt sich gern«. Mit dem eigenen Zeichen können die Jungfrauen am besten umgehen, ohne sich groß anpassen zu müssen. Eine Beziehung verläuft ohne besondere Höhen und Tiefen, sowohl im erotischen als auch im partnerschaftlichen Bereich, dafür punktet sie mit Beständigkeit.

Jungfrau und Waage: Bei beiden spielt sich die Erotik mehr im Kopf als im körperlichen Bereich ab. Keiner wagt es so recht, den Anfang zu machen, und so besteht die Gefahr, dass diese Verbindung in diesem Stadium stecken bleibt. Der Intellekt stellt die Basis einer Beziehung dar, aber die Sexmaschine will nicht so recht anspringen.

Jungfrau und Skorpion: In dieser Beziehung trifft kühle Ratio auf Leidenschaft. Der Skorpion besitzt genug erotische Kraft und Energie, um die Jungfrau aus der Reserve zu locken. Zwar schreckt diese vor so viel Power anfangs zurück, lässt man ihr jedoch genug Zeit, um sich auf den Skorpion einzulassen, entsteht ein enormes Potenzial. Vor allem auf der sexuellen Ebene kann sich die Jungfrau kaum der Faszination des Skorpions entziehen. Hat sie sich erst einmal hingegeben, entpuppt sich die Jungfrau als alles andere als prüde.

Jungfrau und Schütze: Hier treffen Parallelwelten aufeinander: die analytische, vorsichtige, eher spröde und zurückhaltende Jungfrau und der nach vorne preschende, nach Expansion strebende, weltoffene Schütze. Für ein sexuelles Abenteuer reicht es allemal, aber in einer langfristigen Beziehung schafft die häusliche Jungfrau dem Schützen nur eine bequeme Basis für lästige alltägliche Arbeit. Oft ist es eine Frage der Zeit, bis die Jungfrau entnervt das Geschirrtuch wirft.

Jungfrau und Steinbock: Die Jungfrau fühlt sich bei dem erdigen Steinbock gut aufgehoben und verstanden. Es wird die gleiche Sprache gesprochen, und ein wortloses Verstehen ist die positive Folge. Möchten sich die beiden etwas schaffen oder ein gemeinsames Projekt starten, haben sie die besten Aussichten. Im Bett kann sich die Jungfrau in die sexuell starken Arme des Steinbocks fallen lassen. Ein Problem an der Sache ist jedoch die Erdenschwere. Es fehlt schnell die Leichtigkeit oder das Feuer der Leidenschaft in dieser Partnerschaft.

Jungfrau und Wassermann: Vielleicht ist es die schillernde Leichtigkeit oder die Visionskraft des Wassermanns, der die sonst eher vorsichtige und reservierte Jungfrau aus ihrer Trutzburg hervorlockt. Zumindest auf intellektueller Ebene verstehen sich die beiden fantastisch. Im Bett fühlt sich die

Jungfrau vom experimentierfreudigen Wassermann mitgerissen und wirft ihre Bedenken über Bord. Eine ganz passable Verbindung mit spannenden Aussichten.

Jungfrau und Fisch: Erde und Wasser in einer sich befruchtenden Harmonie. Die klare und scharfsinnige Jungfrau bringt hilfreiche Struktur in das oft erdenferne Leben des Fisches. Im Schlafzimmer bringt die hingebende Art des Fisches die Emotionsfestung der Jungfrau zum Fallen, und Leidenschaft pur entsteht. Jedoch Vorsicht! Die Jungfrau darf nicht zu streng und reglementierend in der Beziehung mit dem träumerischen Wasserzeichen werden, da sie sich ansonsten plötzlich alleine im Gefühlsbecken wiederfindet.

Die Liebe im Zeichen der Waage

Als Venusnatur trägt die Waage ein besonders großes Maß an Liebes- und Beziehungsfähigkeit in sich. Trotz ihrer Partnersehnsucht ist sie ständig auf der Suche nach dem Traum von der perfekten Harmonie. Was die Waage außerdem charakterisiert, ist eine unglaubliche Eitelkeit, die sich zur Selbstverliebtheit steigern kann. Denken Sie dabei an den Romanhelden Dorian Gray von Oscar Wilde, der derart in sein eigenes Spiegelbild verliebt war, dass er dem Teufel, aus Angst zu altern, seine Seele verkaufte. Waagen sind hochempfänglich für Schmeicheleien und Komplimente. Sie sind die geborenen Verführer, die ein scheinbar unerschöpfliches Repertoire an Umwerbungskünsten parat haben. Die Jünger der Venus lieben ein ausgedehntes Vorspiel, verwöhnen gerne und lassen sich noch lieber verwöhnen. Problematisch bei diesem Zeichen ist die Neigung, hemmungslos zu flirten, denn das braucht die Waage zur Selbstbestätigung. Die erogenen Zonen dieses Zeichens sind der Rücken und Lendenbereich sowie die Pobacken.

Die Waage-Frau

Die Waage-Frauen, die ich bisher kennengelernt habe, zeichneten sich häufig durch Attraktivität und Charme aus. Diese Venusfrauen besitzen ein außerordentliches Talent, sich begehrenswert zu präsentieren. Eine besondere Aura von »Nonchalance«, einer lässigen, ungezwungenen Erotik und fast lolitahafter Anmut umweht diese Frauen. Sie lieben Spitzenwäsche und schauen sich sehr gern im Spiegel an, auch bei sämtlichen Variationen der erotischen Liebe. Als Ästheten achten sie genau auf ein gepflegtes Äußeres und sind meist stilsicher in Geschmacksfragen. Im Bett widerstreben ihnen eher die harten sexuellen Varianten, wie Fesseln oder sonstige bizarre Spiele, da dies ihrer harmonischen Venusnatur entgegenläuft. Ganz gewiss aber weiß die Waage guten Sex zu schätzen und wird dies den Partner spüren lassen.

Der Waage-Mann

Bis ins hohe Alter wird der Waage-Mann sehr auf eine gepflegte äußere, möglichst jugendliche Erscheinung achten. Seine Probleme mit dem Älterwerden versucht er mit jungen Nymphen, mit denen er sich vorzugsweise ab einem gewissen Alter umgibt, zu kompensieren. Seine Fähigkeit, sich in die Gefühle einer Frau hineinzuversetzen, wird so manche Partnerin überraschen. Ist das Herz dieses Venusiers einmal erobert, wandelt er sich von einem Mann, der über die Liebe redet, in einen, der ungewöhnlich ausdauernd und experimentierfreudig den Liebesakt vollzieht.

Wo ich die Waage treffe

Gerne und häufig im Kulturzentrum, auf künstlerischen Veranstaltungen, Vernissagen, in Modeboutiquen oder stilvollen Lokalen, aber auch in Diskos. Waage-Geborene besuchen gerne exklusive Partys, bei denen man nur über die Gästeliste Einlass gewährt bekommt. Dazu flanieren sie vorzugsweise in gepflegten Urlaubsorten auf Promenaden, meist in Gesellschaft schicker und glamouröser Leute. Kurzum, man findet sie überall dort, wo Stil, Schick und Ästhetik im Vordergrund stehen. Vereinbaren Sie das erste Rendezvous an einem Freitag, dem Tag der Venus.

Wie ich die Waage wieder loswerde

Da die Waage ein Mensch mit Idealen ist, wirkt es am besten, wenn Sie diese ins Lächerliche ziehen. Zusätzlich empfehle ich Ihnen, sich schlampig zu kleiden und auch die Körperpflege zu vernachlässigen. Brechen Sie bei jeder möglichen Gelegenheit einen Streit vom Zaun, zeigen Sie sich dann unversöhnlich und stur. Und zu guter Letzt ist es ratsam, die Waage permanent zu kritisieren, beispielsweise ihr Erscheinungsbild, vor allem Alter und Körpergewicht, oder ihr auch geistige Makel vorzuhalten. Sie werden staunen, wie schnell die sonst so kompromissbereite Waage auf und davon ist.

Die Waage und ihre Partner

Waage und Widder: Treffen diese gegensätzlichen Zeichen aufeinander, kann bereits ein kleiner Funke das Feuer der Leidenschaft entfachen. Allerdings ist der harmonischen Waage die Streitlust des Widders schnell zu viel. Auf der sexuellen Ebene ist die Waage von der Kraft des Widders fasziniert. Im Alltag muss sie sich wegen der gravierenden Wesensunterschiede sehr kompromissbereit zeigen, damit diese Beziehung auch außerhalb des Schlafzimmers harmonisch bleibt.

Waage und Stier: Da beide Naturen von Venus regiert werden und das Schöne im Leben schätzen, ist ein außerordentlich hohes Maß an Grundharmonie bereits vorhanden. Sind sie dazu noch bereit, auf ihre gegenseitigen Wünsche einzugehen, finden diese Zeichen auch die Erfüllung im Bett. Im Großen und Ganzen zeigt sich diese Verbindung als vielversprechend für eine dauerhafte Partnerschaft, die sich auch im Alltag bewährt und nicht selten zum Traualtar führt.

Waage und Zwilling: Eine schillernde Luftblase entsteht, wenn sich Waage und Zwilling ein Stelldichein geben. Es wird über dies und jenes geplaudert, und leicht passiert es, dass die körperliche Ebene in den Hintergrund gedrängt wird. Der Verbindung fehlt es an Bodenständigkeit und Engagement, und allmählich suchen sie woanders ihren Halt, den sie in dieser Beziehung nur schwer finden werden. Das Luftschloss vom Glück droht zu zerfallen.

Waage und Krebs: Im Alltag findet man diese Verbindung eher selten, da diese zwei Sternzeichen wenige Berührungspunkte haben. Im Bett jedoch sieht es ganz anders aus. Hier findet die Waage den einfühlsamen Partner, den sie sucht, um sich völlig ihrer Lust zu öffnen. Leider gibt es auch ein Leben außerhalb des Schlafzimmers, und im Alltag können sich unüberwindliche Barrieren zwischen den beiden aufbauen, die nur mit großer Anstrengung überwunden werden können.

Waage und Löwe: Beide Sternzeichen lieben Gesellschaft, Glamour und Schick, und das ist genau der Stoff, aus dem die Liebes- und Lebensträume gewebt sind – zumindest in dieser Beziehung. Hier findet die Waage den Partner, mit dem man sich zeigen kann. Mit rauschenden Festen und heißen Nächten beginnt diese Verbindung. Überlässt die Waage dem Löwen das Zepter und kann sie sich dem Pascha unter den Tierkreiszeichen unterwerfen, steht einer langfristigen Partnerschaft nichts im Wege.

Waage und Jungfrau: Da beide abwartende und kühle Naturen sind und jeder auf die Initiative des anderen wartet, bleibt es lange in der Schwebe, ob überhaupt etwas passiert. Wenn ja, dann findet die wankelmütige Waage in der strukturierten Jungfrau einen Partner, von dem sie viel profitieren kann. Auf der sexuellen Ebene öffnet die Waage durch ihre Verführungskunst die erotische Schranke der Jungfrau. Dann steht einer harmonischen und sexuell befriedigenden Beziehung nichts mehr im Wege. Ob daraus eine beständige Partnerschaft entsteht, steht letztlich in den Gestirnen.

Waage und Waage: Gleich und Gleich gesellt sich zwar gern, wenn aber zwei Zeichen in erster Linie nur das Schöne und Angenehme im Leben miteinander teilen wollen, entwickeln sich trotz allem auch Probleme. Doch sind es gerade Probleme, womit sich Waagen gar nicht gern auseinandersetzen möchten. Und so wartet jeder darauf, dass der andere die Probleme löst. Auch im Schlafzimmer bleibt die Rollenverteilung unentschieden, und so pendelt die Beziehungswaagschale unentschlossen hin und her.

Waage und Skorpion: Diplomatie trifft auf Leidenschaft. Die Waage findet im erotisch starken, aber sehr eifersüchtigen und besitzergreifenden Skorpion durchaus einen interessanten Partner. In dieser Beziehung entfacht der sexuell fordernde Plutonier die Lust der venusgeprägten Natur. Da beide sehr experimentierfreudig sind, besteht die Aussicht auf eine zumindest im sexuellen Bereich erfüllende Beziehung.

Waage und Schütze: Eine Verbindung, die viel Potenzial in sich birgt. Die Waage sieht in dem visionären Schützen einen Partner, der klare Ziele vor Augen hat und Fürsorge verspricht. Auch im Bett harmonieren die beiden bestens miteinander, da das sexuelle Feuer des Schützen durch die luftige Waage geschürt wird. Eine durchaus positive Beziehung, die auch langfristig funktionieren kann, wenn beide bereit sind, gemeinsam den Alltag zu meistern.

Waage und Steinbock: Finden diese äußerst unterschiedlichen Zeichen dauerhaft zueinander, spielen sicherlich gnädige Aszendenten eine große Rolle. Ist die Waage wankelmütig, so übernimmt der Steinbock ungefragt das Ruder der Beziehung und setzt dabei dem Venuszeichen deutliche Grenzen. Für eine kurze Episode im Bett ist die Waage von der sexuellen Kraft des Steinbocks fasziniert. Dauerhaft ist ein Zusammenleben nur mit viel Kompromissen und Mühe möglich.

Waage und Wassermann: Beide schwirren von Idee zu Idee, bleiben jedoch unverbindlich. Sie können herrlich miteinander von einer schönen neuen Welt träumen. Die Waage, als Königin der Lüfte, lebt in dem vom Wassermann gezimmerten Traumschloss, hoch oben über den Wolken. Erotik und Leidenschaft ist zwar nicht das Thema der beiden, aber für eine dauerhafte Freundschaftsbeziehung haben sie trotz allem gute Chancen.

Waage und Fisch: Was diese Zeichen vor allem verbindet, ist die Liebe zur Kunst. Die Waage liebt Ästhetik und Schönheit in allen Variationen, der Fisch trägt ebenfalls häufig eine künstlerische Neigung in sich. Im sexuellen Bereich harmoniert die experimentierfreudige Waage ausgezeichnet mit dem hingabebereiten Fisch. Schleicht sich jedoch der Alltag in den Liebestraum, findet die Waage im Fisch nicht den Halt, den sie im Leben sucht und braucht.

Die Liebe im Zeichen des Skorpions

Dieses von Pluto regierte Wesen liebt mit Haut und Haaren. Sein Motto lautet »Ganz oder gar nicht«, denn halbe Sachen kann dieses leidenschaftliche Zeichen nicht ausstehen. In der Astrologie werden sie gerne als Sexmaniacs bezeichnet, aber es geht ihnen weniger um den sexuellen Akt als um das rauschhafte Erlebnis, sich völlig in erotischen Abgründen zu verlieren. Der Skorpion gilt als ausgesprochen experimentierfreudig. Und so überrascht er vielleicht mit schwarzer Lederkluft und Handschellen, um seinen auserwählten Liebespartner an die Grenzen der Lust und darüber hinaus zu führen. Wagt es ein Partner, sich dieser intensiven und leidenschaftlichen Natur hinzugeben, so ruht der Skorpion nicht eher, bis der Zustand der Ekstase und der daran anschließenden angenehmen Entspannung erreicht ist. Die erogenen Zonen dieses Zeichens sind der Mund-, Ohr- und Nackenbereich, an denen der Liebespartner knabbern und flüstern sollte.

Die Skorpion-Frau

Sie sind leidenschaftlich, besitzergreifend, unergründlich und bestechen durch eine unglaublich erotische Ausstrahlung, die Männer in einen magischen Sog ziehen kann. Skorpion-Frauen sind wahre Meisterinnen der Verbalerotik und verstehen es, mit Worten sich selbst und den Partner sexuell in Rage zu reden. Als verführerische Hexe wird sie von einigen gerne betitelt und von einfach gestrickten Naturen ängstlich gemieden. Tja, für ängstliche männliche Wollhäschen ist dieser weibliche Vulkan einige Nummern zu »heiß«! Schenkt sie jedoch ihr Herz dem Auserwählten, zeigt sie sich außerordentlich treu, loyal und familienorientiert.

Der Skorpion-Mann

Für weibliche Mimosen ist der Skorpion garantiert der falsche Partner. Wer sich mit ihm einlässt, muss auch bereit sein, einiges einzustecken. Dieser oftmals düstere Gefährte liebt wie ein Vampir – und so sieht er sich auch selbst. Rechnen Sie nicht damit, diesen Charakter zu durchschauen – es wird Ihnen mit großer Wahrscheinlichkeit nicht gelingen. Da er ein ausgezeichneter Beobachter ist, kann er – bevor die Auserwählte ihren Wunsch überhaupt ausspricht – bereits erahnen, was sie erhofft. Hat der Skorpion-Mann eine Partnerin, die ihm selbstbewusst und redegewandt die Stirn bietet, erweist er sich als sehr zuverlässig und aufmerksam. Dann steht die Beziehung für ihn an erster Stelle.

Wo ich den Skorpion treffe

Der Skorpion verkehrt vorzugsweise an Orten, bei denen mit Emotionen gedealt wird, wie beispielsweise Esoterikmessen, Schamanentreffen oder okkulten Workshops, aber genauso ist er auf Rockkonzerten, Gruftiveranstaltungen und Erotikmessen anzutreffen, nicht zuletzt bei psychologischen Schulungen – vorzugsweise also an den Plätzen, wo es in die Tiefen der Gefühlswelt und der Selbsterkenntnis geht. Führen Sie Ihren Skorpion an alte verwunschene Stätten, wie beispielsweise Friedhöfe oder in alte Weinkeller zum Verkosten eines edlen Tropfens. Ruinen oder Katakomben lassen

Ihrem magisch-erotischen Gegenüber ebenfalls wohlige Gruselschauer über den Rücken rieseln. Wählen Sie den Dienstag, den Tag des Mars, für Ihr erstes Date.

Wie ich den Skorpion wieder loswerde

Um die Beziehung zu beenden, empfehle ich, es sachte und überlegt anzugehen. Streiten Sie bis aufs Messer und geben Sie dabei niemals nach. Sprechen Sie nur mehr in einem beißenden Befehlston und verweigern Sie Liebe, Wärme und vor allem Sex. Versuchen Sie permanent, ihn zu erziehen, und kritisieren Sie ständig an ihm herum, selbstverständlich vor vielen Bekannten oder Freunden. Betrügen Sie ihn und erzählen Sie ihm davon. Dann allerdings sollten Sie schleunigst in Deckung gehen, denn seine Rache ist Ihnen lange sicher und kann hoch giftig sein.

Der Skorpion und seine Partner

Skorpion und Widder: Diese beiden Marsnaturen verbindet ein starker Wille sowie starke sexuelle Energie und Anziehungskraft. Jedoch können Egokonflikte auftauchen, die das Zusammenleben auf Dauer ziemlich anstrengend machen. Am besten sollten sich die beiden gemeinsame Aktivitäten oder Hobbys suchen, um so ihre oft überschüssige Energie konstruktiv abzubauen. Eines ist sicher: Langeweile wird nie aufkommen!

Skorpion und Stier: Die körperliche Sinnlichkeit des Stiers wirkt auf den erotikliebenden Skorpion magisch anziehend. Knisternde Erotik, die fast körperlich zu spüren ist, verbindet die beiden. Der leidenschaftliche Skorpion schätzt die Bodenständigkeit des Stiers. Da hier jedoch zwei Sturköpfe aneinandergeraten und jeder auf seinem Recht beharrt, liegen auch Konflikte in der Luft, die aber überwunden werden können.

Skorpion und Zwilling: Für den Skorpion ist der flatterhafte Zwilling nicht zu greifen. Ständig schwirrt dieser von Verabredung zu Verabredung und vergisst dabei den Skorpion, der die Zweisamkeit im trauten Heim dringend benötigt. Denn Intimität ist dem Sohn Plutos wichtig, im Gegensatz zum Zwilling, der mag es lieber öffentlich. Infolgedessen ist auf lange Sicht nur eine bedingte gemeinsame Basis vorhanden. Was beide verbindet, ist die Experimentierfreude, die im Schlafzimmer ihren Höhepunkt findet.

Skorpion und Krebs: Diese beiden Wasserzeichen haben alle Voraussetzungen für ein ideales Paar. Der Skorpion fühlt sich von dem gefühlvollen und hingabefähigen Krebs bezaubert. Tiefe emotionale Bande sorgen für eine dauerhafte und erfüllende Beziehung. Wird der Skorpion nicht zu kompliziert, findet er im Krebs einen Partner, mit dem er auch im Bett wahre Wonnen erleben kann – Gleichklang der Herzen!

Skorpion und Löwe: In Skorpion und Löwe begegnen sich Nacht und Tag. Aber im Bett schlagen die Wogen der Leidenschaft hoch. Sie lieben sich bei Nacht mit einer unglaublichen Ausdauer. Jedoch prallen bei Tag Machtanspruch und Ego aufeinander, und das kann bei diesen fixen Zeichen nur Kampf bedeuten. Ein gefährliches Spiel, das schnell zu bitterem Ernst werden kann.

Skorpion und Jungfrau: Die Triebhaftigkeit des Skorpions kann die erdige und vorsichtige Jungfrau überfahren: Ist er zu forsch, zieht sie sich irritiert zurück. Dennoch können diese beiden Zeichen auf Dauer gut miteinander harmonieren, wenn sie sich füreinander öffnen und der Skorpion auf die verletzlichen und reservierten Gefühle der Jungfrau Rücksicht nimmt.

Skorpion und Waage: Da beide Zeichen sehr beziehungsorientiert sind, scheinen sie sich auf Anhieb gut zu verstehen. Vor allem im Bett klappt es hervorragend, da die Waage den Bedürfnissen des Skorpions entgegenkommt. Der Wermutstropfen der Beziehung besteht in der besitzergreifenden Art des Skorpions, die eine langfristige Verbindung massiv erschwert oder gänzlich zunichte macht.

Skorpion und Skorpion: Jeder möchte seine eigenen Vorstellungen in die Beziehung einbringen und durchsetzen. Auf erotischer Ebene verschlingen sie sich beinahe und leben ihre körperliche Lust fast bis zur Verzehrung aus. Beide sind leidenschaftlich, sexuell fordernd und besitzergreifend. Ist der Sex vorbei, wird um den Machtanspruch gekämpft. Heiße Nächte – kühle Tage.

Skorpion und Schütze: Hier könnte eine erfolgversprechende Kombination von Feuer und Wasser entstehen. Im erotischen Bereich passt es ausgezeichnet, da der Skorpion im Schützen einen ähnlich lustvoll orientierten Partner

findet. Ein Punkt könnte schwierig werden: Beim Streit explodiert der Schütze, beruhigt sich aber schnell, der Skorpion hingegen zieht sich schmollend zurück. Trotz alledem eine Beziehung mit Potenzial zu einer stabilen Partnerschaft.

Skorpion und Steinbock: Dies könnte eine traumhafte Verbindung werden, da Emotion auf Wirklichkeitssinn trifft. Denn der Skorpion bringt das Quäntchen Leidenschaft und Gefühlstiefe in die Beziehung ein. Der Steinbock kann die Launen des Skorpions auffangen und in die richtigen Bahnen lenken. Wenn beide nicht zu stur auf ihrer Sicht der Dinge beharren, ergänzen sie sich wunderbar.

Skorpion und Wassermann: Eine exzentrische und ungewöhnliche, aber durchaus lebbare Verbindung. Der fantasievolle und visionäre Wassermann stachelt die Neugierde des Skorpions an. Der willensstarke und handlungsbereite Skorpion vermag die teils utopischen Ziele des luftigen Zeichens zu verwirklichen. Auf sexueller Ebene lieben beide die Abwechslung und das Bizarre.

Skorpion und Fisch: Tiefe unergründliche Leidenschaft und Stärke vermittelt der Skorpion dem träumerischen Fisch. Drückt der Skorpion mal ein Auge bei den emotionalen Eskapaden des Fisches zu, steht einer wundervoll romantischen Beziehung nichts im Wege. Auch im Schlafzimmer schlagen die Wogen der Leidenschaft hoch. Durchaus eine vielversprechende und innige Partnerschaft mit Aussicht auf Stabilität.

Die Liebe im Zeichen des Schützen

Dieses von Jupiter beherrschte exzentrische Feuerzeichen liebt das Spiel des Eroberns, samt Erotik und Sex. Dieser Visionär unter den Sternzeichen sucht das Besondere, indem er die hohen Ideale der Liebe anstrebt. Der Schütze scheut keine Herausforderungen und gilt als eines der flexibelsten Zeichen, wenn es um die Anpassung auch an scheinbar völlig unerwartete Wendungen im Leben geht. Jedoch kann sich dieses hitzige Zeichen manchmal ungeduldig zeigen, wenn der auserkorene Partner nicht schnell genug anspringt. Auf endlose Vorspiele kann man beim Schützen getrost verzichten, für ihn ist es weit wichtiger, das Nachspiel nicht zu vernachlässigen, bei dem er seine Kräfte für die nächste Runde sammelt. Seine Stärke ist es, sexuelle Begeisterung auf den Liebespartner zu übertragen. Hat der Schütze das Gefühl, den Partner schon in- und auswendig zu kennen, wird er sich früher oder später ein neues Objekt der Begierde suchen. Die Körperbereiche, bei denen der Schütze am schnellsten in Fahrt kommt, sind die Innenseiten der Schenkel, seine Intimzone und der Po.

Die Schütze-Frau

Esprit, Erotik, Visionen, Abenteuer, das ist es, was die Schütze-Frau sucht und wie die Luft zum Atmen braucht – selbst wenn es sich nur im Kopf abspielt. Höher, schneller, weiter! Das Leben scheint eine Achterbahnfahrt für die Schütze-Frau zu sein, die sich zuweilen gerne in stürmische erotische Liebeleien stürzt. Dabei ist ihr auch kein Platz zu exzentrisch. Liebe machen kann man mit ihr auf dem höchsten Berg, mitten im Urwald oder im Fahrstuhl – sie ist mit Begeisterung dabei. Direkt, bisweilen sogar forsch, zeigt sie, was sie beim Liebesspiel will. Was sie sicher nicht will, ist ein Mann, der nach dem Liebesakt wie ein Sack von ihr rollt und sofort einschläft. Das Nachspiel ist nämlich ein wesentlicher Bestandteil des genussvollen Sex bei ihr. Nicht zuletzt kann sie dadurch die Romantikerin in sich befriedigen.

Der Schütze-Mann

Hartnäckig und ausdauernd umwirbt der Schütze-Mann seine Angebetete. Dabei vergisst er niemals Rosen, Komplimente und ständige kleine Zeichen seiner Liebe. So zeigt er sich fürwahr als Ritter der Liebe, der bereit scheint, sogar sein Leben für die Geliebte zu geben. Der Schütze bevorzugt gerne reife oder erfahrene Partnerinnen, die wissen, was einem Mann gefällt, und dies auch gekonnt umsetzen. Seine Männlichkeit ist seine zentrale erogene Zone, obgleich ihn auch das Streicheln mit roten Fingernägeln an zarten Hautstellen und ins Ohr gehauchte erotische Anfeuerungen schnell zum Glühen bringen. Schütze-Männer jagen jedoch oftmals einem Traum, einer Vision hinterher. Sollte sie sich nicht erfüllen, fällt sein wunderbares feines Liebesgespinst wie ein Kartenhaus in sich zusammen – und mit ihm der feurige Liebhaber. Als Partner an der Seite zeigt er sich loyal und strebt stets das Beste für seine Familie an.

Wo ich den Schützen treffe

Sicherlich bei Diavorträgen über ferne Länder und Kulturen, beim Heurigen, im Theater oder in Kabaretts. Da der Schütze in der Regel ein sehr naturverbundener Geselle ist, wird man ihn häufig im Freien antreffen. Auch an Plätzen, wo es um Spiritualität geht, wie magischen Workshops oder anderen esoterischen oder kirchlichen Treffen, fühlt sich der Schütze zu Hause, da er an Glaubensthemen interessiert ist. Da der Schütze einen angeborenen Sinn für Gerechtigkeit besitzt, findet man ihn auch im Gerichtssaal. Verabreden Sie sich mit einem Schützen am besten an einem Donnerstag, dem Tag, an dem Jupiter herrscht.

Wie ich den Schützen wieder loswerde

Todsichere Tipps für das rasche Ende einer Beziehung mit einem Schützen sind Langeweile, ewiges Zu-Hause-Hocken, keine Freunde oder Abwechslung. Führen Sie entweder keine oder langatmige, belanglose Gespräche und verlieren Sie sich in jedem ermüdenden Detail. Unternehmen Sie nichts mehr gemeinsam, nageln Sie ihn stattdessen mit etlichen nervtötenden Haushaltsarbeiten fest. Erwidern Sie keine Liebesbekundungen oder Zärtlichkeiten und zeigen Sie sich kühl und abweisend. Auf alle Träume oder Visionen reagieren Sie am besten pessimistisch und fordern, idealerweise vor versammelter Mannschaft, Versprechen ein. Werfen Sie ihm dann vor, seine Versprechen nicht eingehalten zu haben. Bezichtigen Sie ihn der Lüge und falscher Versprechungen. Diese Strategie treibt dieses zentaurische Wesen garantiert über alle Berge.

Der Schütze und seine Partner

Schütze und Widder: Visionskraft und Zielorientiertheit treffen auf Tatkraft und Durchsetzungswillen. Dieses Pärchen kann, wenn es will, sprichwörtlich die Welt aus den Angeln heben. Eine feurige Verbindung, die auch im Bett die Leidenschaft hoch lodern lässt und im Alltag dauerhaft gute Aussichten verspricht.

Schütze und Stier: Der stets in die weite Welt strebende, rastlose Schütze lässt dem erdigen und auf Sicherheit bedachten Stier keine ruhige Minute mehr. Auf sexuellem Gebiet sind diese feuer- und erdgeprägten Zeichen selbstbewusst genug, um die bei beiden ausgeprägte körperliche Leidenschaft in vollen Zügen genießen zu können. Wie lange diese doch sehr gegensätzliche Verbindung gut geht, ist ungewiss.

Schütze und Zwilling: Mit dem leichten, luftigen Zwilling findet der feurige Schütze sein Gegenstück, um seine Fantasien und Ideen mit jemandem zu teilen. Allerdings wird von den vielen schönen Ideen und Visionen wenig umgesetzt. Beide sind voller Pläne, jedoch um deren Realisierung sollte sich bitte schön jemand anders kümmern. Für eine heiße Affäre haben diese beiden Zeichen die besten Karten, nur auf die Dauer kann sich die Beziehung leicht in Luft auflösen.

Schütze und Krebs: Anfänglich ist der Krebs für den Schützen eine interessante Herausforderung. Nach einiger Zeit jedoch werden die Schwermut und das ewige Beleidigtsein des Krebses für das Feuerzeichen viel zu anstrengend. Wo der Schütze nach dem Wutausbruch schon längst wieder verziehen hat, schmollt der Krebs noch immer. Den Schützen macht dieses Verhalten rasend. Selbst auf erotischer Ebene harmonieren die beiden Temperamente eher schlecht miteinander.

Schütze und Löwe: Bei dieser Feuer-Feuer-Verbindung kann der visionäre Schütze genau das finden, was er braucht. So ist der Löwe einer der wenigen, von denen sich der Schütze zähmen und an die (lange) Leine legen lässt. Vor allem im Schlafzimmer findet der Schütze durch den selbstbewussten Löwen seine erotischen Wünsche erfüllt, was ein befriedigendes Sexleben für beide ermöglicht. Beste Chancen auf eine schöne, harmonische Dauerverbindung.

Schütze und Jungfrau: Der Schütze läuft Gefahr, die Jungfrau als Mutterersatz zu benutzen, da diese die alltäglichen Arbeiten gut im Griff hat. Doch das Ordnungsstreben der Jungfrau nervt mit der Zeit den nach höheren Zielen strebenden Schützen. Obwohl sich die beiden auf sexuellem Gebiet gut verstehen, ist die Aussicht auf eine bleibende harmonische Beziehung mehr schlecht als recht.

Schütze und Waage: In der Waage findet der Schütze den Part, der die Leichtigkeit und Lebensfreude mit ihm teilt. Als sympathisches Pärchen, das auf jeder Veranstaltung gerne gesehen wird, bewegen sie sich durch die Welt.

Beide sind offen für Experimente und Neues, auch im Bett wird diese Verbindung sicher nicht langweilig. Gute Aussichten für eine unbeschwerte und lebendige Beziehung.

Schütze und Skorpion: Auf der emotionalen Ebene und im Bett harmonieren diese beiden ausgezeichnet. Allerdings möchte der lebenslustige Schütze nicht vom Skorpion mit seinem eigenen Schatten konfrontiert oder in seinem Freiheitsstreben beschnitten werden. Erkennen beide die Möglichkeiten, wie sie voneinander profitieren können, wie beispielsweise durch die Kombination von Idealismus und Prinzipientreue, kann sich daraus eine langfristige Beziehung ergeben.

Schütze und Schütze: Diese Verbindung ist einerseits von Enthusiasmus, Beweglichkeit, Spontaneität und Unternehmungslust geprägt, andererseits aber auch von den Schattenseiten, wie überspannten Erwartungen. Solange dieses fröhliche, unternehmungslustige Pärchen mit keinen harten Herausforderungen des Lebens konfrontiert wird, scheint dies die ideale Beziehung zu sein. Problematisch wird es allerdings, wenn beide Naturen ihre Extremseiten zeigen. Dann endet diese Beziehung in einem alles verzehrenden Feuer.

Schütze und Steinbock: Im besten Fall wird der Steinbock dem Schütze-Partner dabei helfen, seine Träume oder Pläne zu verwirklichen. Im schlechtesten Fall fühlt sich der Schütze von dem reglementierenden Steinbock desillusioniert und mit all seinen hochfliegenden Projekten grob auf den Boden der Tatsachen zurückgeworfen. Auf sexueller Ebene reizt der Schütze die Ausdauer der Saturnnatur bis aufs Letzte aus. Dies kann die Basis für eine zwar mit vielen Kompromissen gepflasterte, aber dennoch funktionierende Partnerschaft sein.

Schütze und Wassermann: Dies ist eine der vielversprechendsten Verbindungen, da beide unternehmungslustig, zukunftsorientiert und den schönen Dingen des Lebens sehr zugetan sind. Im Schlafzimmer sind beide offen für Neues und beflügeln sich gegenseitig beim Liebesspiel. Diese Partnerkombination verspricht beste Aussichten für eine dauerhafte und wechselseitig befruchtende Beziehung.

Schütze und Fisch: Da beide Jupiternaturen sind, besteht eine grundsätzliche Sympathie und Anziehungskraft zwischen ihnen. Etwas Größeres, das eine Seelenverwandtschaft erahnen lässt, verbindet sie. Im Bett lieben sie sich mit viel Verführung und Fantasie, was für gewisse Zeit sicherlich einen großen Reiz auf den Schützen ausübt. Jedoch besteht die Gefahr, dass nach einiger Zeit des Träumens und der gemeinsamen Hingabe an Illusionen diese Verbindung an den schroffen Klippen des Alltags zerschellt.

Die Liebe im Zeichen des Steinbocks

Wer leidenschaftliche Auftritte erwartet, wird bei diesem spröden, saturnischen Zeichen enttäuscht werden. Die Liebe des Erdzeichens entwickelt sich zögerlich, ist dafür aber beständig! Der Steinbock ist kein vorpreschendes Zeichen, sondern eher ein Spätzünder, der erobert, umworben und verführt werden möchte. Wilde Exzesse und One-Night-Stands sind ihm grundsätzlich eher zuwider. Er sucht die Solidität und plant für die Zukunft. Jedoch kann der Steinbock recht schnell zur Sache kommen, wenn keine Liebe im Spiel ist. Dann zeigt er seine abenteuerliche Seite, die keine langen Vorspiele oder Romantik braucht, sondern auf lustvollen Sex ausgerichtet ist. Die erogenen Zonen des Steinbocks bilden seine Haut und die zarten, dünnen Stellen, an denen schon die kleinste Berührung mit der Zunge ein Feuerwerk der Leidenschaft auslösen kann.

Die Steinbock-Frau

Die Steinbock-Frau ist eine Individualistin, die in der Liebe das Besondere liebt. Wie kein anderes Zeichen ist sie sehr gut in der Lage, zwischen Liebe und Sex zu unterscheiden. Möchte man diese Frau für sich gewinnen, muss sie erobert werden. Die Liebe ist ihr sehr ernst und muss tief gehen, da sie auf oberflächliches Geplänkel keinerlei Wert legt. Ist ihr Herz jedoch einmal gewonnen, erweist sie sich als treu, unglaublich loyal und zuverlässig. Eine Partnerin, die in jeder Lebenssituation eisern zu ihrem Partner steht.

Der Steinbock-Mann

Wer einen Partner sucht, der die Rolle des Versorgers und des Oberhaupts der Familie ernst nimmt und absolut hinter der Familie steht, ist beim Stein-

bock gut aufgehoben. Dieser Vertreter des Saturns ist anfangs beinahe unzugänglich und reserviert, was ohne Zweifel so manche Partnerin schnell wieder in die Flucht schlagen kann. Auch seine Neigung zu Sadomasospielchen kann kleine schwache Rehlein verschrecken. Wird diese schützende Festung überwunden und lernt man ihn näher kennen, zeigen sich die positiven Eigenschaften und Stärken. Dann offenbart er sich als treuer, unterhaltsamer und lustvoller Partner, der tiefe und starke Gefühle in sich trägt, die sich selbst in schweren Beziehungsstürmen immer wieder bewähren.

Wo ich den Steinbock treffe

Da der Steinbock ein Erdzeichen ist und die Natur liebt, hält er sich natürlich mit Vorliebe draußen auf. Kaum verwunderlich, dass man den Steinbock beim Bergwandern, bei der Gartenarbeit, in öffentlichen Ämtern, als Vollzugsbeamten oder in der Landwirtschaft antrifft. Dieses Zeichen ist kein Freund von großen Veranstaltungen oder Clubbings, da das Verlangen nach Trubel und Selbstdarstellung bei ihm nicht vorrangig ist. Das ernsthafte Gespräch ohne Oberflächlichkeit und Fassade liegt ihm näher. Verabreden Sie sich idealerweise an einem Samstag, dem Tag des Saturns, wenn Sie einen Sturmangriff auf die Beziehungsfestung des Steinbocks planen.

Wie ich den Steinbock wieder loswerde

Einige nützliche Tipps zum schnellen Check-out eines Steinbocks: Seien Sie oberflächlich und sprunghaft in Ihren Aussagen, verweigern Sie ihm Liebe und Gefühlsbekundungen. Vernachlässigen Sie den Haushalt und kochen Sie nur mehr aus Tüte und Dose. Schimpfen Sie bei jeder Kleinigkeit über seine Familie. Lästern Sie über seine Schwerfälligkeit und bezeichnen Sie ihn als Langeweiler, besonders im Bett. Flirten Sie intensiv und ungeniert vor seinen Augen mit anderen Personen. Der Steinbock ist zwar treu und loyal, aber mit diesen Strategien erreichen Sie mit Sicherheit, dass er rasch davonspringt.

Der Steinbock und seine Partner

Steinbock und Widder: Auf den erdigen Steinbock übt das feurige Temperament des Widders eine starke Anziehungskraft aus. Für eine heiße Liebesaffäre gebe ich beste Chancen, aber auf lange Sicht bringt der stürmische Widder das so schön geplante Leben des Steinbocks zu sehr durcheinander.

Dann krachen die beiden Hornträger heftig aneinander, dass förmlich die Fetzen fliegen. Zum Schluss gehen sie lädiert getrennte Wege.

Steinbock und Stier: Sofort finden die beiden Anknüpfungspunkte miteinander, wie ihr Sicherheitsbedürfnis und die materielle Einstellung. Der Fleiß und Ehrgeiz des Steinbocks ergänzen sich wunderbar mit der Entschlossenheit des Stiers. Im Bett findet der sexuell ausdauernde Steinbock die Wollust und Sinnlichkeit, die er sucht und braucht. Gemeinsam können diese zwei Sternzeichen viel erreichen, vor allem eine finanziell abgesicherte Zukunft.

Steinbock und Zwilling: In dieser Verbindung kommt der Realitätssinn des Steinbocks in Kontakt mit der Leichtigkeit des Zwillings. Allerdings stehen diese Beziehungen auf wackeligen Beinen, da der luftige Merkurjünger dem bodenständigen Steinbock zu oberflächlich und unbeständig ist. Kommt der Steinbock im Schlafzimmer gerade erst auf Touren, ist der Zwilling schon längst wieder zu einer anderen Blume weitergeflattert.

Steinbock und Krebs: Realist trifft auf Romantiker. Obwohl es so schön beginnt, finden sie auf lange Sicht nicht immer das, was sie sich anfangs vom Partner versprochen haben. Die Basis dieser Zeichen ist die Aussicht auf ein trautes Heim. Auf erotischer Ebene hat der Steinbock zwar enorme Ausdauer, aber Gefühlsäußerungen liegen ihm nicht sonderlich. Zeigen sich beide kompromissbereit und beharren nicht auf ihren Positionen, kann sich eine stabile Verbindung aufbauen.

Steinbock und Löwe: Der Steinbock ist anfangs von der Strahlkraft und dem zur Schau gestellten Selbstbewusstsein des Löwen durchaus beeindruckt. Dass beim Löwen meist die Show im Vordergrund steht, durchschaut der rationale Steinbock jedoch recht schnell. Dafür geht's im Bett ordentlich zur Sache, und heiße Nächte sind garantiert. Alles in allem bleibt diese Beziehung eine eher unsichere Angelegenheit, die viel Entgegenkommen vom Steinbock verlangt.

Steinbock und Jungfrau: Treffen diese erdigen Naturen aufeinander, ist Liebe auf den ersten Blick wahrscheinlich nicht zu erwarten. Der Steinbock gibt die Richtung vor, die Jungfrau ordnet strukturiert, dann kann's auch

schon losgehen mit der Lebensplanung. Aufgrund der Geradlinigkeit und Zuverlässigkeit des Steinbocks verliert die Jungfrau ihre Scheu, auch ihre erotische Seite zu zeigen. Allzu viel Temperament wird zwar nicht geboten, dafür aber Beständigkeit und finanzielle Sicherheit.

Steinbock und Waage: Zu Beginn dieser Liaison fühlt sich der Steinbock durch die schöngeistige und ästhetische Waage wie in eine andere Welt entführt. Leider hält dieser Traum nicht lange an, sobald der Steinbock einmal mit der wankelmütigen und unentschlossenen Seite dieses Venuszeichens konfrontiert wird. Auch im Bett harmonieren sie nicht sonderlich miteinander. Eine Beziehung mit wenig Berührungspunkten und dementsprechend kühlen Zukunftsperspektiven.

Steinbock und Skorpion: Der herbe Steinbock wird von dem dunklen Feuer des Skorpions unwiderstehlich angezogen. Dies könnte eine vielversprechende Verbindung werden, wäre da nicht die Prinzipienreiterei, die bei beiden Naturen ausgeprägt ist. Im Schlafzimmer kommt garantiert jeder auf seine Kosten, denn sexuelle Neigung und Lust passen hervorragend zusammen. Eine heftige Affäre mit viel Leidenschaft und Erotik, die durchaus die Chance einer langfristigen Partnerschaft in sich trägt, wenn beide etwas an sich arbeiten.

Steinbock und Schütze: In der Anfangsphase ist der Steinbock von dem Idealismus und der Visionskraft des feurigen Schützen beeindruckt. Jedoch nach einer kurzen und heftigen Eroberung verlieren beide das Interesse aneinander. Die Verschiedenheit ist doch zu groß – dem Steinbock sind die Fantasien des Schützen zu unausgegoren. Auch die anfängliche Begeisterung im Bett legt sich rasch, schließlich traben beide in verschiedene Richtungen davon.

Steinbock und Steinbock: Wer außer einem Steinbock kann einen Steinbock wirklich verstehen? Diese Erdzeichen suchen sich erstaunlich oft ihr eigenes Zeichen als Lebenspartner aus. Der Erfolg gibt ihnen recht, da diese Verbindung eine zwar nicht sonderlich innovative und aufregende, aber dafür äußerst beständige ist. Die beiden verstehen sich im Alltag und auch im Bett ausgezeichnet. Beste Chancen für ein gemeinsames Leben.

Steinbock und Wassermann: Trotz ihrer Unterschiedlichkeit ergänzen sich diese beiden Sternzeichen ganz gut: Der Steinbock bringt das ordnende Prinzip in die mit Zukunftsplänen gespickte, schillernde Welt des Wassermanns. Im Schlafzimmer wird experimentiert und auch so manche ungewöhnliche Richtung eingeschlagen. Ihre Gefühle offen zu zeigen vermögen beide trotzdem nicht, deshalb begegnen sie sich mit Vorzug auf der intellektuellen Ebene. Auf Dauer finden sich diese Sternzeichen aber auf der freundschaftlichen Ebene wieder. Und das ist gut so.

Steinbock und Fisch: Der Steinbock übernimmt gerne Aufgaben und Pflichten, somit sieht er keine Probleme in der Träumerei und dem emotionalen Chaos des Wasserbewohners, das er ordnend und mit pragmatischer Hand wieder in den Griff bekommt. Die verführerische Erotik des Fisches lässt auch den bockigsten und steifsten Steinbock in deren Händen zu einem schmusigen Böckchen werden. Eine Verbindung, die wunderbare Zukunftsaussichten in sich birgt.

Die Liebe im Zeichen des Wassermanns

»Liebe lieber ungewöhnlich!« scheint die Maxime des Wassermanns zu sein. Konventionen oder verstaubte Regeln, an die man sich halten muss, kann dieses Zeichen partout nicht ausstehen. Der Wassermann, der von zwei Planeten beherrscht wird, Saturn und Uranus, ist ein Wesen, das Luft und Erde in sich vereint.

Die Gefühle des Wassermanns spielen sich mehr im Kopf als im Herzen ab. Große Emotionen darf man bei ihm nicht erwarten. Zumeist betont er mehr die freundschaftliche als die leidenschaftliche Ebene. Dieses Zeichen bevorzugt meist die erotische Freundschaft, deshalb flirtet er auch für sein Leben gerne. Sexualität spielt sich bei ihm mehr im Geist ab, dadurch ist er in der Lage, selbst ohne Partner auf seine Kosten zu kommen. Autoerotik ist für ihn ganz selbstverständlich und das Experimentieren eine Leidenschaft von ihm. Dieser exzentrische Geselle ist deshalb meist auch keinen ungewöhnlichen sexuellen Spielarten abgeneigt.

Die erogenen Zonen des Wassermanns sind die Unterschenkel, die Beine und der Rücken.

Die Wassermann-Frau

Unkonventionell ist diese uranisch geprägte Dame auf jeden Fall. Kommen Sie ihr nicht mit irgendwelchen verstaubten Vorschriften oder Normen, denn sie liebt das Ungewöhnliche und Besondere. Was sie auf den Tod nicht ausstehen kann, ist, zum reinen Sexobjekt degradiert zu werden. Die Wassermann-Frau braucht Zeit, damit sie ihrer Fantasie freien Lauf lassen kann. Starkes sexuelles Begehren brennt zwar nicht in ihr, dafür aber ist sie experimentierfreudig, idealistisch und voller neuer Ideen. Ein inneres Bild treibt sie auf die Suche nach dem ersehnten Beziehungsideal, und dieses Ideal ist es, was sie zu erreichen sucht.

Der Wassermann-Mann

Sie sind die wahren Idealisten, die ihre Freiheit, ihre eigenen Vorstellungen vom Leben und der Liebe leben. Leider sehen das viele Beziehungspartner nicht genauso, deshalb ist eine große Toleranz gegenüber diesem Tierkreiszeichen wichtig. Romantik und Hingabe sind dem Wassermann fremd, oder zumindest hat er seine Probleme damit. Er ist mehr Freund als Geliebter. Dafür darf man von ihm Ehrlichkeit und offene Worte erwarten. Er flirtet für sein Leben gern, verliebt sich dabei aber selten. Lieber lebt er seine erotischen Neigungen in der Fantasie aus. Man sagt ja nicht umsonst, die besten Abenteuer spielen sich im Kopf ab!

Wo ich den Wassermann treffe

Eine der Haupteigenschaften von Wassermännern ist ihre Spontaneität, deshalb trifft man sie am besten unterwegs. Zumeist pflegen sie einen großen Freundeskreis, mit dem sie gern auf Achse sind. Häufig begegnet man ihnen auf Flugplätzen oder Orten, an denen Technik eine Rolle spielt. Der Wassermann hat oft eine soziale Ader, die er gerne für seine Mitmenschen einsetzt. Auch für das politische Geschehen zeigt er ein auffallendes Interesse. Deshalb wird man den Wassermann öfter bei Hilfsprojekten und auf politischen Veranstaltungen antreffen. Auch auf Vernissagen mit experimenteller neuer Kunst könnten Sie »fündig« werden. Suchen Sie das neueste und exotischste Lokal der Stadt aus, wenn Sie Ihren Wassermann beeindrucken wollen, oder besuchen Sie gemeinsam intellektuelle öffentliche Diskussionsrunden. Das erste Date mit einem Wassermann sollten Sie nach Möglichkeit auf einen Samstag, den Tag des Saturn, legen.

Wie ich den Wassermann wieder loswerde

Am schnellsten funktioniert es, wenn Sie ihm nachspionieren, ihm ständig etwas vorwerfen oder ihm Vorschriften machen. Engen Sie ihn ein und führen Sie bei jeder Kleinigkeit eine tränenreiche Szene auf. Hocken Sie mit Ihrem Wassermann möglichst oft zu Hause und langweilen Sie ihn mit eintönigen Hobbys, wie z. B. Stricken oder Fernsehserien. Nerven Sie ihn mit Banalitäten und ignorieren Sie permanent seine gut gemeinten Ratschläge. Funktioniert das alles nicht, packen Sie Ihre Siebensachen und gehen Sie einfach. Der Wassermann wird Sie nicht aufhalten.

Der Wassermann und seine Partner

Wassermann und Widder: Eine vielversprechende Verbindung, da die Experimentierfreude und der Idealismus des Wassermanns auf die Impuls- und Tatkraft des Widders trifft. Auch auf der sexuellen Ebene harmonieren die beiden vortrefflich: Ungewöhnliche Ideen treffen auf feurige Leidenschaft. Fazit: Beide bekommen, was sie sich vorstellen. Beste Zukunftsaussichten für eine temperamentvolle Partnerschaft.

Wassermann und Stier: Freiheitsdrang und chaotische Unabhängigkeit begegnen in dieser Verbindung erdiger Schwere. Sexuell fasziniert die Sinnlichkeit des Stiers anfangs den Wassermann, aber die bequeme und bodenständige Art des Erdmenschen wirkt nach einiger Zeit auf ihn mehr lähmend als inspirierend. In der Praxis halten diese Beziehungen meist nur für eine sexuelle Affäre, dann trennen sich die Wege.

Wassermann und Zwilling: Hier treffen zwei Luftikusse aufeinander, es sprüht geradezu vor Kreativität und neuen Ideen, allerdings verliert die Verbindung schnell an Bodenhaftung. Das meiste spielt sich hier im Kopf ab, in der Realität bleibt dabei nicht selten beispielsweise der körperliche Sex auf der Strecke. Sie schweben zusammen hoch oben in den Wolken, doch ein Lufthauch treibt sie leicht wieder auseinander.

Wassermann und Krebs: Die Gefühlstiefe des Krebses beeindruckt den luftigen Wassermann, der nur schwer Zugang zu seinen eigenen Emotionen hat. In dieser Verbindung schafft es der kühle Wassermann, seine gefühlvolle Seite mehr auszudrücken. Wenn der Krebs nicht ständig beleidigt und

schmollend reagiert, kann auf jeden Fall eine langfristige harmonische Beziehung entstehen.

Wassermann und Löwe: Obwohl eine gewisse Anziehungskraft dieser Zeichen vorhanden ist, finden sich in der Praxis wenig Paare, bei denen langfristige Beziehungen tatsächlich funktionieren. Was für den Wassermann ein Spiel ist, kann für den Löwen schnell bitterer Ernst werden. Auch im Schlafzimmer ist dem experimentellen Wassermann der den körperbetonten direkten Sex liebende Löwe suspekt. Zwei Welten prallen aufeinander – und wieder auseinander.

Wassermann und Jungfrau: Da beide Zeichen nicht die erotischen Vulkane sind, sondern mehr auf einer intellektuellen Ebene verkehren, kann dies eine recht interessante Beziehung werden. Im Bett hingegen fehlt das Feuer. Beide suchen Anreize von außen, die der Partner nicht bieten kann. Trotzdem kann sich eine langfristige Bindung entwickeln.

Wassermann und Waage: Der gute Geschmack der Waage und ihre charmante Art gefallen dem exzentrischen Wassermann. Diese luftigen Zeichen bilden mit Sicherheit ein extravagantes und schillerndes Paar, das häufig auf kulturellen Veranstaltungen anzutreffen ist. Im Bett steht das Experiment mehr im Vordergrund als die körperliche Leidenschaft.

Wassermann und Skorpion: Eine Verbindung voller Extreme, da der Wassermann die Erotik nicht in den Vordergrund stellt. Anders der Skorpion, der ein leidenschaftliches Zeichen ist. Sexuell lieben beide Abenteuer und Experimente. Eine Zeit lang kann das gut gehen, jedoch kann dem Wassermann der leidenschaftliche Charakter des Skorpions schnell unheimlich und zu besitzergreifend werden.

Wassermann und Schütze: Diese Verbindung ist eine der erfolgversprechendsten, da hier zwei sehr offene und bewegliche Charaktere aufeinandertreffen. Mit Sicherheit werden die beiden viele Gemeinsamkeiten, auch in der Erotik, entdecken. Der Wassermann liebt Ungewöhnliches, auch in der Sexualität – und der Schütze ist immer dabei. Beste Chancen, gemeinsam alt zu werden.

Wassermann und Steinbock: Geduld ist in dieser Beziehung angebracht, da der Wassermann Grenzen sprengen will, der Steinbock sie hingegen strikt einhält. Finden diese gegensätzlichen Zeichen eine gemeinsame intellektuelle Basis und gewähren sich genügend Freiraum, kann daraus aber durchaus eine gut funktionierende Freundschaft entstehen. Im Schlafzimmer bleibt es eher kühl, denn im Gefühlsbereich zeigen sich beide Sternzeichen zurückhaltend. Hier prallt der Reaktionär auf den Revolutionär, das geht in der Regel nicht lange gut.

Wassermann und Wassermann: Die Beständigkeit liegt in der Unverbindlichkeit. Diese Verbindung besitzt eine stark freundschaftliche Note, bei der leidenschaftliche Gefühlsbekundungen nicht an oberster Stelle stehen. Die Erfolgsaussicht für eine dauerhafte Partnerschaft auf einer kameradschaftlichen Ebene ist durchaus gegeben.

Wassermann und Fisch: Hier finden sich zwei Zeichen, die sich mehr mit der Zukunft und dem nicht Alltäglichen beschäftigen. Was die beiden verbindet, ist ein ähnliches Denken und Fühlen. Sie sind für Neues stets offen, auch im Bett. Holt der Alltag sie ein, kann der Traum von dieser idealistisch geprägten Verbindung leicht zerplatzen.

Die Liebe im Zeichen des Fisches

Der Fisch strebt nach der absoluten Verschmelzung mit seiner Dualseele. Auf der einen Seite liebt und braucht er die Sicherheit eines Heims, andererseits könnte doch die Dualseele gerade vor der Nase vorbeischweben. Deswegen ist es für den Fisch schwer, sich verbindlich in eine Beziehung einzubringen. Der Fische-Geborene gehört zu dem Menschenschlag, der zwar scheinbar beziehungswillig, jedoch niemals richtig greifbar ist. Will man ihn fangen, schwupps, schon schlüpft er durch die Finger. Am besten ist es, sich von ihm in seine Welt der Fantasie, der Träume und Sehnsüchte entführen zu lassen. Hier ist er zu Hause und kann seinen Partner zu höchsten geistigen und auch körperlichen Erotismen führen. Die erogenen Zonen dieses Sternzeichens sind die Füße. Streicheln und massieren Sie diese, Ihr Fisch wird zu Wachs in Ihren Händen. Verzaubern Sie Ihren Fisch in einem romantischen Restaurant

und sprechen Sie über Ihre Träume und Sehnsüchte. Sie werden staunen, wie schnell der Fisch anbeißt.

Die Fische-Frau

Um diese mystischen Wesen schwebt eine Aura der Unendlichkeit. Sehen Sie in die Augen einer Fische-Frau, dann scheinen Sie darin zu versinken. Sie liebt es, zu verführen und mit ihrer oft lasziven Art Männer zu verwirren. Sie ist sich ihrer körperlichen Anziehungskraft sehr bewusst und setzt diese gekonnt ein, um ihr Ziel zu erreichen. Durch ihre mediale Begabung kann sie erahnen, was ihr Gegenüber wünscht oder ersehnt, und entsprechend tritt sie auf und handelt danach. Sie taucht mit ihrem Partner in eine andere Welt ein, in der spiritueller, magischer Sex praktiziert wird. Sie umgarnt ihren Partner gern mit Worten, stachelt ihn mit heißem Liebesgeflüster an, um neue Dimensionen der Lust zu erreichen.

Der Fische-Mann

Er ist der geborene Verführer, bei dem die Partnerin bereits bei einem ausgiebigen Vorspiel auf ihre Kosten kommen kann. Die männliche Spezies dieses Zeichens scheint nachgiebig und leicht lenkbar zu sein. Doch manchmal kann aus dem einfühlsamen, sanften Geliebten plötzlich ein Macho werden, der durch emotionalen Druck die Partnerin zu dominieren versucht. Dabei nimmt er die sexuellen Zügel schon gerne in die Hand und treibt seine Partnerin so von einem Höhepunkt zum nächsten.

Wo ich den Fisch treffe

Den Fisch, der oftmals eine Neigung zum Helfen in sich verspürt, ist häufig in therapeutischen Praxen, im Krankenhaus als Arzt oder Pfleger anzutreffen. Da das Wasser das Element dieses Sternzeichens ist, liebt er den Aufenthalt am Meer oder in Thermalbädern. Sie finden Fische-Geborene auch in spirituellen Zirkeln, da sie eine starke Neigung zu allem Mystischen oder Esoterischen haben. Seine Veranlagung und Bereitschaft, sich in verschiedene Rollen zu versetzen, verschlägt den Fisch auch häufig in die Medienbranche oder auf die Bühne, wo er glänzende Erfolge verzeichnen kann. Gehen Sie ins Theater oder in die Oper, Sie werden unter Garantie einige Fische-Menschen in der Aufführung bewundern können. Verabreden Sie sich an einem Donnerstag, dem Tag des Jupiters, um Ihren Sphärenbummler zu erobern.

Wie ich den Fisch wieder loswerde

Konfrontieren Sie Ihren Fisch nur mehr mit der harten Realität und stellen Sie seine Träumereien als dumm und kindisch hin. Pflegen Sie einen groben Umgangston und stoßen Sie die Liebesannäherungen rüde zurück. Zeigen Sie sich herrschsüchtig und kritisieren Sie permanent an ihm herum. Verurteilen Sie seine Neigung zum Helfen als Schwäche und missachten Sie die kleinen Aufmerksamkeiten. Halsen Sie ihm sämtliche unangenehmen alltäglichen Pflichten auf. Mit diesen Tipps wird der Fisch bald ein Loch im Beziehungsnetz finden, durch das er schleunigst auf Nimmerwiedersehen entschlüpfen kann.

Der Fisch und seine Partner

Fisch und Widder: Anfangs scheinen die beiden das absolute Glück gefunden zu haben. Zumindest auf der sexuellen Ebene dürfte es recht gut klappen. Auf die Dauer jedoch ist der impulsive Widder zu grob und direkt für den sensiblen Fisch. Eine heiße, stürmische Affäre kann diese Begegnung auf jeden Fall werden, langfristig vermisst der Fisch aber Beständigkeit und Sicherheit.

Fisch und Stier: Der Fisch schätzt die materielle Sicherheit und den Halt, die der Stier zu geben vermag. Umgekehrt weicht der Fisch die harte Kruste des Stiers auf und öffnet diesen für seine emotionale Seite. Eine recht stabile Beziehung, in der auch im Schlafzimmer sexuelle Harmonie herrscht. Von einer erotisch-sinnlichen Beziehung gleiten die beiden gerne in eine dauerhafte Ehe.

Fisch und Zwilling: Mit dem luftigen und quirligen, stets zum Flirten geneigten Zwilling kann der Fisch auf längere Sicht wenig anfangen. Mag es auch kurzzeitig interessant erscheinen und dem Fisch auf gewisse Zeit eine andere Welt offenbaren, zukunftsträchtig ist diese Verbindung nicht unbedingt. Der spirituell veranlagte Fisch kann mit der Oberflächlichkeit und ständigen Rastlosigkeit des Zwillings nicht leben, ohne dabei auf der Strecke zu bleiben.

Fisch und Krebs: Diese beiden Zeichen harmonieren auf der freundschaftlichen Ebene ausgesprochen gut. Sexuell verlieren sie sich in einem Meer der

Leidenschaft und Träume, das für Fisch und Krebs die absolute fleischliche Erfüllung bringen kann. Der ernüchternde Alltag wird sich für diese Wasserbewohner deutlich schwieriger gestalten, da sie unter Gefühlsschwankungen leiden und sich dann gegenseitig runterziehen. Wer soll wen stützen in harten Zeiten?, lautet die Frage.

Fisch und Löwe: Zwischen diesen beiden Sternzeichen herrscht oftmals zu Beginn einer Partnerschaft eine knisternde sexuelle Anziehungskraft. Ist diese jedoch verflogen, haben sich die beiden nicht mehr allzu viel zu sagen oder zu geben. Während der Löwe herrschen und bewundert werden will, verweigert der Fisch die Anbetung, denn er strebt nach geistig Höherem. Der Löwe brüllt, der Fisch ist weg.

Fisch und Jungfrau: Der Fisch findet die klare und analytische Jungfrau anfangs äußerst anregend und interessant. Die Launenhaftigkeit und verwirrende Extravaganz des Fisches lässt die Jungfrau allerdings zurückschrecken. Die schulmeisternde und kritisierende Art dieses erdigen Sternzeichens frustriert auf die Dauer wiederum den Fisch, der ohnehin mit einem schwachen Selbstwertgefühl zu kämpfen hat. Selbst im Schlafzimmer will das Feuer der Leidenschaft nicht so recht aufflammen. Eine schwierige Verbindung auf lange Sicht.

Fisch und Waage: In der schicken Waage findet der feinsinnige Fisch eine interessante Ergänzung. Auf der erotischen Ebene könnten die beiden viel Spaß miteinander haben, aber meist spielt sich das mehr im Kopf als auf der körperlichen Ebene ab. Damit die Partnerschaft auch im Alltag Bestand hat, müssen sich die zwei Naturen ziemlich am Riemen reißen und darauf achten, sich im Gleichgewicht zu halten.

Fisch und Skorpion: Diese Wasserzeichen harmonieren gut miteinander, da der Fisch sich leiten lässt und der Skorpion gerne Entscheidungen trifft und dadurch die Führung übernimmt. Auf der sexuellen Ebene tauchen die beiden in ein Meer der Ekstase und Leidenschaft. Der Fisch kann sich auf den komplizierten Skorpion einstellen und ihm entsprechende Gefühlsbekundungen entgegenbringen, damit sich dieser auch wirklich geliebt fühlt. Eine hoch emotionale, aber vielversprechende Verbindung.

Fisch und Schütze: Der mediale Fisch fühlt sich von der feurigen Energie des visionären Schützen fast hypnotisch angezogen. So entschweben sie in höhere Sphären und leben in einer besseren Welt. Die Experimentierfreudigkeit des Schützen und seine Weltoffenheit faszinieren andererseits den Fisch, und so können sich die zwei auf wunderbare Weise ergänzen. Für dauerhafte Beziehungen müssen aber beide Zeichen große Kompromisse eingehen.

Fisch und Steinbock: Auf der Suche nach dem Sinn des Lebens ist die Stabilität und Gradlinigkeit des Steinbocks genau das, was der Fisch in seinem Leben braucht. Selbst im Bett bestimmt der Steinbock, wo es langgeht, aber beide profitieren davon. Auch wenn es manchmal hart wird für den verträumten Fisch, der realistische Steinbock ist in jeder Beziehung eine ideale Ergänzung für ihn.

Fisch und Wassermann: Hier finden sich zwei Idealisten und Träumer. Sexuell verstehen sich die beiden prächtig, und so experimentieren sie, um ihre Lust noch zu steigern. Der Wassermann ist für diesen Romantiker allerdings langfristig zu kühl, zeigt zu wenig Sensibilität, und das macht dem Fisch zu schaffen. Kameradschaft ist dem Fisch zu wenig, deshalb entwickelt sich diese Verbindung langsam zu einer erotischen Freundschaft, die jedoch an den Anforderungen des Alltags leicht zerbrechen kann.

Fisch und Fisch: Gleich und Gleich gesellt sich gern, sagt man zwar, aber in diesem Fall sind sich die beiden doch zu ähnlich. Hier bleibt unklar, wer die Führung im Alltag übernehmen soll. Und so treiben sie dahin in einem Meer der Träume und Fantasien. Eine Zeit lang geht das zwar gut, aber allmählich driften die beiden auseinander und suchen anderswo die starke Schulter, die sie brauchen.

Der magische Einfluss des Mondes

Zunächst sei kurz erklärt, warum der Mond als »Stimmungsmacher« gilt. Während seines rund 29 Tage dauernden Laufs durch den Tierkreis reflektiert der Mond die Energie des jeweiligen Sternzeichens, was die »Tagesstimmung« auf der Erde beeinflusst. Wie ein Stempel prägt der Mond dadurch das Seelenkraftfeld jedes Menschen und wird als bedrückende oder heiterbeschwingte Tagesenergie wahrgenommen.

Der Mond als ritueller Verstärker

Das gezielte Einsetzen von Mondenergien für magische Vorhaben wirkt wie ein ritueller Beschleuniger: Die Wirkung eines magischen Akts wird dadurch um ein Vielfaches verstärkt! So wird sich beispielsweise ein Energieritual bei Widder-Mond durch neue Power und einen deutlichen Energieschub bemerkbar machen. Dagegen wäre eine Fische-Mondphase ungünstig für ein Ritual zur Stärkung des Selbstbewusstseins. Betrachten Sie es als ein Gesetz: Selbst das beste, perfekt durchgeführte Ritual wird ins Leere laufen, wenn es zum falschen Zeitpunkt zelebriert wird. Das bewusste und gezielte Umgehen mit den Kräften des Kosmos ist also Grundvoraussetzung, damit ein Ritual Erfolge zeitigt!

Die magische Qualität der zwölf Mondpositionen in den Tierkreiszeichen

Der Mond im Widder

Die aktiv-vibrierende Energie des feurigen Widder-Mondes ist körperlich spürbar. Neue Begeisterungskraft liegt in der Luft, aufgeschobene Arbeiten können mit neuer Energie aufgenommen werden. Trägheit und Unentschlossenheit wandeln sich in Elan und Tatkraft! Dieser Powermond dient ideal für Zeremonien, die sich um das Thema Neuanfang und Initiativkraft drehen: angefangen beim Knüpfen neuer Liebesbeziehungen über eine berufliche Neuorientierung bis zum beherzten Anpacken neuer Lebensziele. Diese energiegeladene Mondphase sollte genutzt werden, um aktiv erste Schritte zu unternehmen, die in die gewünschte Richtung führen. Menschen, die unter Durchsetzungsschwäche und Ängsten leiden, gelingt es jetzt am leichtesten, ihr Ego zu stärken und Vertrauen in die eigene Stärke aufzubauen.

Mondfalle: Nur nicht am Ziel vorbeischießen! Ein Zuviel an Impulskraft und Tatendrang kann zu vorschnellen Entscheidungen und Affekthandlungen führen. Der ungestüme Widder-Mond verleitet zu Ungeduld. Dies führt wiederum zur Hudelei, was letztendlich den Ritualerfolg vereiteln kann.

Ritualfalle: Ungeduld

Der Mond im Stier

Diese Mondphase ist geprägt von venusischer Sinnlichkeit und Genussfreude. Die erdige Mondqualität fordert auf, sich um die leiblichen Freuden zu kümmern. So ist ein vermehrter Wunsch nach körperlicher Nähe und sinnlichen Genüssen zu spüren. Körper, Geist und Seele wollen gestreichelt, verwöhnt und gepflegt werden. Vom Stier-Mond beherrschte Tage sind von sinnlich-erdigen Leidenschaften erfüllt, wie der Sehnsucht nach Sexualität, der Lust auf Schlemmerei oder dem Wunsch nach Besitz, Luxus und schönen Dingen. Ganz klar: Diese Mondstellung unterstützt Ihre Wünsche und Ziele, da ihr eine starke Verwirklichungs- und Manifestationskraft innewohnt!

Wenn der Mond im Stier steht, sollten Wunscherfüllungsrituale zelebriert werden, die sich um die Themen Geld, Absicherung, Sinnlichkeit sowie Steigerung des Selbstwerts drehen. Außerdem ist dies eine optimale Zeit, um die eigenen, noch verborgenen (künstlerischen) Talente und Fähigkeiten zu erkennen.

Mondfalle: Mal abwarten! Die Problematik des genussfreudigen Stier-Mondes besteht in Faulheit und Trägheit, was magische Handlungen verzögern oder hemmen kann. Auch ein zu starres Festhalten an Wünschen und Vorhaben kann die Wirkung beinahe bis zur Stagnation bremsen.

Ritualfalle: Erwartungsfixiertheit

Der Mond in den Zwillingen

Der kommunikative und bewegliche Zwillinge-Mond eignet sich hervorragend, um seinen Geist anzuregen, da die Luft förmlich mit guten Ideen geschwängert ist. Insofern fällt es sehr leicht, neue Gedanken und Vorstellungen maßgeblich weiterzuentwickeln oder an der eigenen Kreativität zu feilen. Bei Gruppenarbeit, Diskussionen oder Brainstormings erzielt man bei dieser merkurisch geprägten Mondphase ganz besonders gute Ergebnisse.

Der Zwillinge-Mond eignet sich vorzüglich für Rituale, die die Kreativität fördern und sich um die Themen Beruf, geschäftliche Vorhaben oder Verhandlungen, kurze Geschäftsreisen, Lernen, Weiterbildung oder Prüfungen drehen. Außerdem fördert der Zwillinge-Mond partnerschaftliche und familiäre Aussprachen und die damit verbundenen Klärungen und Versöhnungen.

Mondfalle: Dieser Luftmond verleitet zu Gedankenlosigkeit, Flatterhaftigkeit, Sprunghaftigkeit, Oberflächlichkeit, ja sogar zu Zerrissenheit. Schon getroffene Entscheidungen werden ständig wieder in Frage gestellt. Ebenso können Unkonzentriertheit und Selbstzweifel zu schaffen machen. Beides schwächt die magische Wirkung maßgeblich!

Ritualfalle: Zweifel

Der Mond im Krebs

Wandert der Mond durch das Zeichen seiner größten Strahlkraft, hat dies starken Einfluss auf die Psyche und öffnet verborgene Türen zu ureigenen magischen Kräften. Intuition und Traumleben werden gesteigert. Jetzt können Lösungen für anstehende Probleme intuitiv gefunden und erträumt werden. Mein Rat: Notieren Sie Ihre Träume und Gedanken besonders während dieser Mondphase!

Häusliche Angelegenheiten gewinnen an diesen Tagen an Wichtigkeit, auch ein gesteigertes Bedürfnis nach Zuneigung und Geborgenheit ist jetzt zu verspüren.

Dies ist der ideale Zeitpunkt für alle Arten von Wunscherfüllungsritualen, die mit dem eigenen Gefühlsbereich zu tun haben. Verspüren Sie etwa einen starken Kinderwunsch in sich, sollten Sie den Krebs-Mond dafür magisch nutzen. Aber auch alle musisch-kreativen Arbeiten fördert dieser emotionale Wassermond, wie beispielsweise das Musizieren, Malen oder die Poesie.

Mondfalle: Die launische Energie des Krebs-Mondes kann zu deutlichen Stimmungsschwankungen führen. Wehleidig- und Rührseligkeit stehen oftmals auf der Tagesordnung. Aufkeimendes Selbstmitleid und übertriebenes Dramatisieren einer Situation können sich zu vorübergehenden Seelenkrisen hochschaukeln, die den Ritualerfolg maßgeblich schwächen können.

Ritualfalle: Launenhaftigkeit

Der Mond im Löwen

Die schöpferische Qualität dieses feurigen, sonnenregierten Mondes setzt ein enormes kreatives Potenzial frei, das die Schritte auf dem Weg zur Selbstverwirklichung unterstützt. Beste Zeit, um »PR« in eigener Sache zu betreiben und um Ideen oder Projekte einem Publikum zu präsentieren. Und dazu gehört auch ein bisschen Show, die man in der Löwe-Mondphase wirkungsvoll inszenieren kann. Außerdem kann der Löwe-Mond dazu dienen, das Charisma zu steigern. Bekanntlich fördert dieser Feuermond ja Selbstdarstellungen jeglicher Art! Stellen Sie, wenn die kraftvolle Löwe-Energie vorherrscht, Ihr Licht nicht unter den Scheffel, sondern treten Sie erhobenen Hauptes in das Rampenlicht des Lebens. Sie werden noch selbstbewusster in Ihrem Auftreten, wenn Sie den Löwe-Mond gezielt für Rituale zur Steigerung des erotischen Charismas, der Lebenskraft und der Lebensfreude einsetzen. Lassen Sie die Sonne wieder in Ihr Herz!

Mondfalle: Der Löwe-Mond verleitet sehr leicht zu Selbstüberschätzung, Selbstherrlichkeit, Egomanie und Überheblichkeit, in manchen Fällen sogar bis hin zum Größenwahn. Darüber hinaus ist man während dieser Mondphase extrem empfänglich für Kritik und hat einen Hang zur Vermessenheit. Frei nach dem Motto: Ich bin der Größte, und die Göttlichkeit muss meine Forderung erfüllen, weil ich es so will! Tatsächlich?

Ritualfalle: Selbstüberschätzung

Der Mond in der Jungfrau

Vernunft und Kalkül sind die Themen des Jungfrau-Mondes. Kühle Ratio steht im Vordergrund. Nun heißt es Selbstkritik zu üben, zu prüfen und zu analysieren, auszusortieren, zu systematisieren und zu ordnen. Die ideale Zeit für Rituale zur Entscheidungsfindung! Sämtliche finanziellen Angelegenheiten und geplante Ausgaben werden nun einer gründlichen ökonomischen Prüfung unterzogen. Die Jungfrau-Mondphase begünstigt zudem sämtliche gesundheitlichen Thematiken, da eine starke Heilenergie in der Luft liegt. Eine optimale Mondstellung zum Beginnen einer Diät oder für

Entschlackungs- und Reinigungsprozesse. Aber nicht nur die körperliche Läuterung ist nun besonders wirkungsvoll, sondern auch das geistige Reinigen. Die klärende und vernünftige Jungfrau-Mondenergie erleichtert den Schritt, sich von Süchten oder anderen schlechten Angewohnheiten zu befreien.

Mondfalle: Der kritische Jungfrau-Mond bringt eine auffallende Neigung zu Überbesorgtheit, Kritiksucht und Kompliziertheit mit sich. Dies kann sich zu einer nörgelnden Pingeligkeit und einem zwanghaften Perfektionismus auswachsen. Außerdem verbohrt man sich leicht in Detailfragen und glaubt nur noch das, was man sieht und bewiesen werden kann. Aber der Glaube an die Wirkung der eigenen magischen Kräfte ist die Basis des Erfolgs!

Ritualfalle: Zwanghaftigkeit

Der Mond in der Waage

Die Energie dieses venusisch geprägten Mondes ist auf Harmonie, Schönheit und Ausgleich ausgerichtet. Themen wie Sinnlichkeit, alles Angenehme, Liebliche, Geschmackvolle und Künstlerisches stehen im Vordergrund. Der Waage-Mond erleichtert auch diplomatisches Vorgehen, etwa im Umgang mit schwierigen Mitmenschen im beruflichen wie auch privaten Bereich. Außerdem unterstützt er Rituale, die Gerichtsangelegenheiten, Anwaltsthemen und Vergleiche betreffen.

Versöhnungen bei Partnerzwistigkeiten oder familiären Streitereien fallen bei dieser Mondphase wesentlich leichter, aber auch wenn man mit sich selbst nicht im Reinen ist und nach innerer Balance strebt, hilft diese harmonisierende Energie, Differenzen auszugleichen. Nicht zuletzt ist diese Mondphase auch optimal dafür geeignet, sich von den Turbulenzen des Alltagsstresses zu erholen und zu regenerieren. Nutzen Sie diese ausgleichende Mondenergie für Wellness und Schönheitspflege oder um sich etwas Gutes zu tun, wie beispielsweise Kosmetik, Aromatherapie etc.

Mondfalle: Die große Gefahr des Waage-Mondes ist, dass er sehr bequem und nachlässig macht. Ebenso ist ein Hang zur Oberflächlichkeit und Unentschlossenheit zu verspüren, was der magischen Arbeit natürlich abträglich ist. Gleichgültigkeit durch mangelndes Durchhaltevermögen und der berühmtberüchtigte »Schlendrian« können den erwünschten Ritualerfolg sogar verhindern.

Ritualfalle: Unentschlossenheit

Der Mond im Skorpion

Der psychisch aktivierende Skorpion-Mond führt in unsere verborgenen see-lischen Tiefen, er fordert uns auf, in unsere emotionalen »Keller« hinabzu-steigen. Sicher erfordert es eine Menge an Mut, sich mit diesen Schwächen ganz bewusst zu konfrontieren. Seelische oder körperliche Begehrlichkeiten, Sehnsüchte und Leidenschaften steigen während dieser Mondphase mit Wucht in das Bewusstsein. Gerade in dieser sexuell sehr dichten Atmosphäre zeigen Rituale, die Leidenschaft(en) zum Thema haben, eine enorme Wir-kung. Für die Hexenarbeit hat der Skorpion-Mond eine besonders förderli-che Energie, da magische Kräfte wie Willensbündelung, Imagination, Rege-nerationsfähigkeit und Wunschenergie maßgeblich gefördert werden. Ebenso sind jetzt die Kontaktaufnahme mit Verstorbenen, beispielsweise mit Hilfe des Ouijabretts, sowie schwarzmagische Aktivitäten wie Verwünschungen begünstigt. Speziell während dieser Mondphase wird das Ahnungsvermögen verbessert; geheime Machenschaften oder Betrügereien können jetzt leichter durchschaut werden.

Mondfalle: Der Skorpion-Mond rührt an den verborgenen und unterdrück-ten Gefühlen. Schwelende innere Konflikte können sich an diesen Tagen krisenhaft bemerkbar machen. Heimlicher Groll, unterdrückte Wut und Arg-wohn können zu Überreaktionen bis hin zu unkontrollierten Impulshand-lungen führen. Eine zu hohe Erwartungshaltung verblendet, dadurch ist man nicht mehr objektiv, offen und flexibel für Änderungen im göttlichen Plan.

Ritualfalle: Kompromisslosigkeit

Der Mond im Schützen

Während der feurig-expansiven Schütze-Mondphase wird eine joviale und zuversichtliche Energie verströmt. An diesen Tagen wird an größeren Visio-nen, Zielen und Wünschen gefeilt. Eine ideale Zeit, um sich im Leben neu zu orientieren, neue Lebensziele zu definieren und Perspektiven zu schaffen sowie über den Tellerrand zu blicken. Der Glaube an die eigene Kraft der Möglichkeiten kann dazu motivieren, den entscheidenden Kick zur Wende in verfahrenen Lebenssituationen herbeizuführen. Da sie den Sinn für Gerech-tigkeit schärft, ist diese Mondphase auch für juristische Belange oder die Klä-rung von Rechtsfragen rituell gut zu nutzen. Die spirituell förderliche Schütze-Mondenergie begünstigt außerdem die Kontaktaufnahme mit der göttlichen Energie und schenkt Erkenntniskraft auf der Suche nach sich

selbst. Nicht zuletzt kann der Schütze-Mond genützt werden, um lang gehegte Reisewünsche zu realisieren.

Mondfalle: Der Pferdefuß des Schütze-Mondes besteht im Hang zur Annahme, ständig im Recht zu sein. Dazu gesellt sich eine innere Getriebenheit sowie die Überschätzung der eigenen Kräfte. Unmäßigkeit und Überheblichkeit können während des Zauberwirkens zur Falle werden.

Ritualfalle: Maßlosigkeit

Der Mond im Steinbock

Während der zweckorientierten Steinbock-Mondphase handelt man sehr ergebnisorientiert. Nun werden die nackten, nüchternen Tatsachen auf den Tisch gebracht. Man ist aufgefordert, sich mit dem Ist-Zustand des Lebens auseinanderzusetzen. Keine Ausflüchte, sondern klare Entscheidungen sind bei diesem Bilanzmond gefordert. Die richtige Zeit, um lange aufgeschobene Vorhaben und Thematiken endgültig zu klären und neue Lebenskonzepte zu entwickeln. Steht beispielsweise eine wohnliche Veränderung an, kann Sie der Steinbock-Mond dabei wesentlich unterstützen, das passende Zuhause zu finden.

Magisch gesehen fördert der von Saturn geprägte Mond auch sämtliche Rituale, die die eigene Karriere vorantreiben und die berufliche Position stabilisieren. Bei schwarzmagischen Angriffen oder Verfluchungen zeigen gezielte Bann- und Schutzrituale speziell bei Steinbock-Mond eine starke Wirkung. Die disziplinierte Mondenergie verleiht auch die notwendige Stärke, um von lästigen Angewohnheiten wie Rauchen, Trinken oder Naschen durch Trennungs- oder Loslassrituale endgültig loszukommen.

Mondfalle: Der Knackpunkt des Steinbock-Mondes ist die spürbar schwermütige Note, die ebenfalls massiv mitschwingt. So kann einen gefühlsbetonten Menschen diese kühle, distanzierte Energie richtiggehend »runterziehen«. Verdrängte Ängste können sich ins Bewusstsein drängen, die Blockaden aufbauen und damit den Erfolg der magischen Arbeit hemmen und deutlich verzögern können.

Ritualfalle: Versagensängste

Der Mond im Wassermann

Frischen Wind in alte Denk- oder Verhaltensmuster weht der luftige Wassermann-Mond. Nicht umsonst begünstigt diese hoch energetische Mondstellung auch die sogenannten »Aha-Erlebnisse« auf seelischer oder mentaler Ebene. Spontane Erkenntnisse und unerwartete Lösungen können nun endlich die schon längst überfälligen Neuerungen und Veränderungen in Gang setzen. Diese von Uranus geprägte Mondphase fördert zudem die Entwicklung der eigenen Kreativität, Originalität und unterstützt somit jede Form von geistiger Arbeit. Die Intuitionskraft wird gesteigert, und die damit verbundene Experimentierfreude eröffnet die Möglichkeit, neue Weltansichten zu erkennen und zu erfahren.

Magisch gesehen bringt der Wassermann-Mond die notwendige Kraft und Energie mit sich, um Neuanfänge zu starten oder außergewöhnliche Ideen in die Tat umzusetzen. Ebenso fördert diese Mondposition das Lösen von verkrusteten Strukturen oder lästigen Gewohnheiten. Besonders in zukunftsorientierten Bereichen kann an diesen Tagen die erhoffte Lösung gefunden werden.

Mondfalle: So viel Originalität diese Mondkraft auch mit sich bringt, so viel Chaos ist ihr auch zu eigen, und eine große Portion Unberechenbarkeit schwingt ebenfalls mit. Speziell während dieser Mondphase sollte man damit rechnen, dass Unvorhergesehenes plötzlich alles über den Haufen werfen und die rituelle Arbeit beeinträchtigen kann.

Ritualfalle: Chaos

Der Mond in den Fischen

Diese sensitive Mondenergie berührt die tiefsten Schichten unserer Seele. Der sechste Sinn wird geschärft, und so kann der Schleier zu verborgenen Welten für kurze Zeit gelüftet werden. Das Einfühlungsvermögen ist während dieser Mondphase sehr ausgeprägt. Daher eignen sich jetzt bestens Rituale, die das Hellsehen und -fühlen fördern und die der Steigerung von Imagination, Fantasie und Visionskraft dienen. Besonders die Vorstellungskraft wird angeregt, die die Wirkung meditativer Imagination und von Wunscherfüllungsritualen maßgeblich fördert. Kreative Menschen empfangen während dieser Mondphase vielleicht den Kuss der Muse.

Im Zauberwirken eignet sich diese Mondstellung hervorragend für Rituale, die eine Vernebelung, Verwirrung oder eine Auflösung zur Absicht haben. Möchte man vor einer lästigen Person seine Ruhe haben oder eine leidige Angelegenheit zum Abschluss bringen, ohne große Dramen oder Streitereien, so wähle man den Fische-Mond, um die Geschichte im Sande verlau-

fen zu lassen. Schließlich ist diese besonders spirituelle Mondenergie auch dazu geeignet, mit seinem Schutzengel oder der Geisterwelt anderer Sphären Kontakt aufzunehmen.

Mondfalle: Die Problematik des Fische-Mondes liegt in der Schwierigkeit, sich zu konzentrieren, ebenso kann verstärkte Müdigkeit zu schaffen machen. Die Tendenz, zerstreut seiner magischen Absicht zu folgen, kann zu Gleichgültigkeitsgefühlen führen, die den Effekt des Ritualerfolgs deutlich schwächen.

Ritualfalle: Zerstreutheit

Die vier Phasen des Mondes

Der Einfluss des Mondes auf die Erde ist unbestritten. Eindeutig festzustellen ist dies an den Gezeiten, aber sicherlich kennt jeder auch das Phänomen des Wetterwechsels zu Voll- und Neumond. Auf ähnlich prägnante Weise offenbart jede Mondphase ihre ganz eigene Atmosphäre, die sich auf das magische Handeln auswirkt. Wer diese Energie für ein Ritual entsprechend nutzen will, im Sinne eines »Wirkungskatalysators«, tut gut daran, die wichtigsten Regeln beim Zauberweben zu berücksichtigen.

In nahezu allen Kulturen der Erde wurde und wird bis in die heutige Zeit der Mond als die magische weibliche Kraft und Energie angebetet. Auch in der Hexentradition gilt seit jeher der Mond als das bedeutendste Symbol der Großen Göttin.

Die meisten der alten Kulte beteten mit den drei sichtbaren Phasen des Mondes die Große Göttin in ihren drei Erscheinungsformen an. Zunehmender Mond: die Jungfrau; Vollmond: die Mutter; abnehmender Mond: die Greisin. In der germanischen Edda werden die drei Nornen Urd (Vergangenheit), Ver-

Zunehmender Mond   *Vollmond*   *Abnehmender Mond*   *Neumond*

dandi (Gegenwart) und Skuld (Zukunft), die am Urd-Brunnen bei der Weltenesche Yggdrasil leben und den Lebensfaden des Menschen spinnen, mit den Mondphasen gleichgesetzt. Viele Priesterinnen der alten Kulte schmückten ihre Häupter während der Zeremonien mit Nachbildungen der drei Mondphasen.

Welche Bedeutung der Mond für unsere Vorfahren besaß, ist bis heute an den Namen von bestimmten Ländern, Städten oder Flüssen zu erkennen. Die »Isle of Man« beispielsweise wurde nach nordeuropäischer Vorstellung von Mana, der Mondgöttin, regiert. Maria, die von den Christen verehrt wird, nahm den Platz der keltisch-germanischen Diana oder Kore ein und verkörpert ebenfalls einen Aspekt der dreifachen Göttin.

Die vier Mondphasen und ihre magische Bedeutung

Der zunehmende Mond

Begleiten wir einmal den Mond bei seinem Lauf um die Erde. Wir starten unsere Reise, wenn er sich nach Neumond ostwärts bewegt und sich von der Sonne entfernt. Am Nachthimmel erscheint er zu diesem Zeitpunkt als hauchdünne, nach links geöffnete Sichel – der Beginn der zunehmenden Mondphase. Göttin Artemis beherrscht diesen ersten Zyklus und streift als junges Mädchen wild und ungebändigt durch die Wälder. Nun steigen die Säfte, und die gesamte Natur präsentiert sich aufnahmebereiter.

Diese Aufnahmebereitschaft ist optimal für sämtliche rituellen Handlungen, bei denen es um Wachstum, Ausdehnung, Vermehrung oder Zunahme geht. Eine ausgezeichnete Zeit, um Liebeszauber durchzuführen, uns mit Stärkungs- und Kraftritualen aufzubauen oder um Kinder-, Geld- und Gesundheitssegen zu bitten.

Die zunehmende Mondphase eignet sich auch hervorragend für Schutzrituale, da jetzt schnell und effektiv Schutz aufgebaut werden kann. Auch unser Körper spürt die aufnehmende Kraft des Erdtrabanten und speichert die Nahrung besser, d. h. allerdings auch, dass man leichter zunimmt. Geist und Seele sind während dieser Mondphase besonders offen für verstärkende

Energien, die genutzt werden sollten, um beispielsweise die eigenen positiven Eigenschaften zu stärken.

Der Vollmond

In dreizehn Tagen wandert der Mond fast um die halbe Erde, und nun erhellt die Sonne vollständig seine uns zugewandte Hälfte: Es ist Vollmond. Wir sind im Reich der Diana, Demeter und Freya – der Muttergöttinnen – angelangt. Der Vollmond ist die Mondphase mit der stärksten Wirkung auf Mensch und Natur. Jetzt herrscht eine äußerst konzentrierte, aber auch sehr spannungsgeladene Energie. Deshalb sollte dieser Tag in der magischen Arbeit für Rituale genutzt werden, die eine besondere Intensität erfordern. So ist er ideal für sämtliche Wunscherfüllungsrituale, Anrufungs- und Dankesrituale an die Göttin, außerdem für Rituale zur Förderung der Spiritualität und Hellsicht sowie für Fruchtbarkeitsrituale bei Kinderwunsch. Nicht zuletzt stellt die Vollmondnacht einen denkbar günstigen Zeitpunkt dar, um ein Ritual abzuschließen, das einige Tage vor Vollmond begonnen wurde. Zusätzlich bietet sich die Kraft des Vollmondes an, Steine, Amulette, Sigillen, Wurzeln und andere Talismane oder sich selbst mit Energie aufzuladen. Aus der Pflanzenkunde weiß man, dass bei Vollmond geerntete und eingelagerte Kräuter nicht so lange halten.

Der abnehmende Mond

Und weiter wandern wir mit dem Mond auf seinem rechtsläufigen Kreis um die Erde. Die pralle silberne Mondscheibe wandelt sich nun zu einer Sichel, die einen Bogen nach links beschreibt.

Das ist die beste Zeit, um Zauber zu praktizieren, in denen es um Loslassen, Bannen von negativen Energien und allgemein um Vermindern und Abnehmen geht. Alle Themen, die für uns an Macht und Einfluss verlieren sollen, können nun im Ritual bearbeitet werden. Beispielsweise sollten Blockaden, störende Charaktereigenschaften oder Ärger, Sorgen sowie Krankheiten grundsätzlich bei abnehmendem Mond magisch bekämpft werden. Geht es um das Vorhaben, sein Gewicht zu reduzieren, sollte man dies bei abnehmendem Mond tun. Den größten Effekt erzielen Sie, wenn Sie die Diät an einem Jungfrau-Tag beginnen.

Die dunkle Seite des Mondes – der Neumond

Wir treten ein in das Reich Hekates, der weisen Alten, der Schnitterin und Herrscherin der Unterwelt. Der Neumond wird auch Schwarzmond genannt, da er in Richtung der Sonne steht, uns damit seine Nachtseite zeigt und mit ihr auf- und untergeht.

In der Magie sollte die Kraft des Dunkelmondes für Rituale genützt werden, wenn Unangenehmes zum Schwinden gebracht werden soll, wir uns verabschieden oder etwas vergessen wollen. Suchtentwöhnungen sind in dieser Zeit ebenso erfolgversprechend wie das Entfernen kranken Gewebes aus Mensch, Pflanze und Tier. Die Reinigungsbereitschaft des menschlichen Körpers, aber auch der Seele und des Geistes sind zu Neumond sehr hoch.

Darüber hinaus unterstützt der Schwarzmond sämtliche Rituale, in denen es um Formen des Neubeginns geht. Er fördert aber auch Trennungsrituale und Bannzauber und hilft beim Aussprechen von Verfluchungen oder Verwünschungen. Nicht zuletzt öffnet und erleichtert der dunkle Mond den Kontakt zu jenseitigen Welten, wie etwa der Sphäre der Verstorbenen und Geistwesen, mittels eines Hexenbretts (Ouija).

Abschließend etwas Interessantes für angehende Kräuterhexen: Laut Pflanzenexperte Wolf Dieter Storl empfiehlt es sich, Heilkräuter während des Neumondes zu ernten und zu lagern. Die Pflanzen enthalten während der Dunkelmondphase die konzentriertesten magischen und heilenden Kräfte, zudem bleiben sie deutlich länger haltbar.

Die kosmische Flaute – wann Sie besser auf Rituale verzichten sollten

Es gibt ausgesprochen kritische Zeitpunkte für das magische Arbeiten, die unbedingt beachtet werden sollten, will man Störungen oder – schlimmer noch – Misserfolge vermeiden!

An dieser Stelle soll nochmals betont werden, wie entscheidend es ist, den richtigen Zeitpunkt, zu dem eine ganz bestimmte Energie vorherrscht, für das erfolgreiche magische Handeln zu erkennen. Das unterscheidet magisch gezieltes Wirken von blindwütig-chaotischem Handeln, das nicht nur den

angestrebten Effekt verhindert, sondern möglicherweise sogar noch Verluste oder Rückschläge hervorrufen kann.

Mondflauten

Ein denkbar ungeeigneter, weil unwirksamer Zeitpunkt für das Zauberwirken herrscht zur sogenannten Mondflaute. Dieser Moment ist immer dann gegeben, wenn sich der Erdtrabant zwischen zwei Zeichen bewegt. Verlässt beispielsweise der laufende Mond gerade das Zwillinge-Zeichen und ist gerade im Begriff, in das Krebs-Zeichen einzutreten, ist seine Energie »verwaschen«, d.h. nicht eindeutig und von daher magisch schwach. Ein Ritual zur Mondflaute kann leicht ins Leere laufen und ist folglich sinnlos!

Magischer Leerlauf

Magisch ähnlich unwirksam sind die Tage, an denen überhaupt keine Aspekte herrschen. Die damit verbundene Kraftlosigkeit und sogenannte Vakuumstimmung können einem Zauberwirken nur entgegenstehen! Die kluge Hexe wird deshalb an aspektfreien Tagen keine Rituale zelebrieren, sondern sich mit einem guten Buch entspannen oder an ihren Wunschzielen »mental bauen«.

Mondviertelphasen

Ebenso sollte zu den Mondviertelphasen auf magisches Handeln verzichtet werden. Mondviertelphasen sind immer dann gegeben, wenn sich Mond und Sonne im spannungsgeladenen Winkel von 90 Grad zueinander befinden, dem Quadrataspekt. Zu diesem Zeitpunkt, der in jedem magischen Mondkalender extra vermerkt ist, sollten rituelle Handlungen vermieden werden. Denn zu dieser Phase (die bis zu vier Stunden dauern kann) liegen immense Spannungen in der Luft, die auf das Ritualgeschehen störend einwirken und den Erfolg maßgeblich schmälern, im schlimmsten Fall gar vereiteln können.

»Grantiger« Mond

Auch kritische Mondtage sind das reinste Gift für rituelle Vorhaben. Dies ist der Fall, wenn der Mond spannungsgeladene Planetenaspekte empfängt, beispielsweise von Merkur, Mars oder Saturn. Die Energie zu diesen Zeitpunkten ist derartig destruktiv und negativ, dass auf Magie verzichtet werden sollte.

Mondfinsternisse

Schließlich sind die Zeitpunkte von Mondfinsternissen für magisches Arbeiten mit allerlei Unwägbarkeiten verbunden. Im eigenen Interesse sollten diese Phasen als Termin zum normalen Zauberwirken vermieden werden. Es gibt ringförmige, teilweise und vollständige Mondfinsternisse, die in manchen Jahren mehrfach auftreten können. Mondfinsternistermine sind in jedem Mondkalender gesondert vermerkt. Während Mondfinsternissen ist der Durchgang zu anderen Sphären und der Kontakt zu Verstorbenen möglich, jedoch Vorsicht! Diese brisanten hochmagischen Handlungen sind nur für sehr Fortgeschrittene zu empfehlen, da man sich hierbei auf gefährliches Terrain begibt.

Sonnenfinsternisse

Ähnliches gilt übrigens auch für Sonnenfinsternisse, die im Kalender ebenfalls gesondert vermerkt sind und als Momente für magisches Handeln eher unkalkulierbar erscheinen und folglich gemieden werden sollten. Dennoch gibt es Rituale, die während dieser Phase zelebriert werden können: endgültige Trennungsrituale und Rituale, die den Kontakt mit der Geisterwelt herstellen oder bei denen man sich von seiner Persönlichkeit, dem Ich trennen möchte, um sich neu zu erschaffen. Vorsicht! Nur für magisch sehr Geübte zu empfehlen!

Man geht nicht, um zu suchen, man geht, um zu finden. Indianische Weisheit

Angewandte Astromagie

Kinderwunsch nach den Sternen

Um einen lang ersehnten Kinderwunsch Wirklichkeit werden zu lassen, gibt es mehrere Wege. Der erste besteht in der Möglichkeit der künstlichen Befruchtung, die allerdings abhängig von Ärzten und Medikamenten macht. Der zweite Weg überlässt alles dem Lauf von Mutter Natur und setzt auf den Zufall.

Jenseits von blindem Zufall und klinischem Kalkül liegt die dritte Variante, und diese nutzt kosmische Zyklen und Gesetzmäßigkeiten. Diese Methode kannten und nutzten seit alters her die Hexen und sternenkundigen Frauen. Ganz offensichtlich und wissenschaftlich bestätigt ist der Zusammenhang zwischen den Mondphasen und dem Menstruationszyklus. Der Mond hat also auch Einfluss auf die weibliche Fruchtbarkeit.

Wer schon längere Zeit einen unerfüllten Kinderwunsch im Herzen trägt, kann sich einem Astrologen anvertrauen, der den besten Zeitpunkt für eine Befruchtung errechnet. Darüber hinaus kann durch einen Blick in das Geburtshoroskop – speziell in das 5. Haus – die aktuelle Kinderthematik ersehen werden. Mittels dieser Zeitdiagnostik kann der optimale Zeitrahmen für eine Empfängnis ermittelt werden. Ebenso können durch diese Methode eventuelle Ursachen für einen bisher ausgebliebenen Kinderwunsch festgestellt werden.

Beispiele aus der astrologischen Praxis

Während Transite von Mond, Venus oder Jupiter durch das 5. Haus die Chance auf eine Empfängnis wesentlich erhöhen, wirkt ein sperriger Saturn- oder widriger Marseinfluss erfahrungsgemäß verzögernd auf den Kinderwunsch, ja, kann ihn zeitweise sogar »auf Eis legen«.

Eine weitere Mondregel besagt, dass zwischen dem Zeugungsdatum und dem Geschlecht des zu erwartenden Kindes ein Zusammenhang besteht. Befindet sich der Mond zum Zeitpunkt der Zeugung in einem männlichen Zeichen (Widder, Zwillinge, Löwe, Waage, Schütze, Wassermann), wird der Nachwuchs mit höchster Wahrscheinlichkeit ein Junge. Weilt hingegen der Mond in einem weiblichen Zeichen (Stier, Krebs, Jungfrau, Skorpion, Steinbock, Fische), kann mit einem Mädchen gerechnet werden.

Sicherlich ist es einer Zeugung zuträglich, wenn man dafür diejenigen Tage wählt, an denen sinnlich-erotische Einflüsse und Schwingungen vorherrschen. Das ist z. B. an Wasser- und Erdmondtagen der Fall und ganz besonders zu Stier- und Krebs-Mondphasen, da hier der Mond seine stärkste Kraft entfaltet. Nicht zuletzt entscheidet aber auch die seelische Verfassung maßgeblich über die Erfüllung des Kinderwunsches. Zwanghaftes sich selbst unter Druck setzen oder Stress beispielsweise stehen einer Empfängnis entgegen.

Maggies Hexentipp

Bestreichen Sie vor der Liebesnacht eine rote Kerze mit Göttinöl. Verwöhnen Sie sich und den Partner mit einem romantischen Abendessen bei Kerzenschein und einer nach Styrax und Rosenweihrauch duftenden Liebesräucherung. Diese sinnliche, erotische Atmosphäre fördert auf magische Weise die Hingabefähigkeit sowie die seelische und körperliche Empfängnisbereitschaft.

Der magische Zeitpunkt für erfolgreiches Zauberwirken

Bevor Sie eine magische Handlung starten, sollten Sie darauf achten, den dafür bestmöglichen Zeitpunkt zu wählen. Denn ein gut gewählter Zeitpunkt ist der halbe Ritualerfolg. Nach der Bestimmung des Ritualziels sind folgende Punkte unbedingt zu beachten:

- In welcher Phase und in welchem Zeichen befindet sich der Mond?
- Passen der Wochentag und die Stunde?
- Stimmt die Tagesqualität?
- Herrschen förderliche oder hemmende kosmische Einflüsse vor?
- Zudem müssen speziell bei Kraft- oder Liebesritualen die Sonnenauf- und -untergänge mit einbezogen werden, die in jeder Tageszeitung vermerkt sind.

Das hört sich zwar jetzt alles nach einem riesigen Aufwand an, und ich sehe Sie schon vor meinem geistigen Auge aufstöhnen. Bleiben Sie ruhig, denn es gibt auch entsprechende Hilfsmittel. Selbst wenn Sie keine astrologischen Vorkenntnisse besitzen, ist es möglich, innerhalb kurzer Zeit den geeigneten Zeitpunkt zu bestimmen. In den meisten Kalendern sind die Mondphase und das aktuelle Sternzeichen eingetragen. Wünschen Sie genauere Angaben für Ihre Zeitbestimmung, dann empfehle ich einen Hexenkalender mit astrologischen Aspekten sowie die Tageszeitung, um den genauen Zeitpunkt für Sonnenauf- und -untergang zu erfahren. Und schon geht's los.
Damit können Sie das erwünschte Ergebnis leichter und vor allem schneller herbeiführen. Probieren Sie's aus – Sie werden staunen …!

Die Zeitdiagnostik in der Praxis

Beruf

Sind Sie auf der Suche nach einem geeigneten Job oder möchten Sie sich beruflich weiterentwickeln und sogar Karriere machen? Grundsätzlich sollten Sie zur Unterstützung für Ihr magisches Wirken eine zunehmende Mondphase wählen. Je nach Ritualausrichtung eignet sich der Dienstag oder Mittwoch für diese Art von Magie am besten. Streben Sie eine gesicherte Anstellung an, dann wäre die Zeit zwischen 19 und 21 Uhr ein magisch günstiger Termin für Ihr Ritual. Denn zu diesem Zeitpunkt befindet sich die Sonne im 6. Haus, dem Haus der Arbeit und der Gesundheit.
Wenn Sie Karriereabsichten hegen, sollten Sie die entsprechenden Rituale am besten um die Mittagszeit zelebrieren, wenn die Sonne im Zenit und damit im 10. Haus steht, dem Haus des gesellschaftlichen Status. Die beste Zeit ist zwischen 11 und 13 Uhr. Günstig wäre zudem, wenn sich der Mond in den

Zwillingen, im Schützen oder im Steinbock aufhalten würde, mit förderlichen Aspekten von Sonne-Jupiter, Merkur-Mars und Merkur-Jupiter!

Liebe

Für Liebes- und Partnerrituale sollten Sie die zunehmende Mondphase nutzen. Wählen Sie dazu einen Freitag, wenn die Sonne im 7. Haus steht, dem
Haus der Beziehungen. Die beste Zeit dafür ist von 17 bis 20 Uhr, je nach
Jahreszeit, kurz bevor die Sonne am Horizont untergeht. Für eine sinnlich
stabile Partnerschaft eignet sich die Stier-Mondphase, leidenschaftlich wird's
bei Mond im Skorpion und erotisch und dramatisch im Löwe-Mond. Klassische Partnerrituale werden indessen am besten in Waage-Mondphasen zelebriert. Zusätzliche harmonische Mars-Venus- und Mars-Venus-Jupiter-
Aspekte steigern den Effekt.
Partnerrituale eignen sich übrigens nicht nur für den zwischenmenschlich-
privaten, sondern auch für den beruflichen Bereich, z. B. wenn Sie einen
geeigneten Geschäftspartner suchen.

Sex

Lieben Sie Ihre Freiheit und verspüren die Lust auf ungezwungenen Sex,
wählen Sie die zunehmende Mondphase. Das Spiel mit dem Feuer, Flirts und
One-Night-Stands unterstützt der Dienstag oder Freitag. Aber warten Sie mit
Ihrem Zauberwirken, bis die Sonne hinterm Horizont verschwunden ist,
denn von 21 bis 22 Uhr befindet sich die Sonne im 5. Haus. Flirts, unverbind-
liche Liebschaften sowie die Steigerung der Ausstrahlung und des sexuell-
erotischen Charismas finden sich hier wieder. Darüber hinaus können Ihnen
der feurige Widder-Mond sowie positive Venus-Mars-Uranus-Jupiter-Aspek-
te so manches heiße Abenteuer bescheren.

Geld

Leiden Sie unter notorischem Geldmangel, dann können Sie dies jetzt
ändern. Günstig für alle finanziellen Angelegenheiten ist die zunehmende
Mondphase. Passende Wochentage sind Mittwoch, Donnerstag und Freitag.
Wählen Sie, wie bei Beziehungswünschen, die zwei Stunden vor Sonnenuntergang, da diese Venus geweiht sind. Zu diesem Zeitpunkt zeigen auch
Geldrituale eine äußerst effektive Wirkung. Dazu sollte der Mond im Zeichen
des Stiers oder der Jungfrau weilen. Günstige Merkur-Mond-, Venus-Mond-,

Merkur-Venus- oder Venus-Jupiter-Aspekte verleihen Geldritualen den letzten optimalen »Schliff«.

Gesundheit

Sollten sich Ihre Anliegen um die Gesundheit drehen, nutzen Sie die Kraft der zunehmenden Mondphase. Jetzt wirken Heilungsrituale, aber auch Rituale zur Haus- und Aurareinigung besonders stark. Selbst bei chronischen Krankheiten können Gesundheits- und Heilrituale nach Sonnenuntergang kleine Wunder wirken. Geeignetster Wochentag ist der Sonntag und die passende Zeit, wenn die Sonne das 6. Haus, das Haus der Gesundheit, passiert, also zwischen 18 und 20 Uhr. Dazu sollte der Mond das Zeichen des Löwen oder der Jungfrau durchlaufen. Magisch unterstützend wirken harmonische Sonne-Mond-, Sonne-Merkur-Jupiter- oder Mond-Jupiter-Aspekte.

Mobbingprobleme

Rituale zur Steigerung der Selbstbehauptungsfähigkeit und Willenskraft zeigen während der zunehmenden Mondphase die größte Wirkung. Die abnehmende Mondphase eignet sich dagegen, Anfeindungen und Mobbing gewisser Kollegen erfolgreich zu begegnen. Der Dienstag ist sowohl bei zu- als auch bei abnehmendem Mond der ideale Ritualtag. Damit das Ritual die größtmögliche Wirkung entfaltet, sollte es idealerweise zu Sonnenaufgang zelebriert werden, wenn sich die Sonne am Aszendent und im ersten Sonnenhaus befindet, das dem energischen Mars zugeordnet ist. Beste Zeit dafür wäre zwischen 5 und 7 Uhr. Förderliche Mars-Saturn-, Mars-Jupiter- und Mars-Merkur-Saturn-Aspekte können die Wirkungsenergie noch deutlich steigern.

Schutz

Planen Sie ein Schutzritual für Ihre Familie oder Ihren Wohnbereich, empfehle ich zur rituellen Wirkungssteigerung die zunehmende Mondphase. Günstigste Wochentage für magischen Hausschutz sind der Montag oder Samstag. Führen Sie die entsprechenden magischen Handlungen am besten gegen Mitternacht, zwischen 23 und 24 Uhr, durch. Dann befindet sich die Sonne im 4. Haus, dem Haus der Familie und des Wohnbereichs. Am besten wählen Sie die Tage, an denen der Mond das Zeichen des Krebses durchläuft. Unterstützend wirkt ein förderlicher Mond-Saturn-Aspekt.

Abwehr/Bannen

Für nachhaltigen Abwehr- und Bannzauber bei bösartigen magischen Attacken wählen Sie eine abnehmende Mondphase, idealerweise die Neumondnacht. Diese Phase ist auch für Anrufungen von Hekate, der dunklen Göttin, geeignet. Als Wochentag sollte der Samstag gewählt werden, und hier besonders die Zeit zwischen 23 und 1 Uhr. Dazu sollte sich der Mond im Steinbock oder Skorpion aufhalten. Von weiterem Vorteil wären positive Mond-Mars-Saturn-, Merkur-Saturn- oder Sonne-Saturn-Aspekte.

Spiritualität

Den größten Effekt zur Förderung der eigenen magischen Kräfte entfalten Rituale während der zunehmenden Mondphase. Als geeignetsten Wochentag empfehle ich hierfür den Montag oder Donnerstag, am besten zwischen 14 und 16 Uhr, wenn die Sonne das 8. Haus passiert, das für Okkultes steht. Dazu sollte der Mond das Zeichen der Fische, des Krebses, des Skorpions oder des Schützen durchlaufen. Förderlich wären zudem günstige Sonne-Jupiter-, Mond-Neptun- sowie Jupiter-Merkur-Aspekte.

Geister- und Schutzengelkontakt

Um mit Geistern und Engeln in Kontakt zu treten, eignen sich sowohl die zu- als auch die abnehmende Mondphase. Optimale Wochentage für diese Zwecke sind Montag oder Samstag, zwischen 23 und 1 Uhr. Zu diesem Zeitpunkt, der »Geisterstunde«, befindet sich die Sonne im 4. Haus, das für alles Psychische steht. Idealerweise sollte sich der Mond in einem der »psychischen« Zeichen, dem Skorpion, Fisch oder Krebs, befinden. Der Skorpion-Mond ist ein ideales »Schwingungsfeld« für Geister von Verstorbenen und erdgebundene Seelen. Der Fische-Mond hingegen verbindet mit den Engeln und Energien anderer Sphären und Götterwelten. Will man in Kontakt mit Haus- und Poltergeistern oder Gespenstern treten, wählt man dazu den Krebs-Mond. Unterstützende Mond-Neptun-Saturn-, Merkur-Neptun-Saturn- oder Jupiter-Neptun-Saturn-Sonne-Aspekte erhöhen den Erfolg der Kommunikation der dritten Art.

Planetenrituale

Im folgenden Kapitel biete ich zu jedem wesentlichen Lebensthema einige Ritualvorschläge an, wobei jedem Planeten bestimmte Themengebiete zugeordnet sind, angefangen bei der Sonne bis zum »Zwergplaneten« Pluto. Sie können selbstverständlich, sofern Sie es sich zutrauen, nach eigenen kreativen Vorstellungen abwandeln.

Viel Spaß und Erfolg beim Hexen, Ihre Maggie!

Sonne – Schöpferin und Lebensspenderin

Sonnenritual, um Kraft zu erhalten

Zelebrieren Sie dieses Ritual an einem Sonntag; es kann draußen im Freien oder in der Wohnung durchgeführt werden.

Sie benötigen:

- Gelbe oder goldene Kerze
- Energieöl
- Sonnenblumenkerne
- Bergkristall

1 Bestreichen Sie die gelbe Kerze mit Energieöl und stellen Sie sie vor sich auf den Altar oder auf den Boden. Streuen Sie Sonnenblumenkerne um die Kerze und ziehen Sie einen Schutzkreis um sich. Halten Sie den Bergkristall in Ihren Händen und stellen Sie sich dabei vor, wie wärmende Sonnenstrahlen Ihren Kopf und Körper umhüllen und durchfluten; damit werden Sie mit Optimismus, Gesundheit und Frohsinn aufgeladen.

2 Genießen Sie für einige Zeit diese sonnige Vorstellung und fühlen Sie lebendig in sich, wie Sie mit jedem Atemzug mehr Vitalität und Zuversicht tanken. Löschen Sie dann die Kerze und öffnen Sie den Schutzkreis. Tragen Sie den Bergkristall als Talisman stets bei sich. Dieses Ritual kann so oft wiederholt werden, solange Sie das Bedürfnis nach Energie und Freude in sich spüren.

Sonnenritual zur Steigerung von Lebenskraft und Optimismus

Dieses Ritual sollte nur dann durchgeführt werden, wenn sich der Zauberwirkende psychisch und physisch in einem sehr stabilen, kraftvollen Zustand befindet. Beginnen Sie mit dem Ritual an einem Sonntag während der zunehmenden Mondphase.

Sie benötigen:

- 2 weiße Stabkerzen
- Weiße Siebenknopfkerze
- Carpe-Diem- und Heilungöl
- Stecknadel mit gelbem Kopf
- Seelenheilräucherung oder
  Salbei, Weihrauch, Dammar,
  Lavendel und Rosmarin

- Räucherutensilien
- Salz
- Salbeiblätter
- Rosmarinzweig

1 Salben Sie die beiden Stabkerzen mit Carpe-Diem-Öl und stellen Sie sie rechts und links neben die Siebenknopfkerze. Ritzen Sie dann mit der Stecknadel in jeden Knopf der Ritualkerze einen Wunsch ein, wie beispielsweise Kraft, Heilung oder Energie. Anschließend entzünden Sie das Räucherwerk und verräuchern die Seelenheilmischung auf der glühenden Kohle. Bestreichen Sie die Knopfkerze mit Heilungöl und streuen Sie in Kreisform Salz und Salbeiblätter darum. Streichen Sie dann mit dem Rosmarinzweig über die Kerze und gegebenenfalls über die kranke Person oder die zu heilende Stelle und entzünden Sie die beiden weißen Stabkerzen. Konzentrieren Sie sich darauf, wie Sie Ihre Lebens- und Heilenergie sowie die Strahlkraft der Sonne bündeln und auf die kranke Person lenken. Verweilen Sie einige Zeit in dieser Verbindung mit Ihren eigenen und den kosmischen Energien, lassen Sie Heilenergie fließen. Sprechen Sie dann die folgenden Zauberworte inbrünstig:

> *Die Kraft der Sonne fließt durch dich*
> *Dein ganzer Körper heilet sich*
> *Erfüllt bist du von Sonnenkraft*
> *Stabile Gesundheit sei dir nun verschafft.*

Entzünden Sie jetzt die Siebenknopfkerze und sagen Sie dabei laut:

Das Feuer des Lebens in dir nun brennt
Lebensfreude sei dir geschenkt
Die Strahlkraft der Sonne leuchtet in air.

2 Vor Ihrem inneren Auge visualisieren Sie, wie ein Strom weißen, heilenden Lichts durch den Körper des Kranken fließt und neue Lebenskraft und rasche Heilung bringt. Befestigen Sie den Rosmarinzweig mit der Stecknadel über dem Bett des Patienten. Dieses Ritual wird so oft wiederholt, bis es der betroffenen Person besser geht. Die Wachsreste sollten möglichst weit weg von dem Haus des Kranken weggeworfen werden.

Achtung: Dieses Ritual ersetzt nicht einen Arztbesuch, sondern dient zur Unterstützung des Heilprozesses!

Dankesritual an die Sonne, unsere Lebensspenderin

Bester Termin für dieses Ritual ist an einem Sonntag, möglichst bei zunehmendem Mond.

Sie benötigen:

- *Weißes Altartuch*
- *Frische Blumen*
- *Sonnensymbole*
- *Opfergaben, z. B. Sonnenblumen, Pyritstein, Bernstein, Orangen etc.*
- *Räuchermischung »Dank an die Göttin« oder Lorbeer, Mastix, Sonnenblumenblüten und Zedernholz*
- *Räucherutensilien*
- *Feder*
- *Schale mit Wasser*
- *Göttinöl*
- *Rote Rosenblüten*
- *Dicke gelbe oder orange Kerze*
- *Schale mit Erde*
- *Blumentopf mit Erde*
- *Bergkristall*
- *Blumensamen*

1 Schmücken Sie Ihren Altar liebevoll mit frischen Blumen und Sonnensymbolen und arrangieren Sie darauf die Opfergaben. Entzünden Sie ein Stück Räucherkohle und warten Sie, bis es durchgeglüht ist. Danach legen Sie das Räucherwerk auf die Kohle und sprechen währenddessen folgenden Satz:

Sylphen, ihr Wesen der Luft,
Seid gesegnet im Namen der Sonne, unserer Lebensspenderin!
Ich danke euch für eure Hilfe
Steht mir weiterhin bei auf meinem Lebensweg.

2 Fächern Sie sich mit einer Feder den duftenden Rauch in Ihre Aura, visualisieren Sie dabei, dass störende Energien verweht und Positives angezogen wird. Als Nächstes nehmen Sie die Schale mit Wasser und träufeln einige Tropfen des Göttinöls hinein. Streuen Sie die Rosenblüten ins Wasser und sprechen Sie dabei laut:

Nixen, Undinen, ihr Wesen des Wassers
Seid gesegnet im Namen der Sonne, unserer Lebensspenderin!
Ich danke euch für eure Hilfe
Steht mir weiterhin bei auf meinem Lebensweg.

3 Besprenkeln Sie sich mit dem gesegneten Wasser und konzentrieren Sie sich darauf, wie Ihr Gefühlsleben und Ihre Intuition gestärkt werden. Während Sie die gelbe Kerze entzünden, sprechen Sie folgende Worte:

Salamander, ihr Wesen des Feuers
Seid gesegnet im Namen der Sonne, unserer Lebensspenderin!
Ich danke euch für eure Hilfe
Steht mir weiterhin bei auf meinem Lebensweg.

4 Meditieren Sie einige Minuten vor der brennenden Kerze und bedanken Sie sich bei den Geistern des Feuers, die Ihnen Begeisterung und Lebensfreude schenken. Abschließend nehmen Sie die Schale mit Erde zur Hand. Mit Ihrer linken Hand befühlen Sie die Kühle des Erdreichs und lassen es durch Ihre Finger rieseln. Sprechen Sie dabei folgende Worte des Dankes:

Zwerge, ihr Wesen der Erde
Seid gesegnet im Namen der Sonne, unserer Lebensspenderin!
Ich danke euch für eure Hilfe
Steht mir weiterhin bei auf meinem Lebensweg.

5 Geben Sie danach etwas Dankesräucherung auf die glühende Kohle. Begeben Sie sich vor Ihrem geschmückten Altar in eine bequeme Sitzposition. Schwenken Sie den Bergkristall über die Räucherung und bedanken Sie sich, entweder in Gedanken oder auch laut, bei allen Naturgeistern und deren Schöpferin für ihre Hilfe. Stellen Sie sich bildlich vor, wie helle, wärmende Sonnenstrahlen neues Leben erblühen lassen. Drücken Sie in die Erde des Blumentopfs einige Blumensamen, besprenkeln Sie mit dem Rosenwasser die Erde und streuen Sie zuletzt etwas Asche der Räucherung darüber. Wenn die Samen fürsorglich gepflegt werden, sprießen daraus kleine Pflänzchen – dann dürfen Sie sich über das gute Omen freuen.

Sonnenritual für Charisma und Strahlkraft

Dieses kraftvolle Ritual sollten Sie an einem Sonntag während der zunehmenden Mondphase zelebrieren.

Sie benötigen:

- *Liebeszauber- und Erfolgräucherung oder Lorbeer, Weihrauch und Orangenschalen*
- *Räucherutensilien*
- *Rote Stecknadel*
- *Rote Figurenkerze Frau/Mann*
- *Persönlicher Talisman*
- *Charisma- und Hexingöl*
- *Pergamentpapier und Schreibutensilien*
- *Sonnenamulett*
- *Pyrit*
- *Rotes Beutelchen*

1 Ziehen Sie zuerst einen Schutzkreis und entzünden Sie das Räucherwerk. Ritzen Sie mit der Stecknadel Ihren Namen und das Wort »Charisma« in die Figurenkerze. Bestreichen Sie anschließend die Kerze und Ihren Talisman mit den magischen Ölen und schwenken Sie sie über dem duftenden Rauch. Konzentrieren Sie sich auf die Steigerung Ihrer Strahlkraft und Ihres Charismas, denen sich niemand entziehen kann, und entzünden Sie dann die Kerze.

2 Nehmen Sie vor der Kerze eine angenehme Sitzposition ein, halten Sie dabei Ihren Glücksbringer in der linken Hand. Visualisieren Sie, wie Ihre Aura immer stärker zu leuchten beginnt und eine geheimnisvolle, hypnotische erotische Strahlkraft Sie umgibt, die körperlich spürbar ist. Halten Sie

dieses Gefühl fest und notieren Sie auf einem Blatt Pergament Ihre Bitte um mehr Charisma und die Strahlkraft der Sonne. Bestreichen Sie das Pergament an allen vier Ecken mit den Ölen. Tragen Sie danach auch auf das Sonnenamulett die magischen Essenzen auf, und während Sie es in Ihrer linken Hand halten, lassen Sie Ihre Wunschenergie in den magischen Helfer fließen. Formulieren Sie dabei laut Ihren Wunsch nach mehr Charisma und Ausstrahlung.

3 Konzentrieren Sie sich nun auf die Flamme der Kerze vor Ihnen. Stellen Sie sich vor, dieses Feuer lodert in Ihnen und vermittelt glühende Leidenschaft und Kraft. Ziehen Sie nach der Visualisierung das Amulett rasch durch die Kerzenflamme und hängen Sie es sich um den Hals. Bleiben Sie noch einige Zeit vor der Figurenkerze sitzen und stellen Sie sich eine erwünschte Situation vor. Füllen Sie dann den Pyrit, etwas Räucherwerk, das Pergament, ein Wachsstückchen der roten Figurenkerze und Ihren Glücksbringer in den roten Beutel.

4 Verankern Sie ein zuversichtliches und freudiges Gefühl in Ihrem Kopf und Herzen. Auf diese Weise erhöhen Sie Ihre Chancen, von der Göttlichkeit erhört zu werden. Lässt Ihre Konzentration nach, schließen Sie die Augen und blasen die Kerze aus.

5 Wiederholen Sie dieses stark wirksame Ritual täglich, bis die Kerze komplett abgebrannt ist. Tragen Sie den kleinen roten Zauberbeutel ständig bei sich und bestreichen Sie sich mit Charisma- und Hexingöl, wenn Sie außer Haus gehen. Schon bald werden Sie Ihre neue positive Ausstrahlung auf andere Menschen deutlich spüren!

Mond – Hüter der Psyche und Traumvermittler

Vollmondritual

Wenn es Ihnen möglich ist, sollten Sie dieses Ritual in der freien Natur in der Vollmondnacht zelebrieren.

Sie benötigen:

- *2 weiße Kerzen*
- *Dicke silberne Kerze*
- *Göttinöl*
- *Kelch mit Weißwein*
- *Ritualdolch*

1 Errichten Sie einen kleinen Altar, bestreichen Sie die zwei weißen Kerzen sowie die dicke silberfarbene Kerze mit Göttinöl und stellen Sie sie auf den Altar. Den Kelch mit dem Weißwein stellen Sie neben sich, dann ziehen Sie mit Ihrem Ritualdolch einen Schutzkreis um sich. Entzünden Sie die Kerzen und rufen Sie nun die Göttin des Mondes. Heben Sie Ihren Blick zu der vollen silbrigen Scheibe des Mondes und breiten Sie dabei die Arme aus. Sprechen Sie folgendes Gebet:

> *Mondgöttin, erfülle mich mit deiner Kraft und führe mich sicher und voll Vertrauen durchs Leben. Göttin des silbernen Lichtes, strahle in unsere Herzen mit deiner Liebe, schenke uns Frieden, Zuversicht und Stärke, um allen Herausforderungen des Lebens sicher gewachsen zu sein. Segne mich und alle meine Lieben, so sei es!*

2 Stellen Sie sich bildlich vor, wie das Licht des Mondes Sie umfließt und mit magischer Energie und Kraft auflädt. Nehmen Sie jetzt den Kelch in beide Hände und richten Sie ihn gen Mond. Sprechen Sie dabei:

> *Mutter des Mondes, gesegnet sei dieser Wein durch deine Macht.*

3 Nehmen Sie einen Schluck von dem Wein. Träufeln Sie zu Ehren der Göttin einige Tropfen auf die Erde oder in einen Blumentopf. Bleiben Sie noch einige Zeit im Licht des Vollmondes sitzen und beten Sie für Liebe, Frieden und Stärke für sich und alle Menschen. Lässt Ihre Konzentration

nach, löschen Sie die Kerzen und öffnen den Schutzkreis. Bedanken Sie sich im Geiste bei der Göttin des Mondlichts für deren Beistand und verwahren Sie die silberne Kerze, um sie beim nächsten Vollmond wieder zu entzünden.

Mondritual zur Aktivierung des Traumlebens

An einem Vollmondabend mischen Sie Melissen- und Jasminblüten, weißes Sandelholz und Elemiharz. Verräuchern Sie die Mischung in Ihrem Wohnbereich. Bestreichen Sie dann eine weiße Kerze mit Visionöl und entzünden Sie sie. Setzen Sie sich vor die Kerze und konzentrieren Sie sich einige Minuten lang auf die Öffnung Ihres dritten Auges, zur Steigerung Ihrer Traumkraft. Bitten Sie die Mondgöttin, die die Herrscherin der Träume ist, um Unterstützung und Hilfe. Lässt Ihre Aufmerksamkeit nach, löschen Sie die Kerze. Wiederholen Sie das Ritual wenn möglich täglich, damit sich Ihnen Morpheus' Welt erschließt.

Mondritual gegen Albträume

Beginnen Sie mit dieser magischen Handlung jeweils bei Mondaufgang. Dazu benötigen Sie eine silberfarbene Kerze. Während Sie diese mit Schutzengelöl bestreichen, stellen Sie sich im Geiste vor, wie Engel über Ihrem Bett ein unsichtbares Netz weben, das sämtliche schlechten Träume auffängt und für einen erholsamen und friedlichen Schlaf sorgt. Entzünden Sie die Kerze und legen Sie einen Mondstein unter das Kopfkissen. Meditieren Sie einige Zeit vor der Kerze, bis das Netz in Ihrer Vorstellung fertig und dicht gewebt ist, dann löschen Sie sie aus. Wiederholen Sie dieses Ritual täglich, bis die Kerze komplett abgebrannt ist.

Mondritual zur Erweckung prophetischer Träume

Dieser Zauber wird jeweils zu Vollmond durchgeführt. Um die Traumintensität zu stärken, füllen Sie Beifuß, Lavendel und Hopfen in einen kleinen Beutel und verschließen diesen. Legen Sie ihn unter Ihr Kopfkissen, bevor Sie zu Bett gehen, und sprechen Sie folgende magische Worte kurz vor dem Schlafengehen:

Wesen der Nacht, die ihr meine Träume bewacht
Der dunkle Schleier sich hebt – prophetische
Kraft in mir lebt.

Neben Ihrem Bett sollten Sie ein Notizbuch mit Stift oder ein Diktafon bereithalten, damit Sie, sobald Sie erwachen, umgehend Ihre Träume festhalten können. Mit dem Führen eines Traumtagebuchs werden Sie mit der Zeit wahrnehmen, dass viele Träume oftmals eine Lösung für ein anstehendes Problem in sich bergen. Dazu wird auch Ihre Intuition geschult, auf die Zeichen zu achten, die das Universum und die Göttlichkeit Ihnen geben.

Mondritual zur Heilung des inneren Kindes (Annehmen des inneren Kindes und des Erwachsenen, verzeihen und loslassen)

Dieses unterstützende Ritual zur Heilung und Harmonisierung alter Wunden aus der Kindheit sollten Sie jeweils an einem Montag durchführen. Achten Sie darauf, dass diese magische Handlung während der abnehmenden Mondphase, am besten um Mitternacht, zelebriert wird.

Sie benötigen:

- Erinnerungsstück aus der Kindheit
- Silberfarbene Kerze
- Cassia- und Heilungöl
- Ackerschachtelhalmtee
- Einige schwarze Bänder; für jedes negative Erlebnis wird vor dem Ritual ein Band um das Handgelenk gewunden und verknotet
- Schere

1 Kleiden Sie sich bequem und sorgen Sie für eine anheimelnde Stimmung, schaffen Sie sich eine Art Kuschelnest. In dieser wohlig-sicheren Atmosphäre platzieren Sie auf Ihrem Altar ein Erinnerungsstück aus Ihrer Kindheit (Teddy, Puppe, Perlenkette oder ein Buch). Visualisieren Sie nun Momente Ihrer Kindheit, die Sie heute noch belasten. Bestreichen Sie eine silberfarbene Kerze mit Cassia- und Heilungöl. Bevor Sie Ihre Ängste der Kindheit wieder in Ihr Bewusstsein lassen, bitten Sie Ihren Schutzengel um Kraft und Stärke.

2 Zeichnen Sie dann mit Ihrem ausgestreckten Zeigefinger einen Schutzkreis um sich und den Altar. Sie sind jetzt innerhalb dieses Kreises gegen sämtliche negativen Einflüsse und Energien geschützt. Atmen Sie einige Male tief durch und setzen Sie sich vor die Kerze. Halten Sie Ihr Erinnerungsstück im Arm, sammeln Sie sich innerlich und visualisieren Sie die Ängste und Sorgen Ihrer Kindheit als dunkle Wolke.

3 Visualisieren Sie ein unangenehmes Erlebnis, halten Sie dabei das erste schwarze Band zwischen Ihren Fingern fest und bestreichen Sie es mit Heilungöl. Durchschneiden Sie nun mit der Schere dieses Band und verbrennen Sie es in der Kerzenflamme. Mit dieser magischen Handlung befreien Sie sich symbolisch von den Fesseln der Vergangenheit und lösen sich von dieser belastenden Erinnerung. Diese Belastung in Form der dunklen Wolke wird durch das Licht der weißen Kerze und den Duft der magischen Öle durchdrungen – der Veränderungs- und Heilungsprozess setzt sich in Gang. Sprechen Sie folgende Worte:

Ich liebe dich, meine kleine (Name)
Ich liebe dich, meine große (Name)
Ich verzeihe und lasse los
Ich bin erwachsen, stark und frei.

4 Atmen Sie ruhig und tief ein und wieder aus. Fühlen Sie, wie Sie wachsen und mit jedem Atemzug an Kraft und Stärke gewinnen. Sie sind sicher geführt und beschützt. Durchtrennen Sie jetzt ein Band nach dem anderen und übergeben Sie es dem heilenden Feuer. Meditieren Sie danach stets über Ihre erstarkende Kraft. Nach und nach verliert die Wolke an Düsternis und Schwere. Spüren Sie, wie warmes heilendes Licht Ihren Köper durchfließt und die dunklen Flecken auslöscht. Löschen Sie die Kerze und öffnen Sie den Schutzkreis. Trinken Sie viel Ackerschachtelhalmtee nach dem Ritual, um den Reinigungsprozess auch körperlich in Gang zu setzen. Wiederholen Sie dieses Ritual so oft, bis Sie die Befreiung in Ihrer Seele spüren und die letzte Fessel von Ihnen abfällt.

Mondritual, um ein Haus zu segnen

Diese Segnung wird am besten an einem Montag bei zunehmendem Mond durchgeführt.

Sie benötigen:
- Salbei, Beifuß und Weihrauch
- Räucherutensilien
- Schutzengel-Glaskerze
- Göttin- und Schutzöl
- Salz und Wasser
- Glöckchen oder Rassel
- Milch und Honig
- Glas Wein

1 Entzünden Sie die Räucherkohle. Ziehen Sie an dem Ort, an dem Sie Ihre Ritualgegenstände aufgestellt haben – Ihrem Altar –, einen Kreis und visualisieren Sie, wie dieser Schutzkreis sich über das ganze Haus ausdehnt. Legen Sie etwas Räucherwerk auf die glühende Kohle und rufen Sie nun die im Wohnbereich lebenden Geister und Energien an. Träufeln Sie etwas Göttin- und Schutzöl in die Glaskerze und entzünden Sie sie. Laden Sie alle guten und schützenden Wesen ein, mit Ihnen und Ihren Lieben im Haus weiter zu verweilen. Bitten Sie alle störenden und negativen Geister zu gehen. Entlassen und lösen Sie auch diejenigen von diesem Wohnbereich, die aus bestimmten Gründen noch an diesen Ort gebunden sind.

2 Anschließend begeben Sie sich vom Keller bis zum Dachboden in jeden einzelnen Raum und besprengen die Ecken mit Salzwasser. Dazu wird geräuchert, gebimmelt und gerasselt, um Unerwünschtes zu vertreiben. Sprechen Sie währenddessen folgende Segnung:

> *Mit der Kraft Selenes, der Göttin des Mondes,*
> *reinige und segne ich dieses Haus.*

3 Begeben Sie sich zur Haustür und sprechen Sie hier ein besonderes Gebet, um allen Freunden und wohlgesinnten Menschen freien Zutritt zu gewähren, aber gleichzeitig zu verhindern, dass jene, die Ihnen schaden könnten, diesen Eingang passieren.

4 Besprenkeln Sie auch den Eingangsbereich mit Salzwasser. Ziehen Sie mit der Räucherung ein bannendes Pentagramm und sprechen Sie dabei folgende magischen Worte:

> *Durch die Macht Selenes, der Göttin des Mondes, versiegle ich*
> *diesen Eingang für alle negativen und störenden Energien.*

Nun bestreichen Sie die Haustür mit Milch und Honig und sagen dazu:

> *Ich lade ein in dieses Haus die Geister des Wohlstandes,*
> *der Harmonie und des Schutzes,*
> *seid begrüßt mit Milch und Honig.*

5 Gehen Sie wieder zu Ihren anderen Ritualgegenständen zurück und weihen Sie das Glas mit Wein der Großen Mutter, indem Sie Ihre Hand über das Glas halten. Zelebrieren Sie die Segnung im Kreise Ihrer Familie oder Freunde, dann können die Mitglieder des Haushalts, zum Zeichen der Verbundenheit, jeweils einen Schluck vom Wein nehmen. Anschließend träufeln Sie einige Tropfen des Weins rechts und links vom Eingangsbereich als Gabe an die Göttin. Zu guter Letzt wird der Kreis wieder geöffnet.

6 Lassen Sie die Glaskerze abbrennen und entsorgen Sie danach das ausgebrannte Glas. Wohnen Sie in einem Haus mit Garten, opfern Sie die Reste von Wein, Milch und Honig den Naturgeistern, beispielsweise an einem Obstbaum oder Holunderstrauch. Nach der Haussegnung sollten Sie noch ein bisschen feiern und dabei ausgiebig lachen, essen und trinken.

Mondritual, um unerwünschte Nachbarn zum Umzug zu bewegen

Dieses Ritual wird um Mitternacht zwei Tage vor Neumond zelebriert.

Sie benötigen:
- *Pergament*
- *Drachenbluttinte und Schreibutensilien*
- *Schwarze Schädelkerze*
- *Mach-was-ich-sage- und Willenskraftöl*

1 Ziehen Sie einen Schutzkreis um sich. Schreiben Sie mit Drachenbluttinte den Namen des störenden Nachbarn auf ein Stück Pergamentpapier und zeichnen Sie ein bannendes Pentagramm darum.

2 Bestreichen Sie die Schädelkerze und das Pergament mit den magischen Ölen und legen Sie danach das Pergament unter die Kerze. Während die Kerze abbrennt, visualisieren Sie, wie der böse Nachbar auszieht. Löschen Sie danach die Kerze und öffnen Sie den Schutzkreis.

3 Verbrennen Sie das Pergament am 3. Abend – in der Nacht des Neumondes – in der magischen Flamme. Zerbrechen Sie die Reste der abgebrannten Kerze und werfen Sie sie möglichst weit von Ihrer Wohnung oder Ihrem Haus weg.

Merkur – Kosmischer Vermittler von Ideen und Herr der Sprache

Merkurritual, damit das Geld fließt

Beginnen Sie mit diesem intensiven Geldritual an einem Mittwoch während der zunehmenden Mondphase.

Sie benötigen:

- *Kräuter für ein Ritualbad (Nelke, Zitrone und Bergamotte)*
- *Salz*
- *Kleines Säckchen*
- *Gelbe Kleidung*
- *2 weiße Stabkerzen*
- *3 gelb durchgefärbte Stabkerzen*
- *Grüne Figurenkerze Frau/Mann*
- *Little-John-Wurzel*
- *Münze oder Geldschein*
- *Geldräucherung oder Schafgarbe, Eisenkraut, Lorbeer, Nelke, Weihrauch und Dammar*
- *Räucherutensilien*
- *Komm-zu-mir-, Big-Money- und Magieöl*
- *Grüner Beutel*
- *Filzstift*

1 Stimmen Sie sich auf die magische Handlung mit einem reinigenden Bad ein: Geben Sie dem Wasser eine Prise Salz sowie Nelke, Zitrone und Bergamotte in einem kleinen Säckchen zu. Reinigen Sie sich von Kopf bis Fuß, so befreien Sie sich von negativen Gedanken und störenden Energien. Entspannen Sie sich. Nach dem Bad wird alles Negative mit in den Abguss fließen.

2 Um die Geister Merkurs zu locken, tragen Sie am besten gelbe Kleidung. Stellen Sie links und rechts von der grünen Figurenkerze zwei weiße Altarkerzen und die drei gelben Stabkerzen dahinter. Vor die Figurenkerze wird die Wurzel sowie eine Münze bzw. der Geldschein platziert. Entfachen Sie die Räuchermischung. Bestreichen Sie die weißen Kerzen mit Komm-zu-mir-Öl und entzünden Sie sie. Erbitten Sie dabei den Beistand Merkurs. Konzentrieren Sie sich auf Ihr Ziel, bis Sie ein klares Bild vor Augen haben.

3 Salben Sie die drei gelben Kerzen mit Big-Money-Öl und entzünden Sie sie. Führen Sie sich möglichst genau vor Augen, wie Sie zu Geld kommen und was Sie dafür tun werden. Konzentrieren Sie sich intensiv auf Ihr

gewünschtes Ziel. Seien Sie konkret und spüren Sie Inspiration und Gedankenreichtum durch sich fließen. Lenken Sie diese Geld bringende Energie auf Ihr Ziel.

4 Bestreichen Sie die grüne Figurenkerze, die Little-John-Wurzel und die Münze bzw. den Geldschein mit Big-Money-, Magie- und Komm-zu-mir-Öl. Fokussieren Sie Ihre Gedanken weiterhin auf Ihr Ziel. Entzünden Sie anschließend die Figurenkerze und leiten Sie Ihre gesamte Wunschenergie in sie hinein. Visualisieren Sie Ihren ersehnten materiellen Erfolg und stellen Sie sich vor, wie die Geldsorgen von Ihnen abfallen. Laden Sie Merkur, den Gott des Handels, ein. um Ihnen Beistand zu leisten. Verweilen Sie noch einige Zeit in Ihrer Visualisierung vor den brennenden Kerzen und halten Sie die Wurzel in Ihren Händen. Beenden Sie das Ritual, wenn Ihre Konzentration nachlässt, indem Sie der göttlichen Macht und den höheren Kräften danken.

5 Malen Sie auf den grünen Beutel mit dem Filzstift das astrologische Symbol Merkurs. Besprechen Sie die Wurzel mit Ihrer Bitte um mehr Geld und verwahren Sie sie mit der Münze in dem Beutel, den Sie ab jetzt stets bei sich tragen. Löschen Sie die Kerzen in umgekehrter Reihenfolge. Der Geldfluss wird sich Ihnen öffnen.

Merkurritual, um Streit zu beenden

Dieser schlichtende Zauber wird bei rückläufigem Merkur an einem Mittwoch während der abnehmenden Mondphase durchgeführt.

Sie benötigen:

- *Bild der gegnerischen Parteien*
- *Schreibutensilien*
- *Schutzengel-Glaskerze*
- *Taubenbluttinte*
- *Durchkreuzen-, Alraune- und Cassiaöl*
- *Weißes Band*

1 Ziehen Sie einen Schutzkreis um sich und den Ort des magischen Wirkens. Auf die Rückseite des Bildes zeichnen Sie ein anrufendes Pentagramm und malen in dessen Mitte die astrologischen Symbole der Venus, des Merkurs und des Mondes. Danach schreiben Sie die Worte »Versöhnung, Friede und Harmonie« darauf. Träufeln Sie einige Tropfen der magischen Öle

in die Glaskerze und binden Sie das Bild mit dem weißen Band um sie. Entzünden Sie die Kerze und sprechen Sie dabei folgende magischen Worte:

> *Durch Merkurs Kraft*
> *wird zwischen (Name) und (Name) Friede gebracht.*
> *Vorbei ist der Streit,*
> *zur Versöhnung ist man bereit.*
> *So sei es!*

2 Meditieren Sie eine Weile über Versöhnung, Harmonie und Frieden zwischen den zerstrittenen Parteien, danach löschen Sie die Kerze und öffnen den Schutzkreis. Lassen Sie die Kerze täglich zwischen ein und drei Stunden lang brennen. Ist die Glaskerze abgebrannt, werden die Streithähne sich versöhnt haben.

Merkurritual für mehr Erfolg durch Inspiration und Kreativität

Idealerweise sollte das Ritual an einem Mittwoch bei zunehmendem Mond durchgeführt werden.

Sie benötigen:

- *Gelb durchgefärbte Kerze*
- *Räucherutensilien*
- *Zitrone, Berufskraut und Mastix*
- *Chalzedon*

1 Entzünden Sie die Räucherkohle und die Kerze. Wenn die Kohle durchgeglüht ist, legen Sie etwas Räucherwerk darauf. Heben Sie die Räucherung hoch und rufen Sie die Geister des Ostens:

> *Geister des Ostens, Wesen der Inspiration*
> *Verleiht mir Fantasie, Idee und Wortgewalt.*

Legen Sie neues Räucherwerk auf und wenden Sie sich nach Süden:

> *Geister des Südens, Wesen des Willens*
> *Das Feuer der Begeisterung und Tatkraft soll in mir lodern.*

Wieder wird Räucherwerk aufgelegt, dann drehen Sie sich nach Westen:

Geister des Westens, Wesen der Emotionen
Intuition, Weisheit und Liebe soll durch mich fließen.

Zum Schluss wenden Sie sich mit der rauchenden Schale nach Norden:

Geister des Nordens, Wesen der Kraft
Eröffnet mir verborgenes Wissen und bringt mir Erfolg.

2 Halten Sie den Chalzedon über die Räucherung und laden Sie ihn mit Merkurenergie auf. Starren Sie in die Kerzenflamme und konzentrieren Sie sich einige Zeit intensiv auf Ihre Projekte und Ziele. Bitten Sie dabei wieder die Geister Merkurs um Hilfe, damit sie Ihnen mehr Kreativität und Ideenreichtum einhauchen, um so den erwünschten Erfolg anzuziehen. Schwindet Ihre Aufmerksamkeit, werden die Kerzen gelöscht. Tragen Sie ab jetzt während Ihrer Arbeit den Stein stets bei sich, um klare inspirative und Erfolg bringende Gedanken anzuziehen.

Merkurritual, um den Wunschjob zu erhalten

Dieses Jobritual wird an einem Mittwoch während der zunehmenden Mondphase durchgeführt.

Sie benötigen:

- *Erfolgsräucherung oder Nelke, Eisenkraut und Weihrauch*
- *Räucherutensilien*
- *Grüne Siebenknopfkerze*
- *2 gelb durchgefärbte Kerzen*
- *2 weiße Kerzen*
- *Job-, Erfolg-, Courage- und Glückstropfenöl*
- *Merkuramulett*

1 Entfachen Sie das Räucherwerk und schwenken Sie die Kerzen über dem magischen Rauch. Auf diese Weise werden sie Merkur geweiht. Ölen Sie die weißen Kerzen mit Erfolg- und die gelben mit Glückstropfenöl ein, stellen Sie sie rechts und links von der grünen Siebenknopfkerze auf und entzünden Sie dann die weißen und die gelben Kerzen. Während Sie die Siebenknopfkerze mit Job- und Courageöl bestreichen, beginnen Sie, sich intensiv vorzustellen, wie Sie die gewünschten Jobangebote finden, sich bewerben und dabei ein entschlossenes und gewinnendes Auftreten zeigen.

2 Visualisieren Sie schließlich, wie Sie die erhoffte Zusage erhalten. Verankern Sie ein freudiges und dankbares Gefühl in Ihrem Herzen, dass Sie Ihren Traumjob erhalten haben. Lassen Sie diese positive Energie in die Siebenknopfkerze fließen, während sie entzündet wird. Konzentrieren Sie sich und sprechen Sie dabei Ihren Wunsch laut und deutlich achtmal aus. Beschließen Sie jeden Satz mit dem Spruch:

> *Neue Chancen ergeben sich*
> *Den richtigen Job bekomme ich*
> *Klug und sicher werd ich handeln*
> *Zum Erfolg wird sich mein Leben wandeln.*

3 Bestreichen Sie jetzt das Merkuramulett ebenfalls mit Job-, Courage- und Erfolgöl und besprechen Sie es mit Ihrem Wunschziel. Reiben Sie dabei das Amulett und tragen Sie es ab jetzt ständig, insbesondere dann, wenn Sie ein Vorstellungsgespräch haben. Es wird Ihnen Glück bringen. Wiederholen Sie dieses Ritual, bis alle Kerzen komplett abgebrannt sind.

Merkurzauber für Erfolg bei Prüfungen

Nachdem Sie sich mit Lernen auf die Prüfung vorbereitet haben, beginnen Sie diese magische Handlung an einem Mittwoch bei zunehmendem Mond.

Sie benötigen:

- *Räucherwerk, z. B. »Duft des Erfolges«, oder Lavendel, Zitrone, Mastix und Lorbeer*
- *Räucherutensilien*
- *Erfolg-Glaskerze*
- *2 gelb durchgefärbte Kerzen*
- *2 weiße Kerzen*
- *Erfolg-, Klarheit-, Magie- und Engelöl*
- *Gelbe Stecknadel*
- *Vachawurzel oder Tigeraugestein*
- *Eisenkrautpulver*
- *Gelber Beutel*

1 Ziehen Sie den Schutzkreis um sich und den Altar und entfachen Sie anschließend das Räucherwerk. Stellen Sie die Glaskerze in die Mitte des Altars und träufeln Sie einige Tropfen der magischen Öle hinein. Links und rechts der Glaskerze werden die beiden weißen Kerzen positioniert. Sie fungieren als Schutz vor störenden Gedanken.

2 Ritzen Sie dann mit einer Nadel »Gedankenkraft« und das astrologische Zeichen des Merkurs in die weißen Kerzen und salben Sie diese mit Klarheit- und Magieöl. In die Glaskerze ritzen Sie beispielsweise »Prüfung bestanden« und ebenfalls das Merkursymbol. Die beiden gelben Kerzen bestreichen Sie mit Erfolg-, Magie- und Engelöl. Stellen Sie die Kerzen vor sich auf Ihren Ritualplatz und entzünden Sie sie. Bestreichen Sie auch Ihre Hände, Ihr Halschakra und Ihr drittes Auge mit den magischen Ölen. Formulieren Sie laut und deutlich Ihren Wunsch und schwenken Sie währenddessen die Wurzel bzw. den Stein über dem magischen Rauch. Wiederholen Sie den Wunsch dreimal hintereinander. Weihen Sie die Wurzel oder das Tigerauge ebenfalls mit den magischen Ölen.

3 Visualisieren Sie Ihr Ziel und konzentrieren Sie sich darauf, wie gut Sie die Prüfung bestanden haben. Lenken Sie Ihre geistige Kraft auf das Gefühl der Erleichterung und Freude nach einer erfolgreich bestandenen Prüfung. Festigen Sie diese frohen und zuversichtlichen Gedanken in Ihrem Kopf. Lassen Sie dann die weißen und gelben Kerzen abbrennen.

4 Während Sie in den folgenden Tagen die Glaskerze entzünden, wiederholen Sie intensiv Ihren Wunsch. Die Wurzel bzw. den Stein sowie das Eisenkrautpulver tragen Sie während der Prüfung in einem gelben Beutel bei sich. Zur magischen Verstärkung empfehle ich, das Symbol des Merkurs darauf zu malen. Dies stimmt die Geister des Merkurs freundlich.

Merkurritual, um erfolgreich zu verkaufen

Dieser starke Zauber wird an einem Mittwoch während der zunehmenden Mondphase zelebriert.

Sie benötigen:

- Räucherung »Duft des Erfolges« oder Berufskraut, Eisenkraut, Lorbeer, Elemi und Fichtenharz
- Räucherutensilien
- Grüne Katzenkerze
- Erfolg-, Big-Money- und Hexingöl
- Pergamentpapier, Taubenbluttinte und Schreibutensilien
- Kleines Kästchen
- Mais und Salz
- 5 Ein-Euro-Münzen

1 Ziehen Sie zunächst einen Schutzkreis um sich. Entfachen Sie das Räucherwerk und reiben Sie die grüne Katzenkerze mit den magischen Ölen ein. Halten Sie die Kerze in Ihren Händen und lassen Sie Ihre Wunschkraft in sie fließen. Schwenken Sie anschließend die Kerze über der Räucherung und entzünden Sie sie.

2 Notieren Sie auf dem Pergamentpapier Ihre Verkaufsziele und Wünsche. Zeichnen Sie auf die Rückseite des Pergaments ein Pentagramm, in dessen Mitte sich das astrologische Symbol des Merkurs, der Venus und des Jupiters befindet. Bestreichen Sie dann alle vier Seiten des Pergaments mit den Ölen und legen Sie es in das Kästchen. Während Sie die Seiten des Papiers bestreichen, bitten Sie die Energie der jeweiligen magischen Essenz um Unterstützung. Legen Sie ganz konzentriert der Reihe nach den Mais, das Salz und die Münzen in das Kästchen. Dabei sprechen Sie die folgenden magischen Worte:

Merkur, Gott des Handels, steh mir bei
Führe erfolgreichen Abschluss herbei
Mehre mein Geld und meinen Erfolg
Merkur, ich flehe dich an, sei mir hold.

3 Wiederholen Sie die magische Formel jedes Mal achtmal hintereinander, während Sie die einzelnen Ingredienzen in das Kästchen füllen. Bleiben Sie noch einige Zeit vor der Katzenkerze sitzen und visualisieren Sie Ihre Kunden als Geldboten Merkurs.

4 Bekräftigen Sie das Ritual, indem Sie diese Zauberhandlung an fünf aufeinanderfolgenden Tagen durchführen. Entzünden Sie dazu die Katzenkerze und öffnen Sie das Kästchen. Sprenkeln Sie die magischen Öle auf die Münzen und Kräuter und wiederholen Sie den Zauberspruch. Ist die Kerze abgebrannt, legen Sie die Wachsreste in das Kästchen. Verwahren Sie das Zauberkästchen an einem Ort, an dem niemand es finden kann. Öffnen Sie es von Zeit zu Zeit und wiederholen Sie dabei die magische Formel. Das wird Ihnen Glück bei Verkäufen bringen.

Tipps, um Merkurenergie anzuziehen

1 Bestreichen Sie Ihre Fingerspitzen mit Big-Money- und Erfolg-Öl, bevor Sie Geld in die Hand nehmen, damit Sie Ihre finanziellen Angelegenheiten stets gut im Griff haben.

2 Wenn Sie Ihre Schuhsohlen mit Geld-anziehen-Öl bestreichen, bringt es Ihnen Geld.

3 Tragen Sie eine mit Geldöl bestrichene Little-John-Wurzel stets in einem grünen Beutel bei sich. Reiben Sie die Wurzel öfter in Ihren Händen, damit Sie rasch zu Ihrem gewünschten Geld kommen.

4 Bestreichen Sie eine Wunschbohne mit Geld-anziehen-Öl und tragen Sie diese zukünftig in Ihrem Portemonnaie bei sich. Ihre Geldbörse wird stets gefüllt sein.

5 Nehmen Sie niemals alles Geld aus Ihrer Wohnung, sondern lassen Sie zumindest einige Münzen liegen, damit Sie nicht die ganze Geldenergie aus dem Haus tragen.

Venus – Göttin der Liebe und Herrin der Musen

Venusritual mit einer roten Hexenkerze

Dieses Venusritual sollte an einem Freitag bei zunehmendem Mond nach Sonnenuntergang durchgeführt werden.

Sie benötigen:

- *Liebeszauber-Räuchermischung oder Styrax, Rosenblüten und Rosenweihrauch*
- *Räucherutensilien*
- *Rote Hexenkerze*
- *Liebe-, Mach-was-ich-sage- und Hexingöl*
- *Rosenquarz*

1 Entfachen Sie das Räucherwerk, bestreichen Sie die Hexenkerze mit den magischen Ölen und entzünden Sie sie Während Sie den Rosenquarz salben, sprechen Sie folgenden Zauberspruch:

> *Rote Hexe, Zauberin*
> *Nimm mein Geschenk, das ich dir bring*
> *Führe (Name) zu mir, nur an mich soll er denken*
> *Ich erfleh deine Kraft, ihn zu mir zu lenken*
> *All seine Liebe soll er mir schenken.*

2 Wiederholen Sie dieses Ritual täglich ca. 15 Minuten, bis der ersehnte Partner zu Ihnen gekommen ist. Vergraben Sie danach die Reste bei einer Rosenhecke und legen Sie den Rosenquarz als Gabe für die Naturgeister ab.

Starker Zauber, um einen Mann treu zu halten

Beginnen Sie dieses Liebesritual an einem Freitag um Mitternacht.

Sie benötigen:

- *Rote Rosen*
- *Liebeszauber-Räuchermischung oder Rosenblüten, Rosenweihrauch und Sandelholz*
- *Räucherutensilien*
- *Liebe-, Treue- und Hexenkraftöl*
- *Kleines Glasschälchen*
- *10 rot durchgefärbte Stabkerzen*

- *Langes rotes Band (es sollte die Länge eines Gürtels haben)*
- *Schere*
- *Rotes Stofftuch*

1 Dekorieren Sie den Altar in Rot, und platzieren Sie darauf einige frische rote Rosen. Entfachen Sie die Räucherung und ziehen Sie einen Schutzkreis um sich. Füllen Sie nun in die kleine Schale die magischen Öle. Salben Sie fünf Kerzen mit den magischen Essenzen und entzünden Sie sie. Bestreichen Sie anschließend sorgsam das rote Band mit der Ölmischung, halten Sie es über die Liebeszauber-Räucherung und sprechen Sie dabei folgende Worte:

> *Venus, schütze meine Liebe*
> *Venus, bändige seine Triebe*
> *Venus, halte ihn mir treu*
> *Venus, stärk die Bande stets aufs Neu.*

2 Legen Sie danach das Band auf den Altar und brennen Sie die Kerzen ab. Dazu meditieren Sie eine Weile über die Gemeinsamkeiten, die Sie mit Ihrem Partner haben, wie beispielsweise Sex, Urlaube oder innige Zeiten, die Sie mit der geliebten Person verbracht haben. Rufen Sie sich diese verbindenden Gefühle wieder in Erinnerung und verankern Sie sie in Ihrem Herzen. Wird Ihre Konzentration schwächer, beenden Sie den ersten Teil der magischen Zeremonie und öffnen den Schutzkreis.

3 Am nächsten Tag genau um zwölf Uhr mittags entkleiden Sie sich vollständig und nehmen vor Ihrem Altar Platz. Ziehen Sie erneut den Schutzkreis um sich und bestreichen Sie wieder fünf rote Kerzen, dazu entfachen Sie die Liebeszauber-Räucherung. Entzünden Sie die Kerzen und knüpfen Sie in das rote Band fünf Knoten. Während Sie die einzelnen Knoten knüpfen, wiederholen Sie jeweils fünfmal den oben abgedruckten Spruch. Schneiden Sie den rechten kleinen Fingernagel und Haare der linken Schamgegend ab. Danach schneiden Sie den linken kleinen Fingernagel und Haare der rechten Schamgegend ab. Verbrennen Sie Haare und Nägel zusammen mit der Liebeszauber-Räucherung. Während der gesamten magischen Handlung denken Sie intensiv an den geliebten Partner, dass er treu und ehrlich ist, Sie wahrhaftig liebt.

4 Schlingen Sie anschließend das rote Band um die Taille, verknoten Sie es ebenfalls fünfmal, versiegeln Sie es bei jedem Knoten mit Spucke und tragen Sie es bis zum Abend direkt auf der Haut. Nachdem die Kerzen abgebrannt sind, öffnen Sie den Schutzkreis und nehmen das Band ab. Wickeln Sie es nun in einen roten Stoff und verwahren Sie es an einem sicheren Ort. Dieses Ritual ist der Voodootradition entnommen und soll eine außerordentliche Wirkung zeigen.

Venusritual, um den Partner wieder zurückzuholen

Dieser Rückführungszauber wirkt am besten, wenn die Venus rückläufig ist. Idealerweise sollte man damit bei abnehmendem Mond an einem Freitag nach Sonnenuntergang beginnen.

Sie benötigen:

- *Liebeszauber- und Kraft-der-Magie-Räuchermischung oder Ambra, Moschus und Damiana*
- *Räucherutensilien*
- *Rote Figurenkerze Mann*
- *Rote Stecknadel*
- *Komm-zurück-Öl*
- *Drachenbluttinte und Schreibutensilien*
- *Kleines quadratisches Pergamentpapier*
- *Roter Beutel*
- *Roter Bindfaden*

1 Ziehen Sie einen Schutzkreis und entfachen Sie die Liebeszauber- und Kraft-der-Magie-Räucherung. Ritzen Sie in die rote Figurenkerze mit der Stecknadel Name und Geburtsdatum der begehrten Person und salben Sie anschließend die Kerze mit Komm-zurück-Öl.

2 Indem Sie die Kerze über dem magischen Rauch schwenken, laden Sie sie mit Venusenergie auf. Visualisieren Sie, wie die Kraft der Liebesgöttin Venus durch Sie in die Kerze fließt und auf diese Weise Ihren magischen Helfer in ein Liebesfluidum hüllt. Entzünden Sie nach kurzer Meditation die Kerze. Schreiben Sie mit Drachenbluttinte auf das Pergamentpapier die Worte:

(Name), komm schnell zu mir zurück
Denn nur hier findest du dein Glück!

3 Ölen Sie alle vier Seiten des Pergamentpapiers ein und halten Sie es über die Räucherung. Wiederholen Sie dabei die Zauberformel fünfmal hintereinander. Konzentrieren Sie sich intensiv auf Ihren Partner, der wieder in Liebe entflammt und zu Ihnen zurückkehrt. Währenddessen lassen Sie die Figurenkerze komplett abbrennen, danach öffnen Sie den Schutzkreis. Bewahren Sie die Wachsreste in einem roten Stoffbeutel auf. (Malen Sie zur Intensivierung noch das Symbol der Venus auf den Beutel!)

4 Verschnüren Sie den Beutel mit einem roten Bindfaden, in den Sie fünf Knoten knüpfen, und konzentrieren Sie sich währenddessen darauf, dass Ihr Partner wiederkehrt. Legen Sie das Pergament unter die Innenschuhsohle (es darf nicht sichtbar sein) von den Schuhen der geliebten Person. Verstecken Sie den verschnürten Beutel an einem sicheren Ort. Glauben Sie an Ihre eigene magische Kraft und Ihre Liebe, dann wird Ihr Schatz wieder zu Ihnen zurückkehren.

Zaubersäckchen, um die Liebe anzuziehen

Dieses kleine, aber feine Zaubergeflecht wird bei zunehmendem Mond an einem Freitag bei Sonnenuntergang gewebt.

Sie benötigen:

- Kleiner roter Stoffbeutel
- Jasminblüten, Patchoulie, Eisenkraut, Apfelkerne, Damiana
- Pergamentpapier
- Taubenbluttinte und Schreibutensilien
- Roter Lippenstift

1 Platzieren Sie die Zutaten in kleinen Schalen auf dem Altar. Füllen Sie alle Kräuter der Reihe nach in den Stoffbeutel, konzentrieren Sie sich währenddessen auf Ihre neue Liebe und schreiben Sie mit Taubenbluttinte Ihren Liebeswunsch auf das Pergament.

2 Tragen Sie Lippenstift auf und geben Sie dem Wunschzettel einen zarten Kuss. Danach falten Sie das Papier zusammen und stecken es zu den Kräutern in den roten Beutel. Tragen Sie den Beutel ständig bei sich, bis der erhoffte Partner zu Ihnen kommt. Ihre Liebe kann Ihnen jederzeit und überall begegnen, seien Sie bereit.

Kerzenritual für die Liebe

Starten Sie dieses hoch wirksame Ritual an einem Freitag während der zunehmenden Mondphase, idealerweise bei Sonnenuntergang.

Sie benötigen:

- *6 rot durchgefärbte Stabkerzen*
- *2 weiße Stabkerzen*
- *1 rote Figurenkerze Mann*
- *1 rote Figurenkerze Frau*
- *Komm-zu-mir-, Venus-, Alraune- und Charismaöl*
- *Rote Kleidung*
- *Liebeszauber-Räucherung oder Sandelholz, Styrax und Tonkabohne*

- *Räucherutensilien*
- *8 Stück Pergamentpapier*
- *Taubenbluttinte, Schreibutensilien*
- *Liebespulver aus Rosenblättern, Patchoulie und Damiana*
- *Alraunewurzel oder Karneol*

1 Bestreichen Sie eine rote Kerze mit Komm-zu-mir-Öl und entzünden Sie sie in Ihrem Badezimmer. Lassen Sie ein Vollbad ein und träufeln Sie dazu Liebe- und Komm-zu-mir-Öl in das Badewasser. Entspannen Sie sich im Wasser und richten Sie dabei Ihre gesamte Aufmerksamkeit auf Ihre Ritualabsicht.

2 Nach 13 Minuten steigen Sie aus der Wanne und hüllen sich in leichte rote Stoffe. Entzünden Sie die Räucherung und ziehen Sie einen Schutzkreis. Salben Sie die restlichen fünf Stabkerzen mit Komm-zu-mir-Öl und tragen Sie auch etwas von dem Öl auf den Handgelenken und der Herzgegend auf. Stellen Sie die fünf Kerzen in einem Halbkreis auf und entzünden Sie sie. Konzentrieren Sie sich auf Ihr Wunschziel. Notieren Sie auf dem Pergamentpapier mit Taubenbluttinte Ihren Liebeswunsch und bestreichen Sie dieses dann mit Komm-zu-mir-, Venus- und Alrauneöl.

3 Tragen Sie auf die Figurenkerze Frau Charisma- und Venusöl auf, hauchen Sie fünfmal darauf und flüstern Sie dabei Ihren Namen. Danach bestreichen Sie die Figurenkerze Mann mit Venus-, Alraune- und Komm-zu-mir-Öl und behauchen sie ebenfalls fünfmal mit Ihrem Atem. Lassen Sie Ihre Liebesenergie in die Kerze fließen und stellen Sie die Kerze vor sich auf das

Pergamentpapier. Blasen Sie das Liebespulver auf die Figurenkerze Mann und sprechen Sie fünfmal laut den folgenden Zauberspruch:

> *Komm zu mir, wo immer du bist*
> *Ob Nord, Süd, Ost oder West*
> *Die Macht der Venus bringt dich zu mir, sei dir gewiss.*

4 Stellen Sie beide Figurenkerzen mit dem Gesicht zueinander auf, die fünf Stabkerzen gruppieren Sie in einem Kreis darum. Danach entzünden Sie nacheinander die Kerzen und konzentrieren sich dabei auf Ihre Wunscherfüllung. Reiben Sie die Wurzel oder den Stein mit den magischen Ölen ein. Umschließen Sie die Wurzel fest mit der linken Hand. Sagen Sie dabei fünfmal folgenden Zauberspruch:

> *Wurzelzauber sei geweckt*
> *Zeige mir, was in dir steckt*
> *Bringe mir die Liebe her*
> *Deiner Kraft vertrau ich sehr.*

5 Konzentrieren Sie sich nach dem Zauberspruch weiter auf Ihren Wunsch und schwenken Sie die Wurzel dabei über dem magischen Rauch. Verbrennen Sie dann das Pergamentpapier in der Flamme der Figurenkerzen zu Asche, und fokussieren Sie Ihre Gedanken beständig auf Ihre Liebesabsicht. Nach 30 Minuten löschen Sie alle Kerzen und öffnen den Schutzkreis.

6 Wiederholen Sie dieses Ritual in sieben aufeinanderfolgenden Nächten: Entfachen Sie das Räucherwerk, entzünden Sie die Kerzen und konzentrieren Sie sich auf Ihren Liebeswunsch, während die Kerzen brennen. Wiederholen Sie inbrünstig die magischen Formeln und träumen Sie dazu von Ihrer wunderbaren Liebesbeziehung. In der letzten Nacht räuchern Sie etwas von der Alraune zusammen mit der Liebeszaubermischung. Dann lassen Sie alle Kerzen komplett abbrennen.

7 Zu guter Letzt vergraben Sie die Wachsreste an einem romantischen Platz oder unter einem Apfelbaum. Die Wurzel tragen Sie als magischen Verstärker stets bei sich, bis der Wunschpartner in Ihr Leben getreten ist.

Mars – Gott des Krieges und Herr der Leidenschaft

Marsritual für mehr Sexappeal

Dieses Marsritual wird an einem Dienstag gegen 20 Uhr bei zunehmendem Mond gestartet.

Sie benötigen:

- Liebeszauber-Räucherwerk oder Rosmarin, Benzoe, Eisenkraut und Drachenblutharz
- Räucherutensilien
- Rote Katzenkerze
- Stecknadel mit rotem Kopf
- Rotes Blatt Papier, Taubenbluttinte und Schreibutensilien
- Orgasmusöl
- Hübsches Bild von Ihnen
- Rotes Tuch
- Pheromone

1 Ziehen Sie einen Schutzkreis um sich und entfachen Sie die Räucherung. Die Wirkung verstärkt sich, wenn das Ritual nackt zelebriert wird. Ritzen Sie zuerst in die Katzenkerze mit der Stecknadel Ihren Namen und Ihr Geburtsdatum sowie das Symbol des Mars. Schneiden Sie dann aus dem Papier den Umriss einer menschlichen Gestalt aus und schreiben Sie darauf mit Taubenbluttinte Ihren eigenen Namen und das Geburtsdatum, dazu die Worte »Verführung, Sex, Leidenschaft«. Bestreichen Sie das Papier und die Katzenkerze mit Orgasmusöl.

2 Konzentrieren Sie sich darauf, wie Ihre erotische Ausstrahlung und Ihr sexuelles Charisma stärker werden. Pinnen Sie nach einigen Minuten der Konzentration das Papier mit der Stecknadel auf die Rückseite des Bilds und schwenken Sie es über der Räucherung. Wiederholen Sie währenddessen dreimal die Worte: *Ich bin sexy und begehrenswert!* Entzünden Sie die Katzenkerze und richten Sie Ihre Aufmerksamkeit auf Ihren Körper, spüren Sie ihn ganz bewusst. Bleiben Sie 15 bis 30 Minuten vor der Kerze sitzen, fühlen Sie sich, die Wärme Ihrer Haut, die faszinierende »Landschaft« des Körpers. Ertasten Sie mit den Fingern Ihre Lippen, Ihren Hals, Ihre Brust, Ihren gesamten Körper bis zu den Beinen, als ob Sie sich zum ersten Mal spüren. Seien Sie liebevoll und zärtlich zu sich selbst. Lassen Sie sich Zeit bei der Erkundungstour Ihres Körpers.

3 Löschen Sie danach die Kerzen und öffnen Sie den Schutzkreis. Schlagen Sie das Bild in ein rotes Tuch ein und verwahren Sie es an einem sicheren Platz. Wiederholen Sie das Ritual an drei aufeinanderfolgenden Abenden. Tragen Sie, wenn Sie außer Haus gehen, jedes Mal Orgasmusöl und Pheromone auf. Verführung garantiert durch mehr Sexappeal!

Marsritual für Mut, Willens- und Durchsetzungskraft

Führen Sie dieses Marsritual an einem Dienstag während der zunehmenden Mondphase durch, idealerweise bei Sonnenaufgang.

Sie benötigen:

- *Willenskraft- und Courageöl*
- *Duftlampe*
- *Weiße Stabkerze*
- *4 rot durchgefärbte Kerzen*
- *Rote Figurenkerze Frau/Mann*
- *Rote Pfefferkörner*
- *Marsamulett oder Marssigille*
- *Roter Beutel*
- *Filzstift*
- *Haarsträhne*

1 Dekorieren Sie Ihren Altar in roten Farben und träufeln Sie einige Tropfen der magischen Öle in die Duftlampe. Ziehen Sie einen Schutzkreis um sich und ölen Sie die weiße Kerze mit Willenskraftöl und die roten mit Courageöl ein. Schaben Sie eine kleine Öffnung in die Bauchgegend der Figurenkerze, stecken Sie ein Pfefferkorn hinein und flüstern Sie dabei die Worte: »Scharf wie Pfeffer«.

2 Bestreichen Sie dann die Kerze mit den magischen Ölen und halten Sie sie eine Weile in Ihren Händen, um sie mit Ihrer persönlichen Energie zu verbinden. Stellen Sie die Figurenkerze in die Mitte des Altars, die weiße Kerze direkt dahinter. Jeweils zwei rote Stabkerzen stehen rechts und links neben der Figurenkerze. Entzünden Sie nun die Kerzen der Reihe nach. Beginnen Sie mit der weißen Kerze, danach folgen die roten Stabkerzen links, dann die Kerzen rechts. Zum Schluss wird die Figurenkerze angezündet.

3 Laden Sie sich durch die magische Flamme mit Marsenergie auf, die Mut, Durchsetzung und Leidenschaft verkörpert. Anschließend bestreichen Sie das Amulett oder die Sigille mit den magischen Ölen und ziehen es dreimal durch die Flamme. Konzentrieren Sie sich dabei darauf, wie Mars

Ihnen neuen Mut, Tatkraft und Durchsetzungsenergie schenkt. Verweilen Sie einige Zeit vor den brennenden Kerzen und verinnerlichen Sie dieses kraftvolle Gefühl.

4 Lässt Ihre Aufmerksamkeit nach, löschen Sie die Kerzen und öffnen den Schutzkreis. Malen Sie auf das kleine rote Beutelchen das astrologische Symbol des Mars und füllen Sie Pfefferkörner, einige Haare von Ihnen, das Amulett und einige Wachsreste hinein. Tragen Sie den Marsbeutel ständig direkt am Körper bei sich.

5 Wiederholen Sie das Ritual die nächsten sechs Tage jeweils zu Sonnenaufgang: Träufeln Sie Öl in die Duftlampe, entzünden Sie die Kerzen und laden Sie den Beutel in Ihren Händen mit Marsenergie auf. Ihre Durchsetzungskraft und Ihr Mut mehren sich mit jeder Wiederholung des Rituals.

Marsritual für eine heiße Liebesnacht

Zelebrieren Sie das Ritual an einem Dienstag gegen 20 Uhr während der zunehmenden Mondphase.

Sie benötigen:

- *Orgasmus- und Komm-zu-mir-Öl*
- *Duftlampe*
- *Rot durchgefärbte Kerze*
- *Evtl. Bild der geliebten Person*

1 Nehmen Sie zur Einstimmung ein Vollbad und träufeln Sie Orgasmus- und Komm-zu-mir-Öl in das Badewasser, visualisieren Sie dabei Ihre bevorstehende Liebesnacht. Nach ca. 20 Minuten steigen Sie aus der Badewanne. Im weiteren Verlauf sollten Sie das Ritual nackt zelebrieren.

2 Tragen Sie ein paar Tropfen des Orgasmusöls auf Nacken, Solarplexus und Unterbauch auf. Träufeln Sie außerdem einige Tropfen des Komm-zu-mir-Öls in die Duftlampe, um den gesamten Wohnbereich in eine erotische Schwingung zu versetzen. Nehmen Sie nun die rote Kerze und bestreichen Sie sie mit beiden Ölen. Setzen Sie sich in entspannter Haltung vor die Kerze. Falls Sie ein Bild der begehrten Person besitzen, legen Sie es vor sich und entzünden Sie anschließend die Kerze.

3 Konzentrieren Sie sich nun völlig auf die ersehnte Liebesnacht und Ihre sexuelle Befriedigung. Stellen Sie sich so konkret wie möglich vor, wie Sie wild und ungehemmt Ihre Leidenschaft ausleben. Halten Sie das Bild vor Ihrem inneren Auge fest und verinnerlichen Sie es, sodass Sie es jederzeit »lebendig« werden lassen können. Löschen Sie nach 15 Minuten die Kerzen und entzünden Sie sie erst wieder, wenn der geliebte Mensch bei Ihnen ist. Einer heißen Liebesnacht steht nun nichts im Weg!

Marsritual, um die Angst zu kontrollieren

Diese kraftvolle Zauberhandlung sollten Sie jeweils an einem Dienstag bei Sonnenaufgang während der zunehmenden Mondphase vollziehen. Die hilfreichen Geister des Mars können Sie am leichtesten anlocken, wenn Sie sich ganz in Rot kleiden.

Sie benötigen:

- Rote Kleidung
- Ritualdolch
- Räucherwerk »Kraft der Magie« oder Rosmarin, Thymian, Pfeffer und Drachenblutpulver
- Räucherutensilien
- Rote Katzenkerze
- Teufelskrallewurzel oder Blutstein
- Courage- und Energieöl
- Rosmarin, Thymian und Pfeffer

1 Ziehen Sie zunächst mit Ihrem Ritualdolch einen Schutzkreis um sich sowie ein anrufendes Pentagramm in alle vier Himmelsrichtungen. (Beginnen Sie dabei oben!) Entfachen Sie die Räucherung und salben Sie die Katzenkerze sowie die Wurzel bzw. den Stein mit den magischen Ölen. Schwenken Sie die gesalbten Ritualgegenstände nun über dem Zauberrauch und konzentrieren Sie sich dabei auf Ihre Kraft und den Mut, um Ihrer Angst willensstark entgegenzutreten. Glauben Sie an sich und Ihre eigene Kraft!

2 Stellen Sie die Katzenkerze vor sich auf den Altar und streuen Sie Rosmarin, Thymian und Pfeffer darum. Entzünden Sie die Kerze. In der linken Hand halten Sie die Wurzel (oder den Stein) und in der rechten Ihren Ritualdolch, der mit der Spitze auf die magische Kerzenflamme gerichtet ist. Wiederholen Sie folgenden Spruch sechsmal:

Meinen eigenen Geist beherrsch ich fest
Die Kraft des Feuers zieh ich jetzt an
Die alte Angst mich schnell verlässt
Mit Mut und Stärke geh ich voran.

3 Spüren Sie, wie Marsenergie durch Ihren Körper pulsiert und Sie mit Mut und Widerstandskraft auffüllt. Bei jedem Einatmen nehmen Sie die Kraft des Feuers in sich auf, und bei jedem Ausatmen verlässt Sie mehr und mehr die Angst und Ihre Unsicherheit, die in der Kerzenflamme wieder zu Kraft transformiert wird. Löschen Sie nach 15 Minuten absoluter Konzentration die Kerze und öffnen Sie den Schutzkreis. Bestreichen Sie Ihren magischen Helfer, die Wurzel bzw. den Stein, mit den magischen Ölen und tragen Sie ihn stets bei sich.

4 Ziehen Sie zusätzlich einen schützenden Kraftkreis um sich, wenn Sie außer Haus gehen. Wiederholen Sie dieses Ritual an sechs aufeinanderfolgenden Tagen, und die Dämonen der Angst werden durch Ihren neuen Mut, Ihre Kraft und Willensstärke gebändigt.

Jupiter – Kosmischer Wohltäter und Hüter des Rechts

Bedenken Sie, dass der Fülle, die man im Inneren trägt, auch die Fülle im Äußeren folgt. Fühlen Sie sich innerlich reich, fühlt sich auf zauberhafte Weise auch Geldmaterie davon angezogen. Mit Hilfe der folgenden Jupiterrituale locken Sie inneren und äußeren Reichtum an.

Jupiterritual für Glück und Erfolg

Beginnen Sie dieses Ritual an einem Donnerstag nach Sonnenuntergang bei zunehmendem Mond.

Sie benötigen:

- *Räucherwerk »Glückszauber« oder Minze, Sandelholz, Dammar und Gewürznelke*
- *Räucherutensilien*
- *Grün durchgefärbte Figurenkerze Frau/Mann*
- *Stecknadel mit blauem Kopf*
- *Glückstropfen- und Erfolgöl*
- *Pergamentpapier, Taubenbluttinte und Schreibutensilien*
- *4 Gewürznelken*
- *Feuerfeste Schale*
- *Haare von der Person, die das Glück locken will*
- *Lapislazuli*

1 Ziehen Sie einen Schutzkreis um sich und entfachen Sie das Räucherwerk. Ritzen Sie in die grüne Figurenkerze mit der Nadel Namen und Geburtsdatum und salben Sie die Kerze mit den magischen Ölen. Hauchen Sie viermal auf die Kerze, dadurch wird diese symbolisch mit Ihrer Lebenskraft erfüllt. Schwenken Sie sie über dem magischen Rauch, so wird sie noch zusätzlich mit Jupiterenergie aufgeladen. Entzünden Sie nun die Kerze. Schreiben Sie auf ein Pergamentpapier folgenden Spruch:

> *Glück sei nun auf meinen Wegen*
> *Lebensfreude bringt mir Segen*
> *Durch Jupiters Kraft*
> *(Name) allezeit Gutes schafft.*

Wiederholen Sie den Zauberspruch viermal laut und deutlich.

2 Ölen Sie währenddessen das Pergament an allen vier Ecken ein und legen Sie die Gewürznelken und die Haare darauf. Falten Sie das Papier und halten Sie es über die Räucherung. Sprenkeln Sie die magischen Essenzen auf das Pergament und wiederholen Sie währenddessen wieder den obigen Zauberspruch. Um die Beschwörung an das Universum weiterzuleiten, wird das Pergament zusammen mit den Nelken in einer feuerfesten Schale zu Asche verbrannt. Stellen Sie sich dabei vor, wie Ihr Wunsch nach mehr Glück und Erfolg in den Kosmos aufsteigt und sich mit der förderlichen Energie des Planeten Jupiter vereint.

3 Lassen Sie die Kerze in den nächsten vier Tagen abbrennen und vergraben Sie die Wachsreste unter einem Kastanienbaum. Sprenkeln Sie einige Tropfen der magischen Öle auf die Erde und legen Sie einen Lapislazuli als Gabe an die Naturgeister dazu. Schon bald wird das Glück Ihnen zulächeln.

Jupiterritual für den erfolgreichen Ausgang bei Rechtsangelegenheiten

Beginnen Sie mit diesem Jupiterritual an einem Donnerstag mindestens sieben Tage vor der Gerichtsverhandlung während der zunehmenden Mondphase.

Sie benötigen:

- *Räucherwerk »Duft des Erfolges« oder Lorbeer, Mastix und Zedernholz*
- *Räucherutensilien*
- *Ritualdolch*
- *Grüne Siebenknopfkerze*
- *Grüne Stoffpuppe, die Sie selbst repräsentiert*
- *Natternwurzel*
- *Lorbeerblätter, Mandeln, Minze, Eisenkraut*
- *Erfolg- und Justiziaöl*
- *Grüne dünne Schnur*
- *Nähzeug mit grünem Faden*
- *Grünes Tuch*

1 Dekorieren Sie Ihren Altar in Blau und Purpur. Entzünden Sie das Räucherwerk und ziehen Sie mit Ihrem Ritualdolch einen Schutzkreis um sich und den Ort Ihres magischen Wirkens. Weihen Sie Ihre Ritualgegenstände und die Wurzel, indem Sie diese einzeln über dem Rauch schwenken.

Konzentrieren Sie sich dabei darauf, dass Ihre Rechtsangelegenheit positiv ausgeht. Bestreichen Sie die Kerze, die Lorbeerblätter und die Mandeln mit den magischen Essenzen.

2 Entzünden Sie die Kerze. Trennen Sie eine Naht der Stoffpuppe vorsichtig auf, füllen Sie diese mit den Kräutern und Mandeln und nähen Sie sie danach mit einigen Stichen wieder zu. Halten Sie anschließend die Puppe über den magischen Rauch und richten Sie Ihre gesamte Aufmerksamkeit auf den positiven Ausgang des Verfahrens.

3 Besprenkeln Sie dabei die Puppe mit Erfolg- und Justiziaöl. Ölen Sie die Schnur ein und winden Sie sie viermal um den Leib der Puppe. Visualisieren Sie dabei, wie Sie durchdacht und erfolgreich die Verhandlung führen. Verreiben Sie in Ihren Handinnenflächen und auf Ihrer Stirn die Öle und verknoten Sie die Schnur viermal. Bei jedem Knoten sprechen Sie folgende Zauberworte:

> *Jupiter, Herr des Rechts*
> *Hilf mir nun in diesem Fall*
> *Gut wird jetzt, was vorher schlecht*
> *Gewinnen werd ich allemal.*

4 Meditieren Sie noch einige Zeit mit der Puppe in Händen über den positiven Ausgang der Verhandlung, danach öffnen Sie den Schutzkreis. Schlagen Sie die Puppe in ein grünes Tuch ein und verwahren Sie diese an einem geschützten Ort. Wiederholen Sie täglich dieses intensive Ritual.

5 Bestreichen Sie am Tag der Verhandlung die Natternwurzel mit den magischen Ölen und bitten Sie den Engel der Wurzel innig um Beistand. Spucken Sie dreimal auf die Wurzel, und halten Sie sie während der ganzen Verhandlung fest in Ihrer Hand. Bestreichen Sie auch Ihre Handinnenflächen und Ihr drittes Auge (in der Mitte der Stirn) mit Justizia- und Erfolgöl. Es wird Ihnen Glück bringen. Nach dem positiven Ausgang der Verhandlung verbrennen Sie die Puppe und streuen die Asche in ein fließendes Gewässer. Die Natternwurzel wird Ihnen weiterhin zur richtigen Entscheidung im passenden Moment verhelfen.

Jupiterritual für Wohlstand und Fülle mit einer Hexenflasche

Beginnen Sie diesen etwas aufwendigen, aber hochwirksamen Zauber an einem Donnerstag mindestens sieben Tage vor Vollmond.

Sie benötigen:

- *Glitzersteine*
- *Räucherwerk »Duft des Erfolges« oder Zedernholz, Minze, Sandelholz und Dammar*
- *Räucherutensilien*
- *2 weiße Kerzen*
- *Grüne Kerze*
- *Stecknadel mit grünem Kopf*
- *Erfolg- und Hexenkraftöl*
- *Lorbeerblätter, Gewürznelken, Zedernholz*
- *Grüne Flasche mit weitem Hals und einem Korken*
- *Erde, Salz, Getreidekörner und Haselnüsse*
- *7 Symbole für Erfolg, z.B. Glücksmünzen, ein Bild, ein kleines Glückshufeisen oder allgemein Dinge aus Ihrem Leben, die für Sie persönlich Erfolg bedeuten*
- *Wasserfester Filzstift*
- *Grünes Tuch*
- *Pergamentpapier, Taubenbluttinte und Schreibutensilien*

1 Dekorieren Sie den Altar in Grün und schmücken Sie ihn mit glitzernden Steinen. Danach entfachen Sie die Räucherung und ziehen mit der rauchenden Schale einen Schutzkreis um sich. Ritzen Sie mit der Nadel in die weißen Kerzen die Wörter »Wohlstand« und »Fülle«, bestreichen Sie sie dann mit Hexenkraftöl, stellen Sie sie rechts und links auf den Altar und zünden Sie sie mit einem Streichholz an. In die grüne Kerze ritzen Sie Ihren Namen und das konkrete Wunschziel.

2 Hauchen Sie viermal auf die grüne Kerze und halten Sie sie noch einige Zeit in Ihren Händen. Halten Sie sie anschließend über den magischen Rauch und laden Sie sie noch zusätzlich mit Jupiterenergie auf. Danach bestreichen Sie sie mit dem Erfolg- und Hexenkraftöl. Stellen Sie die Kerze nun vor sich auf den Teller. Streuen Sie Lorbeerblätter, Gewürznelken und Zedernholz darum und entzünden Sie dann die Kerze. Füllen Sie etwas Erde in die Flasche, damit ein fruchtbarer Boden geschaffen wird, und streuen Sie einige Getreidekörner und Haselnüsse darauf.

3 Nehmen Sie nun Ihren ersten symbolischen Gegenstand in die Hand und halten Sie ihn über die Räucherung. Sprechen Sie dabei laut aus, welche Bedeutung dieser Gegenstand für Sie hat. Sprenkeln Sie die Essenzen auf den Gegenstand und geben Sie ihn in die Flasche. Streuen Sie nun wieder Erde, Lorbeer, Getreidekörner und Nüsse in die grüne Flasche und sprenkeln Sie einige Tropfen der magischen Öle über den Inhalt. Um das Ganze zu versiegeln, tropfen Sie noch etwas Wachs der grünen Kerze darauf. Meditieren Sie einige Zeit vor der Flasche über Ihr Wunschziel. Verkorken Sie dann die Flasche und malen Sie mit dem Filzstift das astrologische Symbol des Jupiters darauf. Anschließend löschen Sie alle Kerzen mit den Fingern aus und öffnen den Schutzkreis. Bedecken Sie Ihre Ritualgegenstände mit einem grünen Tuch.

4 Wiederholen Sie das Ritual in der beschriebenen Reihenfolge täglich bis zur Vollmondnacht. Füllen Sie dabei die Flasche mit Ihren symbolischen Gegenständen und Zutaten beständig auf und bedecken Sie immer wieder alles mit einer Schicht Erde. Vergessen Sie nicht, abschließend grünes Kerzenwachs darüberzuträufeln, um den Zauber vor Fremdeinflüssen zu schützen.

5 In der Vollmondnacht notieren Sie auf dem Pergamentpapier Ihr Wunschziel, halten es über die Räucherung und bestreichen es noch zusätzlich mit den magischen Essenzen. Legen Sie das Pergament mit dem letzten Glückssymbol zu den anderen Zutaten in die Flasche und bedecken Sie das Ganze abermals mit einer Schicht Erde. Tropfen Sie wieder Kerzenwachs darauf, um die Schicht zu versiegeln, und verkorken Sie die Hexenflasche. Schütteln Sie die Flasche siebenmal und wiederholen Sie dabei in voller Konzentration Ihren Wunsch. Stellen Sie sich bildlich vor, wie die Wunschenergie in der Flasche zu wirken beginnt. Bewahren Sie die Hexenflasche an einem sicheren Ort auf. Um den Zauber aufrechtzuerhalten, sollten Sie die Flasche von Zeit zu Zeit hervorholen und kräftig schütteln.

Jupiterritual für inneren Reichtum

Beginnen Sie mit diesem Ritual an einem Donnerstag nach Sonnenuntergang bei zunehmendem Mond.

Sie benötigen:

- *Göttinnensymbole*
- *Carpe-Diem-Öl*
- *Königsblaue oder purpurfarbene Kleidung*
- *Jupiterräucherwerk oder Dammar, Styrax, Gewürznelken und Muskatnuss*
- *Räucherutensilien*
- *Grün durchgefärbte Kerze*
- *2 weiße Kerzen*
- *Pergamentpapier*
- *Schreibutensilien*
- *Eventuell entspannende Musik*
- *Opfergabe an die Göttlichkeit*

1 Dekorieren Sie den Altar in den Farben Grün und Purpur und platzieren Sie darauf ein paar Göttinnensymbole. Nehmen Sie ein entspannendes Vollbad, dazu träufeln Sie einige Tropfen des magischen Öls in das Badewasser. Verweilen Sie 15 Minuten im Bad und kleiden Sie sich danach vornehmlich in den Farben Königsblau oder Purpur, um die hilfreichen Geister des Jupiters anzulocken.

2 Entfachen Sie das Räucherwerk, und bestreichen Sie die grüne Kerze mit Carpe-Diem-Öl. Stellen Sie sich dabei möglichst bildhaft vor, wie Ihre innere Zufriedenheit und Ruhe, dazu ein tiefes Vertrauen in die Göttlichkeit wächst. Anschließend halten Sie die Kerzen über den magischen Rauch und laden sie mit der Energie der Jupiterräucherung auf. Stellen Sie dann die grüne Kerze in die Mitte des Altars, links und rechts davon die beiden weißen. Entzünden Sie erst die weißen, dann die grüne Kerze. Fächeln Sie sich den magischen Rauch erst zu Ihrer Stirn, dann zu Ihrem Herzen und zuletzt zu Ihrem Bauch. Lassen Sie sich von der Glück bringenden Jupiterenergie einhüllen.

3 Während Sie sich jetzt entspannen, stellen Sie sich genau vor, was für Sie innerer Reichtum bedeutet. Schreiben Sie Ihre Gedanken auf das Pergamentpapier nieder. Dabei sollten Sie Ihre Vorstellung möglichst konkret formulieren. Besprenkeln Sie das Pergament mit dem magischen Öl und bestreichen Sie auch Ihren Solarplexus und Ihre Stirn damit. Legen Sie noch etwas

Räucherwerk nach und schwenken Sie das Papier durch den Rauch. Visualisieren Sie dabei, wie Ihr Wunsch in Erfüllung geht. Sprechen Sie folgende Worte:

> *Ich bin reich in meinem Herzen*
> *Zuversicht blüht in mir auf*
> *Jupiter zu Ehren entzünd ich die Kerzen*
> *Mein glückliches Leben nimmt seinen Lauf.*

4 Entzünden Sie nach der Meditation das Wunschpapier an der grünen Kerze und lassen Sie es auf der Räucherung zu Asche verbrennen. Stellen Sie sich dabei vor, wie Ihr Wunsch an das Universum übergeht und transformiert wird. Verweilen Sie einige Zeit vor der grünen Kerze und visualisieren Sie Ihren Wunsch. Sobald Ihre Konzentration nachlässt, löschen Sie die Kerzen mit den Fingern aus.

5 Wiederholen Sie das Ritual in den drei folgenden Nächten. Bestreichen Sie jedes Mal die beiden weißen und die grüne Kerze sowie sich selbst mit den magischen Essenzen und konzentrieren Sie sich auf den inneren Reichtum und das Vertrauen, die in Ihrem Herzen und in Ihrer Seele keimen und wachsen. Lassen Sie die Kerzen vollständig abbrennen. Sollten Wachsreste übrig bleiben, vergraben Sie diese unter einem Nussbaum und legen eine Gabe für die Naturgeister dazu.

Saturn – Hüter der Grenzen und Herr des Todes

Saturnritual zum Schutz vor Bösem

Beginnen Sie dieses Saturnritual während seiner rückläufigen Phase bei zunehmendem Mond an einem Samstag nach 22 Uhr.

Sie benötigen:

- Schutzöl
- Schwarze Kleidung
- Räucherwerk »Reinigungsräucherung« und »SchutzRäucherung« oder Myrrhe, Weihrauch, Kampfer, Patchoulie und Beifuß
- Räucherutensilien
- Weißes Altartuch mit Pentagramm darauf
- 5 schwarz durchgefärbte Kerzen
- Weiße Kerze
- Feder oder Fächer
- Kleine mit Wasser gefüllte Schale
- Teufelskrallewurzel oder Onyx
- Handspiegel

1 Nehmen Sie zunächst ein entspannendes Bad, in das Sie einige Tropfen des Schutzöls geben. Bleiben Sie 18 Minuten in dem Wasser und bereiten Sie sich mental auf die Zauberhandlung vor. Nach dem Bad stellen Sie sich bildlich vor, wie alles Störende und Blockierende in den Abguss fließt.

2 Kleiden Sie sich in Schwarz, um die Geister des Saturns anzuziehen. Räuchern Sie Ihren gesamten Wohnbereich mit einer Reinigungsmischung gründlich aus. Vergessen Sie nicht, mit der Schutzräucherung einen Kreis um sich zu ziehen, um sämtliche störenden Energien zu bannen. Breiten Sie dann das Altartuch auf dem Tisch aus und stellen Sie auf jede Spitze des Pentagramms eine schwarze Kerze. Rufen Sie die Wächter der Elemente an:

Ihr Wächter der Luft, des Feuers, des Wassers und der Erde
Ich rufe euch, schenkt mir eure Kraft und Hilfe
Schützt mich während meines Zauberwebens
Im Namen der Erdenmutter, so sei es!

3 Nun schwenken Sie die weiße Kerze über der Schutzräucherung und laden sie mit kraftvoller Saturnenergie auf. Bestreichen Sie sie mit dem Schutzöl und stellen Sie sie in die Mitte des Pentagramms. Konzentrieren Sie sich während dieser Handlung darauf, wie die Kerze durch die Schwingung von Saturn zum wirksamen Instrument gegen Böses und Unheilbringendes wird. Legen Sie danach Schutzräucherwerk auf die glühenden Kohlen. Rufen Sie die Geister der Luft um Unterstützung an, fächeln Sie dabei mit der Feder oder dem Fächer den magischen Rauch um sich:

> *Ihr Geister der Lüfte, schickt stürmische Winde*
> *Rückt Böses heran mit seinem Gesinde.*

Visualisieren Sie nun den Wind, der sich zu einem Orkan auswächst und alles Böse wegbläst. Entzünden Sie die Kerzen und sprechen Sie folgende Worte:

> *Ihr Geister des Feuers, schickt verzehrende Hitze*
> *Will Böses heran, die Glut mich beschütze.*

Visualisieren Sie eine schützende Feuerwand, die hoch lodert und Negatives verglühen lässt. Träufeln Sie das Schutzöl in die Wasserschale. Halten Sie Ihre Hände über die Schale, so wird das Wasser mit der Energie des Saturns aufgeladen. Besprengen Sie sich mit dem Wasser und sprechen Sie dabei:

> *Ihr Geister des Wassers, schickt reißende Fluten*
> *Will Böses heran, so hält stand das Gute.*

Visualisieren Sie eine raue See mit wilder Brandung, die alles Böse mit sich reißt. Nehmen Sie die Wurzel oder den Stein in die Hand und sagen Sie:

> *Ihr Geister der Erde, lasst wachsen den Berg*
> *Will Böses heran, so bleibt es ein Zwerg.*

Stellen Sie sich möglichst konkret eine Mauer vor, die mit scharfen Spitzen bestückt und unüberwindlich ist. Breiten Sie die Arme aus und beschwören Sie inbrünstig die Schutzmächte mit den Worten:

Ich beschwöre alle guten Mächte, die immer obsiegen!

Schwenken Sie nun den Spiegel über der Schutzräucherung in alle vier Himmelsrichtungen und beten Sie dabei:

Spiegel der Macht, Spiegel der Kraft
Schick zurück alles Böse, das Ärger mir macht.

4 Konzentrieren Sie sich, während Sie den Spiegel halten, intensiv darauf, wie alles Unglückbringende unerbittlich zurückgeschleudert und sämtliche Angriffe abgewehrt werden. Meditieren Sie darüber eine Weile. Lässt Ihre Aufmerksamkeit nach, löschen Sie die Kerzen und öffnen den Schutzkreis. Um den magischen Schutz- und Bannwall zu festigen und zu stärken, sollte das Ritual an neun aufeinanderfolgenden Nächten wiederholt werden.

5 In der neunten Nacht lassen Sie die Kerzen abbrennen und besprengen den Boden vor Ihrer Eingangstür sowie alle Fensterrahmen und sonstigen Öffnungen Ihres Wohnbereichs mit dem magnetisierten Wasser. Werfen Sie die Wachsreste in ein fließendes Gewässer, damit sie weit weggespült werden und keinen Schaden mehr anrichten können. Tragen Sie die Schutzwurzel oder den Stein zur Festigung Ihrer Abwehrkraft stets bei sich. Die negative Energie wird nach diesem Ritual weichen.

Saturnritual gegen mentale Angriffe mit einer Schädelkerze

Bevor Sie diesen Zauber beginnen, sollten Sie sich im Klaren darüber sein, dass alles, was Sie aussenden, wieder auf Sie zurückfallen kann. Sind Sie dennoch entschlossen, vergessen Sie nicht, sich ausreichend zu schützen. Darüber hinaus müssen Sie für dieses kraftvolle Ritual psychisch stabil sein. Zelebrieren Sie es an einem Samstag um Mitternacht bei abnehmendem Mond.

Sie benötigen:

- *Räucherwerk »Hekate« oder Beifuß, Alraune, Efeu, Myrrhe und Teufelsdreck*
- *Räucherutensilien*
- *Ritualdolch*
- *Schwarze Schädelkerze*
- *Schwarze-Kunst-Öl*
- *Foto der Zielperson*
- *18 Stecknadeln mit schwarzem Kopf*

1 Entfachen Sie das Räucherwerk und ziehen Sie mit dem Ritualdolch einen Schutzkreis um sich selbst und den Altar. In die Schädelkerze ritzen Sie Ihre Verwünschung und das astrologische Symbol des Saturns. Während Sie die Kerze mit dem Schwarze-Kunst-Öl salben, lenken Sie Ihre Konzentration intensiv auf Ihren Feind.

2 Halten Sie den Schädel über die Räucherung und visualisieren Sie, wie der Feind den Überblick verliert, verwirrt und nicht mehr in der Lage ist, einen klaren, vernünftigen Gedanken zu fassen. Magnetisieren Sie danach alle Stecknadeln mit dem magischen Öl und halten Sie sie über den magischen Rauch. Durchstechen Sie in Kreuzform mit den 18 Nadeln das Bild des Feindes. Das durchstochene Foto legen Sie so unter die Kerze, dass sich die Nadeln in die Schädelkerze bohren. Entzünden Sie nun die Kerze und sprechen Sie dabei dreimal laut und voller Inbrunst Ihre Verwünschung aus! Bitten Sie für Ihr Vorhaben alle dunklen Götter des Saturns um ihre Unterstützung bei diesem Ritual.

3 Lassen Sie die Kerze abbrennen, vergraben Sie die Wachsreste sowie das durchstochene Foto auf dem Friedhof und treten Sie nochmals kräftig darauf. Träufeln Sie zum Schluss noch etwas Schwarze-Kunst-Öl auf die Erde. Wenn Sie den Friedhof verlassen, dürfen Sie sich auf keinen Fall mehr umdrehen!

Saturnritual, um sich von bösen Geistern zu befreien

Beginnen Sie dieses Saturnritual an einem Samstag nach 22 Uhr während der abnehmenden Mondphase.

Sie benötigen:

- *3 schwarz durchgefärbte Kerzen*
- *Durchkreuzen- und Engelöl*
- *Beifuß, Patchoulie, Salbei und Tabak*
- *Mörser*
- *Schwarz-rote Umkehrkerze*
- *Rotes Papier*
- *Stück Draht*
- *Reinigungsräucherung oder Beifuß, Teufelsdreck und Tabak*
- *Räucherutensilien*
- *3 weiße Kerzen*
- *Teufelskrallewurzel und/oder Onyx*
- *Schwarzer Stoffbeutel*
- *Filzstift*

1 Ziehen Sie zunächst einen Schutzkreis um sich. Salben Sie die erste schwarze Kerze mit Durchkreuzenöl, stellen Sie sie auf den Altar und entzünden Sie sie. Zermahlen Sie dann die Kräuter in einem Mörser zu einem feinen Pulver. Visualisieren Sie dabei, wie sich bereits Schutzenergie durch die Kraft der Kräuter verbreitet. Verstreuen Sie das Kräuterpulver im Wohnbereich, speziell in den Ecken, an Türrahmen und Fenstern, sowie außerhalb des Hauses, insbesondere beim Eingangsbereich. Die schwarze Kerze brennt in der Zwischenzeit komplett ab. (Achten Sie darauf, dass die brennende Kerze in Ihrer Abwesenheit keinen Schaden anrichten kann!)

2 Wiederholen Sie dieses Ritual in den folgenden zwei Nächten. In der dritten Nacht bestreichen Sie die schwarz-rote Umkehrkerze mit dem magischen Öl und streuen etwas Kräuterpulver um die Kerze. So wird die negative Energie durch die Kräuterkraft zusätzlich gebunden. Konzentrieren Sie sich darauf, wie alles Schlechte und sämtliche bösartigen Energien durch die Kerze angezogen, verbrannt und durch die heilende Kraft des Feuers wieder in Energie umgewandelt werden. Lassen Sie die Kerze in drei aufeinanderfolgenden Nächten immer stückchenweise – jeweils zu etwa einem Drittel – abbrennen.

3 Sollten Wachsreste übrig bleiben, werden diese zerbrochen. Wickeln Sie die Reste in ein rotes Papier und streuen Sie noch etwas Kräuterpulver dazu. Umwickeln Sie das kleine Päckchen fest mit Draht und werfen Sie es in ein fließendes Gewässer, damit die negativen Energien weit fortgetragen werden. Entzünden Sie die Räucherkohle und verräuchern Sie die Reinigungsmischung. Bestreichen Sie dann die weißen Kerzen mit Engelöl und lassen Sie sie in drei Tagen abbrennen.

4 Auf den schwarzen Beutel malen Sie mit dem Filzstift das astrologische Symbol des Saturns. Tragen Sie in dem schwarzen Beutel die Teufelskrallewurzel und/oder den Onyx mit etwas Kräuterpulver zum Schutz mit sich. Blasen Sie immer zu Neumond das Kräuterpulver in die vier Himmelsrichtungen, damit die schützende Energie aufrechterhalten wird. Das Ritual wirkt etwa ein Jahr.

Saturnritual zum Loslassen von Verstorbenen

Der beste Zeitpunkt für den Beginn dieses Loslassrituals ist an einem Samstag, idealerweise zwischen 15 und 16 Uhr, bei abnehmendem Mond.

Sie benötigen:

- Blumen
- Bild(er) der verstorbenen Person
- Ritualdolch
- Schutzräucherung oder Salbei, Kampfer, Myrrhe und Patchoulie
- Räucherutensilien
- Schutzengel-Glaskerze
- Loslassen- und Schutzengelöl
- Erde
- Blumensamen

1   Reinigen Sie zunächst Ihren gesamten Wohnbereich und lüften Sie ausgiebig. Danach schmücken Sie den Altar liebevoll mit Blumen und Bildern der verstorbenen Person. Ziehen Sie mit Ihrem Ritualdolch einen Schutzkreis um sich. Entfachen Sie die Räucherung und halten Sie die Glaskerze darüber. Träufeln Sie dann die magischen Öle in die Kerze. Denken Sie dabei intensiv und liebevoll an die verstorbene Person.

2   Stellen Sie die Glaskerze vor sich auf den Tisch und visualisieren Sie, dass sich der Geist des Toten hinter der Kerze befindet. Entzünden Sie die Kerze. Nehmen Sie sich nun alle Zeit, die Sie brauchen, um der Seele das zu sagen, was Sie noch zu sagen haben, und wünschen Sie ihm/ihr viel Licht und Liebe, um sich von der Erdenschwere lösen zu können. Wenn Sie glauben, nun die Kraft in sich gesammelt zu haben, durchtrennen Sie mit dem Ritualdolch symbolisch die Verbindung zu dem Verstorbenen.

3   Stellen Sie sich jetzt lebhaft vor, wie die Seele der verschiedenen Person leicht und frei zum göttlichen Licht emporschweben kann. Immer höher und höher hinauf, zurück in den Schoß der Großen Mutter. Dort erhält die Seele, gelöst von Erdgebundenheit, nach bestimmter Zeit wieder die Möglichkeit, in einem neuen Körper zu inkarnieren, um sich weiterzuentwickeln. Durch das Loslassritual erlösen Sie die nach Befreiung strebende Seele von der niederdrückenden Schwere der Trauer. Die Entlassung aus der schmerzhaften Umklammerung verhilft ihr zur Verschmelzung mit dem Kosmos. Meine Erfahrung hat gezeigt, dass in manchen Fällen danach die Seele im Traum zurückkehrt, um sich für das Durchtrennen der Fesseln zu bedanken.

Dies war stets bei den Hinterbliebenen ein wunderbar befreiendes und beglückendes Erlebnis.

4 Stellen Sie die Glaskerze in Ihr Fenster und lassen Sie sie komplett abbrennen. Durch das Licht im Fenster weisen Sie der Seele in der Dunkelheit den Weg. Nach Beendigung des Rituals öffnen Sie den Schutzkreis. Füllen Sie Erde in das ausgebrannte Glas und pflanzen Sie einen Blumensamen zum Zeichen der Wiedergeburt. Gesegnet sei die Göttin!

Saturnritual, um Blockaden zu lösen

Beginnen Sie mit dem Ritual an einem Samstag bei abnehmendem Mond, idealerweise kurz vor Neumond.

Sie benötigen:

- *Räucherwerk »Reinigungsmischung« oder Salbei, Weihrauch, Myrrhe und Patchoulie*
- *Räucherutensilien*
- *Alte rostige Nägel*
- *Schwarze Figurenkerze Frau/Mann*
- *Weiße Figurenkerze Frau/Mann*
- *4 weiße Stabkerzen*
- *Durchkreuzen-, Courage- und Cassiaöl*
- *Pergamentpapier, Drachenbluttinte und Schreibutensilien*
- *Einige Gegenstände, die Symbole für Ihre Blockaden darstellen*
- *Schwarzer Bindfaden*
- *Räucherkessel oder größeres feuerfestes Gefäß, um etwas darin zu verbrennen*
- *High-John-Wurzel*
- *Muskatreibe*
- *Schwarzes und weißes Tuch*

1 Eine gründliche Reinigung des Körpers leitet die magische Handlung ein, danach dekorieren Sie eine Seite Ihres Altars in Schwarz und die andere in Weiß. Kleiden Sie sich in dunklen Farben und ziehen Sie einen Schutzkreis um sich. Entfachen Sie das Räucherwerk und weihen Sie alle Ritualgegenstände in dem magischen Rauch Saturn, dem Blockadenbrecher.

2 Ritzen Sie mit einem rostigen Nagel in die schwarze Figurenkerze Ihren Namen und die Blockaden, die Sie loswerden möchten. Bestreichen Sie dann die Kerze mit Durchkreuzenöl, spucken Sie dreimal darauf und

schwenken Sie sie in dem magischen Rauch. Lassen Sie alle negativen Gefühle, Gedanken und sämtliche Blockaden, die Sie bremsen und behindern, in die Kerze fließen. Nehmen Sie sich dafür ausreichend Zeit. Stellen Sie anschließend die schwarze Figurenkerze in die Mitte der schwarz dekorierten Seite und streuen Sie Nägel um die Kerze.

3 Bestreichen Sie nun zwei weiße Stabkerzen mit Cassiaöl und stellen Sie sie rechts und links von der schwarzen Figurenkerze auf. Diese Kerzen dienen dazu, stets ein Feld positiver Energien aufrechtzuerhalten. Ritzen Sie auch in die weiße Figurenkerze mit einem rostigen Nagel Ihren Namen und den innigen Wunsch, frei von Blockaden zu sein. Der rostige Nagel dient zur Verdeutlichung, dass verbleibende oder zu gut versteckte Blockaden sowie Abhängigkeiten durch die heilende Energie der weißen Kerze transformiert werden.

4 Ölen Sie die Kerze mit allen magischen Essenzen und spucken Sie wieder dreimal darauf. Stellen Sie die weiße Figurenkerze auf die weiße Seite des Altars. Anschließend streichen Sie Courage- und Cassiaöl auf die zwei restlichen weißen Stabkerzen und positionieren diese rechts und links von der weißen Figurenkerze. Entzünden Sie auf der schwarzen Altarseite erst die beiden weißen, danach die schwarze Figur. Stellen Sie sich dabei bildhaft vor, dass diese Kerze Sie selbst sind, geplagt von Blockaden und Hemmungen, und so wie die Kerze zu schwinden beginnt, lösen sich auch Ihre Blockaden.

5 Legen Sie auf die glühende Kohle noch etwas Räucherwerk, um dem Geist Saturns zu huldigen. Stellen Sie sich bildlich vor, wie Sie sämtliche Hemmnisse in die verzehrende Kerzenflamme leiten. Notieren Sie auf dem Pergamentpapier nun mit Drachenbluttinte alle Blockaden und Hemmungen, von denen Sie befreit werden wollen. Formulieren Sie Ihre Wünsche möglichst konkret. Besprenkeln Sie das Papier in Kreuzform mit Durchkreuzenöl, spucken Sie darauf und schwenken Sie es über der Räucherung.

6 Besprenkeln Sie danach alle symbolischen Gegenstände, die Blockaden darstellen, ebenfalls mit Durchkreuzenöl und binden Sie sie zusammen mit dem Pergament mit schwarzem Bindfaden zusammen. Schwenken Sie dieses Päckchen über dem magischen Rauch und visualisieren Sie dabei, wie

sich Ihre Blockaden in diesem Päckchen bündeln und verdichten. Entzünden Sie dann das Päckchen an der schwarzen Figurenkerze und werfen Sie es in den Kessel. Reiben Sie ein wenig von der High-John-Wurzel auf die glühende Kohle. Sie stellt eine zusätzliche Kraftquelle dar und stärkt in Veränderungsprozessen. Sprechen Sie mit all Ihrer Willenskraft folgenden Zauberspruch:

> *Saturn, Herr der Strenge, Herr der Nacht*
> *Verleihe mir jetzt Zaubermacht*
> *Blockaden lösen mir gelingt*
> *Die neue Freiheit mir schon winkt*
> *Von alten Lasten bin ich befreit*
> *Mein Herz ist leicht, es ist so weit*
> *So sei es!*

7 Meditieren Sie, während das Päckchen mit Ihren Blockaden verbrennt, über Ihr neues Auftreten und Ihre gesprengten Ketten. Bestreichen Sie dann die High-John-Wurzel mit Courage- und Cassiaöl und bitten Sie dabei um Unterstützung während des Befreiungsprozesses. Lassen Sie die schwarzen Kerzen komplett abbrennen und wickeln Sie die Wachsreste und die Asche des Blockadenpäckchens in ein schwarzes Tuch. Danach entzünden Sie auf der weißen Altarseite erst die Stabkerzen, anschließend die weiße Figurenkerze.

8 Tragen Sie Courage- und Cassiaöl auf Handinnenflächen und Stirn auf. Meditieren Sie einige Zeit vor der Kerze über Ihr neues Leben. Halten Sie zur Unterstützung die Wurzel in Ihren Händen. Sind die weißen Kerzen abgebrannt, wickeln Sie die Wachsreste in ein weißes Tuch. Werfen Sie das schwarze Tuch in ein fließendes Gewässer und verwahren Sie das weiße an einem sicheren Ort.

9 Die Wurzel tragen Sie als Talisman bei sich. Ihr Leben wird sich jetzt zunehmend leichter und schöner gestalten nach diesem Blockadenbrecherritual. Zünden Sie weiterhin jedes Mal zu Neumond eine weiße Kerze an und bestreichen Sie sie mit Courage- und Cassiaöl. Bestreichen Sie auch Handinnenflächen und Stirn mit den magischen Ölen. Ihre Kraft wird von Mal zu Mal wachsen, und neue Chancen warten auf Sie. Nützen Sie sie gut!

Uranus – Kettensprenger und Herr des Chaos

Uranusritual, um eine Veränderung herbeizuführen

Beginnen Sie dieses Ritual abends zu Neumond.

Sie benötigen:

- Räucherwerk »Reinigungs-mischung« oder Eisenkraut, Mastix und Zitronenschale
- Weiße Siebenknopfkerze
- Neuer-Weg-Öl
- Kasariwurzel oder Ihr persönlicher Glücksstein

1. Salben Sie die Kerze mit Neuer-Weg-Öl und halten Sie sie über das Räucherwerk. Nehmen Sie nun vor der Kerze eine bequeme Sitzposition ein und bitten Sie Uranus um Hilfe. Stellen Sie sich Ihre Befreiung in sieben Schritten vor, dazu wird bei jeder Etappe ein Knopf der Kerze abgebrannt. Visualisieren Sie dabei, wie Sie sich aus einer drückenden Umklammerung endgültig lösen.

2. Bestreichen Sie die Wurzel oder den Glücksstein mit dem magischen Öl und halten Sie den magischen Helfer in der Hand. Bitten Sie nun Uranus, Ihnen die notwendige Energie zur erwünschten Veränderung zu verleihen, und sprechen Sie langsam und konzentriert folgende Worte:

> Uranus, schenk mir die Kraft
> Neue Chancen ruf ich herbei
> Veränderung mir Glück verschafft
> Ab sofort bin ich nun frei.

Wiederholen Sie bei jedem Knopf, den Sie abbrennen, einige Male diesen Zauberspruch und meditieren Sie mindestens zehn Minuten vor der brennenden Kerze.

3. Die Wurzel oder den Stein, die Sie für dieses Ritual verwendet haben, tragen Sie stets bei sich, um daran erinnert zu werden, dass die Manifestation des Wunsches in Ihrer Hand liegt.

Zauber, um Intuition und Instinkt zu fördern

Bester Zeitpunkt, um mit dieser magischen Handlung zu beginnen, ist während der zunehmenden Mondphase an einem Mittwoch.

Sie benötigen:

- *Dicke weiße Kerze*
- *Stecknadel mit weißem Knopf*
- *Räucherutensilien*
- *Räucherwerk: Kampfer, Weihrauch, Mastix, Copal, Rosmarin, weißes Sandelholz*
- *Eine weiße Feder*
- *Bergkristallspitze, ca. 10 Zentimeter*
- *Magische Öle: Göttin, Vision, Magie*
- *Himmelblaues Altartuch*

1 Der Altar wird in himmelblauen Farben und mit Feder und Bergkristallspitze geschmückt. Ritzen Sie in die Kerze mit einer Stecknadel das Wort: »Intuition« und das Symbol des Uranus. Anschließend bestreichen Sie diese mit den magischen Ölen und entzünden Sie sie.

2 Stellen Sie sich nun aufrecht vor den Altar und fächern Sie den Rauch mit der Feder in Richtung Ihrer Stirn, dann zu Ihrem Solarplexus. Atmen Sie bewusst den Duft des Räucherwerks ein. Nach kurzer Sammlung halten Sie den Bergkristall über den magischen Rauch. Nehmen Sie den Stein in beide Hände und halten ihn, mit der Spitze nach oben gerichtet, an Ihr Sonnengeflecht und bitten um Öffnung des Herzens. Dann halten Sie ihn an Ihr Kehlkopfchakra und bitten um die Macht des Wortes. Als nächstes berühren Sie mit dem Kristall Ihre Stirn, knapp oberhalb der Nasenwurzel und bitten Sie um die Öffnung des dritten Auges. Zum Abschluss halten Sie die Bergkristallspitze auf Ihr Kronchakra, ganz oben am Scheitelpunkt Ihres Kopfes, mit der Spitze nach oben und bitten um die Verbindung zur höchsten Macht und die göttliche Eingebung. Verweilen Sie einige Zeit in dieser aufrechten Haltung in intensivster Konzentration.

3 Beenden Sie dieses Ritual, indem Sie die Kerze löschen und mit einem weißen Tuch abdecken. Nun haben Sie eine nie versiegende göttliche Quelle erschlossen, die Ihnen jederzeit zur Verfügung steht, wenn Sie sich kraftlos, leer und unklar fühlen. Nämlich Ihr eigenes höheres Ich in optimaler Verbindung mit den Energien des Universums.

Neptun – Gebieter über Medialität und Spiritualität

Vernebelungszauber

Beginnen Sie dieses Ritual während der abnehmenden Mondphase, noch besser zu Neumond, und zwar kurz vor Sonnenaufgang, denn dies ist die Phase zwischen Traum- und Wachbewusstsein. Dieser Vernebelungszauber wird bekleidet durchgeführt.

Sie benötigen:
- Räucherwerk »Kraft der Magie« oder Beifuß, Weihrauch und Sandelholz
- Räucherkessel und Räucherutensilien
- Weiße Figurenkerze Mann/Frau
- Schwarze-Kunst- und Hexingöl

1 Ziehen Sie einen Schutzkreis und entfachen Sie das Räucherwerk. Ritzen Sie in die Figurenkerze die Worte »Unsichtbar & Unerreichbar!«. Ölen Sie sie mit den magischen Essenzen ein und halten Sie sie so lange über die Räucherung, bis sie völlig darin verschwindet. So nimmt die Kerze Nebelenergie auf. Anschließend wird sie auf den Altar gestellt und entzündet.

2 Stellen Sie sich mit der qualmenden Räucherschale in Ihren Händen vor den Altar und ziehen Sie mit dem Rauch einen Kreis um sich herum. Stellen Sie dann die Schale auf den Boden, legen Sie etwas Räucherwerk nach und stellen Sie sich direkt in die Rauchsäule. Visualisieren Sie, wie sich der magische Rauch in Nebel verwandelt und Sie nach und nach darin verschwinden lässt. Bleiben Sie einige Zeit über der Rauchsäule und sagen Sie dann folgenden Zauberspruch:

> *Neptuns Nebel mich versteckt*
> *Unsichtbar und unerreichbar*
> *Niemand mehr mich jetzt entdeckt.*

Bewegen Sie sich aus dem Rauch, löschen Sie die Kerzen und öffnen Sie den Schutzkreis.

Dieses Ritual muss öfter wiederholt werden, um die eigene Präsenz so weit zurückzunehmen, dass Sie tatsächlich für Ihre Kontrahenten unsichtbar und unerreichbar scheinen.

Neptunzauber, um die eigene Spiritualität zu verstärken

Sie benötigen:

- *Alraunewurzel*
- *Hexenkraftöl*
- *Dunkelblauer Beutel*
- *Amethyst*
- *Beifuß*

Zur Steigerung der Spiritualität und Medialität bestreichen Sie bei Vollmond um Mitternacht ein Stück der Alraune mit Hexenkraftöl. Füllen Sie den Beifuß, den Amethyst und die Alraunewurzel in einen kleinen dunkelblauen Beutel. Legen Sie den Beutel unter Ihr Kopfkissen und schlafen Sie drei Nächte darauf. Notieren Sie Ihre Träume anschließend in Ihr Buch der Schatten. Den Beutel sollten Sie danach ständig bei sich tragen. Nach einiger Zeit werden Sie spüren, wie Ihre Spiritualität deutlich zunimmt.

Pluto – Herr der Unterwelt und Trans-formator

Plutoritual, um Krisenphasen durchzustehen

Das Wandlungsritual wird zu Vollmond in der Abenddämmerung vollzogen.

Sie benötigen:

- *Mit alter Kleidung wird das Ritual begonnen; neue frische Kleidung bereitlegen*
- *Schutzsymbol, z. B. eine Göttinnenfigur oder eine Schutzengelstatue*
- *Rote Rosen*
- *Räucherwerk aus Drachenblut, Zedernholz, Eisenkraut, Myrrhe, Kalmus und Copal negro*

- *Schälchen*
- *Räucherutensilien*
- *Schwarz-rot durchgefärbte Umkehrkerze*
- *2 weiße Stabkerzen*
- *Göttin-, Neuer-Weg- und Glückstropfenöl*
- *Rassel*

1 Dekorieren Sie den Altar weiß, stellen Sie das Schutzsymbol, z. B. eine Göttinnenfigur oder eine Schutzengelstatue, in die Mitte und legen Sie um sie herum rote Rosen. Die frische Kleidung sollte sich innerhalb des Schutzkreises in Griffweite befinden. Um die magische Handlung einzuleiten, wird die Räucherung entfacht und der Schutzkreis gezogen. Träufeln Sie in das Schälchen in ausreichender Menge die magischen Öle. Bestreichen Sie die Kerzen mit den magischen Ölen und schwenken Sie sie über der Räucherung. Stellen Sie die schwarz-rote Umkehrkerze vor die Statue, die beiden weißen Stabkerzen jeweils rechts und links davon.

2 Entzünden Sie nun erst die weißen, dann die schwarz-rote Kerze und versenken Sie sich durch Rasseln in einen Trancezustand. Visualisieren Sie, dass Sie sich in einem dunklen Tunnel oder Wald befinden und jetzt Stärke zeigen müssen. Eine Art Prüfung oder Herausforderung des Schicksals liegt vor Ihnen, die Sie jedoch bestehen werden. Rasseln Sie weiter. Durch die Hilfe Plutos, des Herrschers der Unterwelt, erhalten Sie dazu den nötigen Mut und die erforderliche Kraft. Dafür stehen Sie auf, breiten die

Arme nach oben aus und bitten Pluto, seine Transformationsenergie durch Sie hindurchfließen zu lassen. Denken Sie daran, dass alles im Leben der Wandlung unterliegt, und nur durch Wandlungsphasen können wir über uns hinauswachsen.

3 Entledigen Sie sich nun Ihrer alten Kleidung und tragen Sie die magischen Essenzen auf Stirn, Handinnenflächen, Herzgegend und Fußsohlen auf. Kosmische Energie fließt jetzt durch Sie und verleiht Ihnen neues enormes Wandlungspotenzial. Fürchten Sie sich nicht, Sie haben alles, was Sie brauchen, in sich! Atmen Sie tief ein und wieder aus, fühlen Sie die Stärke in sich, so sind Sie in der Lage, auch schwierigste Prozesse heil zu überstehen. Sprechen Sie dabei folgende Worte der Kraft:

Sommer und Winter, Leben und Tod
Vollmond und Neumond, bleib stark in der Not
Ich nehme die Wandlung an.
So sei es!

4 Legen Sie jetzt langsam und bedächtig die neuen Kleider an, dies verdeutlicht den Wandlungsprozess, den Sie nun stark und ganz bewusst annehmen. So wird symbolisch mit dem Abstreifen der alten Kleider (Haut) und dem Anlegen der neuen Kleider (Haut) die Wandlung angenommen. Bevor der Schutzkreis geöffnet wird, meditieren Sie einige Zeit vor den Kerzen über Ihr neues Leben und die Chancen, die sich daraus ergeben werden. Nehmen Sie die Herausforderung des Schicksals gelassen an, da nach diesem Ritual langsam, aber deutlich spürbar in Ihnen ein starkes Gefühl der Zuversicht wächst. Sie werden alles schaffen, was Sie sich vornehmen oder das Leben Ihnen als Prüfung zuweist. Nach jedem Dunkel kommt das Licht, vergessen Sie das nicht! Im Namen der Göttin, so sei es!

Register

Die Autorin

Maggie (Margit Böhmer) zeigte schon als Kind besondere magische Fähigkeiten, die sie im Laufe der Jahre entwickelte und später systematisch vertiefte. Nach mehreren Stationen in »bürgerlichen« Berufen erweiterte sie auf ausgedehnten Reisen ihr magisches Wissen und machte es schließlich zur Profession – als hauptamtlich tätige Hexe.

Maggie betreibt in Wien ein eigenes Studio – die »Hexentruhe« – und veranstaltet sehr erfolgreich Seminare und Kurse zur Ausbildung des Hexennachwuchses.

www.hexentruhe.at

Wichtiger Hinweis

Das vorliegende Buch ist sorgfältig erarbeitet worden. Dennoch erfolgen alle Angaben ohne Gewähr. Weder die Autorin noch der Verlag können für eventuelle Schäden, die aus den im Buch gegebenen Hinweisen resultieren, eine Haftung übernehmen.

Impressum

Originalausgabe
© 2008 by Wilhelm Heyne Verlag, München
Ein Unternehmen der Verlagsgruppe Random House GmbH

www.heyne.de

Die Verwendung der Texte und Bilder, auch auszugsweise, ist ohne Zustimmung des Verlags urheberrechtswidrig und strafbar. Das gilt auch für Vervielfältigungen, Übersetzungen, Mikroverfilmungen und die Verbreitung mit elektronischen Systemen.

Redaktion: Christian Wolf, München
Illustrationen: Nicole Braunschweig, Rottach-Egern
Typografie/Layout: Catherine Avak, München
Coverdesign: Lore Wildpanner, München
   (unter Verwendung eines Fotos von Alamy Images)
DTP-Produktion: avak Publikationsdesign, München
Druck und Verarbeitung: OAN, Zwenkau

Printed in Germany

Gedruckt auf chlorfrei gebleichtem, säurefreiem Papier

ISBN: 987-3-453-15390-5